EN
Bornholm (Dänemark)
OSTSEE
LITAUEN
Danziger Bucht
RUSSLAND
Königsberg
ommersche Bucht
Gdingen
Köslin
Kolberg
Danzig
Marienburg
Allenstein
Stettin
Oder
Weichsel
WEISS-RUSSLAND
Schneidemühl
Torun
Bialystok
Landsberg a. d. Warthe
Weichsel
Bug
Posen
POLEN
Oder
Warschau
Grünberg
Oder
Kalisch
Lodz
Bug
Radom
Liegnitz
Lublin
Breslau
Oppeln
Weichsel
Kattowitz
Krakau
Bug
ECHISCHE
EPUBLIK
UKRAINE
Przemyśl
SLOWAKEI
REICH
Donau
UNGARN

DEUTSCHE UND POLEN

Felix Escher / Jürgen Vietig

DEUTSCHE UND POLEN

Eine Chronik

nicolai

Begleitbuch zur vierteiligen ARD-Fernsehreihe
DEUTSCHE UND POLEN,
produziert vom Ostdeutschen Rundfunk Brandenburg (ORB)

Abbildungen auf dem Umschlag
Vorn, von links: Deutsche Ordensritter (bpk); Hambacher Fest 1832; Kriegsbeginn 1939 (akg images); Bundeskanzler Willy Brandt kniet vor dem Denkmal für die Opfer des Warschauer Ghetto-Aufstands, 1970 (Deutsche Wochenschau GmbH)
Hinten, von links: Huldigung Kaiser Otto III. (akg images); August II. der Starke, König von Polen (Gemäldegalerie Alte Meister, Dresden); Soldaten der polnischen Heimatarmee 1944 (bpk); Lech Wałęsa (ullstein bild)

Lektorat: Antonia Meiners, Berlin
Umschlagentwurf: Svend Angermann, Berlin
Layout: Pauline Schimmelpenninck und Rainer Ballin, Berlin
Satz und Repro: Mega-Satz-Service, Berlin
Druck und Bindung: Medialis, Berlin

Printed in Germany
ISBN 3-87584-471-8

VOM MYTHOS DER FEINDSCHAFT ZUM ALLTAG DER NACHBARSCHAFT

Vorwort

Mythen, Stereotypen, Vorurteile, Nicht-Wissen: Aus diesem Gebräu bestehen häufig die Vorstellungen, die Nachbarvölker voneinander entwickeln – für Deutsche und Polen gilt das in besonderem Maße. Dabei ist das Nicht-Wissen auf deutscher Seite größer als auf der polnischen. Das hat seine Gründe: Polen ist für Deutschland weniger wichtig als Deutschland für Polen. Mehr als zwei Jahrhunderte »negativer Polenpolitik« haben die Perspektive verengt, haben einen Rechtfertigungszwang ausgelöst, um die Teilung Polens vom 18. Jahrhundert bis zum Ende des Ersten Weltkriegs als historisch begründet erscheinen zu lassen – ganz zu schweigen von der grausamen Besatzungspolitik während des Zweiten Weltkriegs. Flucht und Vertreibung der Deutschen aus den östlichen Gebieten des Deutschen Reiches am Ende des Zweiten Weltkriegs haben darüber hinaus dazu beigetragen, das Bild vom Nachbarn zu verdüstern – und die Welt hinter dem Eisernen Vorhang war aus westdeutscher Sicht eher abschreckend und uninteressant.

Wie sehr Mythen das deutsch-polnische Verhältnis bestimmten, zeigt eine Episode vom Anfang des 20. Jahrhunderts: 1910 – ein polnischer Staat existierte nicht, war aufgeteilt unter Russland, Österreich und Preußen-Deutschland – gedachten die Polen des 500. Jahrestages der Schlacht von Tannenberg. Diese Schlacht ist eines von vielen Beispielen für die Langlebigkeit von Mythen im deutsch-polnischen Verhältnis.
In diesem Kampf, der von den Polen immer nach dem Nachbarort Grunwald benannt wird, hatten 1410 polnisch-litauische Truppen das Heer des Deutschen Ordens geschlagen; die deutsche Invasion schien damit gestoppt gewesen zu

sein. Im 19. Jahrhundert war er im Sinn der nationalen Bestrebungen in Polen zur slawisch-germanischen Entscheidungsschlacht stilisiert worden, obwohl in beiden Heeren Slawen und nichtslawische Völkerschaften gekämpft hatten.

Das einstige Schlachtfeld lag vor dem Ersten Weltkrieg im preußischen Teilungsgebiet – und junge polnische Turner vom Verein »Sokoł« aus Löbau brachen am 17. Juli 1910 nach Tannenberg auf, wo sie sich in Gedenken an den Sieg des polnischen Königs Jagiełło versammeln wollten. Die Besinnung auf die glorreiche Vergangenheit sollte Kraft geben für den Widerstand gegen die ungeliebte preußisch-deutsche Herrschaft. Mehr als hundert Jahren war das polnische Königreich unter seinen drei Nachbarn Russland, Preußen und Österreich geteilt, doch die Hoffnung auf eine Wiedergeburt Polens war in den Gebieten des ehemaligen Staates nie geschwunden.

Schriftsteller, Musiker, Maler und Historiker hatten in ihren Werken immer wieder die Historie beschworen, um die Kräfte für ein Polen der Zukunft zu mobilisieren.

In diesem Bewusstein kamen die Turner aus Löbau nach Tannenberg, überzeugt, dass die Einheimischen ihre Ideen teilen würden. Denn die Bewohner dort sprachen polnisch – wenn auch in masurischer Dialektform.

Als die Gruppe auf dem einstigen Schlachtfeld eintraf, wartete dort jedoch am Gedenkstein für den gefallenen Hochmeister des Deutschen Ordens Ulrich von Jungingen ein preußischer Gendarm gemeinsam mit aufgebrachten Bewohnern. Was dann geschah, berichtete ein Ausflugsteilnehmer ein paar Tage später in der Posener Zeitung »Kurjer Poznański«:

Bald hatte sich um den Gedenkstein auch eine ganze Anzahl der örtlichen Bevölkerung – Masuren – angesammelt. Diesen gefiel unsere Anwesenheit offenbar nicht, und es begannen böswillige Äußerungen … immer dichter zu fallen. Die Angriffe gingen tatsächlich so weit, dass sogar der Gendarm, wenngleich mit Unlust, gegen sie auftreten musste. Trotzdem wäre es unfehlbar zu einer allgemeinen Prügelei gekommen, wenn wir nicht schleunigst den Platz verlassen hätten. Die Masuren folgten uns jedoch vor preußischem Hochmut kochend, auf Schritt und tritt, und als die Sokols ihr (polnisches) Lied »Verschlafen und träge« anstimmten, schmetterten die Masuren aus voller Kraft »Heil Dir im Siegerkranz« und »Ich bin ein Preuße, kennt Ihr meine Farben?«.

Die Enttäuschung der jungen Polen war grenzenlos. Sie hatten slawische Solidarität gegen das Germanentum erwartet – dass sich aber die evangelischen

Masuren, trotz ihres polnisch-masurischen Dialekts gegenüber den katholischen Polen so feindselig verhielten, erschütterte ihre nationalen Gefühle.
Dass der Mythos von der germanisch-slawischen Entscheidungsschlacht im Jahr 1410 auch von deutscher Seite gern herangezogen wurde, zeigte sich gleich zu Beginn des Ersten Weltkriegs, als deutsche Truppen bei Hohenstein die russische Narew-Armee besiegten. *Die Schlacht*, so schrieb der deutsche Heerführer Erich Ludendorff in seinen 1919 erschienenen Kriegserinnerungen, *wurde auf meinen Vorschlag die Schlacht von Tannenberg genannt, als Erinnerung an jenen Kampf, in dem der Deutsche Ritterorden den vereinigten litauischen und polnischen Armeen unterlag.* Und an anderer Stelle des Buches heißt es: *Wird der Deutsche es jetzt wie damals zulassen, dass Litauer und namentlich der Pole aus unserer Ohnmacht Nutzen ziehen und uns vergewaltigen? Soll Jahrhunderte alte deutsche Kultur verloren gehen?* Auch Generalfeldmarschall von Hindenburg war der Auffassung, dass der *Jubelruf slawischen Triumphes* über den Sieg von 1410 nun durch den deutschen Sieg über die Russen von 1914 getilgt sei.
Der Mythos von Tannenberg wurde in Polen und Deutschland bis ans Ende des letzten Jahrhunderts für eine nationale Propaganda genutzt – das Reichsehrenmal Tannenberg (tatsächlich bei Hohenheim), die Tannenberg-Straßen und -Schulen nach 1945 im westlichen Teil Deutschlands legen davon Zeugnis ab. Polen wiederum feierte 1960 überaus pompös den 550. Jahrestag auf dem Schlachtfeld von 1410 und errichtete dort ein aufwendiges Denkmal. Ein Monumentalfilm präsentierte die Schlacht im Sinne der national-voreingenommenen Interpretation des polnischen Schriftstellers und Nobelpreisträgers Henryk Sienkiewicz – weit entfernt von der offiziellen marxistischen Sichtweise auf die Geschichte. Ein Grunwald-Orden wurde postum den in deutschen Konzentrations- und Vernichtungslagern ermordeten Polen verliehen, und es gibt kaum eine Stadt in Polen, die nicht ihre Grunwald-Straße oder ihren Grunwald-Platz hätte.

Der angebliche »Deutsche Drang nach Osten« war ebenfalls ein von Deutschen und Polen – wenn auch mit gegensätzlichem Vorzeichen – lang gepflegtes Stereotyp: Kriegerische Expansion und friedliche Siedlungstätigkeit wurden als Teil eines den Deutschen genetisch innewohnenden Triebes betrachtet. Als ein über Jahrhunderte hin wirksamer, von Herrschafts- und Gesellschaftsformen unabhängiger und damit ahistorischer Faktor hat er auch sonst ernst zu neh-

menden Historikern als Erklärungsmuster für historisch bedingte Vorgänge gedient.
Nicht als Nachbarn, sondern als bedrohliche Slawen- bzw. Germanenflut nahmen Deutsche und Polen einander wahr.

Das polnische Geschichtsbewusstsein hat – anders als das deutsche – eine religiöse Dimension. Das ist so seit der Zeit der mongolischen Expansion und dem Vorrücken der Türken nach Mitteleuropa. Während die Polen sich selbst als Christus der Völker oder Vorhut der Christenheit sahen, waren sie aus protestantisch-deutscher Sicht intolerante Katholiken, die in Thorn 1724 ein Blutgericht über unschuldige Protestanten veranstalteten.
Und 1939, drei Tage nach dem Beginn des deutschen Überfalls auf Polen, gab es ein Ereignis, das ein solches Vorurteil unter den Deutschen noch einmal schürte: der Bromberger Blutsonntag, an dem rund 5000 Angehörige der deutschen Minderheit Opfer polnischer Ausschreitungen wurden. Die nationalsozialistische Propaganda erhöhte die Zahl auf das Zehnfache – und rechtfertigte damit ihre unvergleichlich größeren Mordaktionen in Polen. Die Propaganda war so erfolgreich, dass man in der älteren Generation viele Deutsche antrifft, die – in Verkennung des Zeitablaufs – davon überzeugt sind, dass der deutsche Überfall auf Polen eine Reaktion auf die Vorgänge in Bromberg gewesen sei.
Das Ausmaß der Gewaltausübung gegenüber der polnischen Zivilbevölkerung während der deutschen Besatzungszeit ist vielen unbekannt – die Konzentrations- und Vernichtungslager, die die deutschen Behörden auf polnischen Boden errichteten, werden meist mit der Shoah, der Ermordung der europäischen Juden in Verbindung gebracht – selbst prominente deutsche Politiker verwechseln den jüdischen Aufstand im Warschauer Ghetto von 1943 mit dem von der polnischen Widerstandsbewegung ausgelösten Warschauer Aufstand von 1944. Nach dessen Niederschlagung gab Hitler den Befehl, die polnische Hauptstadt dem Erdboden gleichzumachen. Rund 180 000 Tote hatte die polnische Bevölkerung zu beklagen, die Überlebenden des Aufstands wurden aus der Stadt vertrieben, in Konzentrationslager und zur Zwangsarbeit nach Deutschland gebracht.
Das Wissen darum war und ist in Deutschland gering – die Erinnerung an Flucht und Vertreibung der Deutschen aus den ehemaligen deutschen Ostgebieten nach dem Zweiten Weltkrieg trat in den Vordergrund. Der Heimatverlust, die aus

Rachsucht für erlittenes Unrecht geborenen erniedrigenden Umstände, die die Vertreibung vielfach begleiteten, prägten das Bewusstsein der Generation, die das erleben musste.
Das Bild von den Deutschen in Polen war wiederum gekennzeichnet von den grauenvollen Erfahrungen aus der Besatzungszeit.
An eine gute deutsch-polnische Nachbarschaft oder auch nur Normalisierung der Beziehungen war nach dem Zweiten Weltkrieg zunächst nicht zu denken. »Polnische Wirtschaft« galt weiterhin als Schimpfwort in Deutschland, die Schulbücher in beiden Ländern kultivierten Feindbilder: In Polen wurden deutsche Einflüsse auf seine Geschichte durchgängig als negativ bewertet oder überhaupt geleugnet, und in deutschen Schulbüchern war von der unter schwierigsten Bedingungen geleisteten Aufbauarbeit in Polen nach dem Krieg kaum etwas zu lesen. Das polnische Sprichwort *Solange die Welt besteht, wird der Deutsche dem Polen kein Bruder sein*, schien sich zu bestätigen.
Später dann galten in der DDR die Polen, die das Land besuchten, als Aufkäufer von Mangelware – und seit den Streiks, die 1980 zur Entstehung der »Solidarność« führten, wurde von den DDR-Behörden das Zerrbild des arbeitsscheuen Polen wiederbelebt, der an der »polnischen Wirtschaft« Schuld sei. Für viele Polen wurden die DDR-Bürger zum Inbegriff des fortlebenden preußischen Untertanengeistes, der Sowjetunion hörig.
Auch nach der politischen Wende von 1989 und der Vereinigung Deutschlands, die nicht zuletzt auch durch das Wirken der Solidarność zustande kam, gab es immer wieder Irritationen, die durch Klischees verstärkt wurden. Das betraf politische Auseinandersetzungen, wie zum Beispiel die sich dahinziehenden Verhandlungen über eine Entschädigung von polnischen Zwangsarbeitern, das galt aber auch für Reaktionen auf eine überzogene Razzia unter potenziellen polnischen Schwarzarbeitern im Land Brandenburg.

In der Gegenwart aber darf es nicht um eine gegenseitige Aufrechnung oder Gleichsetzung der Verletzungen, Demütigungen, Grausamkeiten gehen, die Deutsche und Polen im Lauf der letzten Jahrhunderte einander beigebracht haben, sondern um Klärung der Wurzeln gegenseitiger Beschuldigungen und Missverständnisse und darum, diese in Relation zu setzen zu Epochen einer nachbarschaftlichen Normalität und Zusammenarbeit im Lauf der Geschichte.

Für die Neuzeit hat der ehemalige polnische Außenminister und Historiker Bronisław Geremek aber auch auf jeden Fall recht, wenn er den Begriff *Wunder* für die Entwicklung der deutsch-polnischen Beziehungen in den Jahren seit der politischen Wende und der Vereinigung Deutschlands verwendet. Die Versöhnungsmesse in Kreisau, an der der erste polnische nichtkommunistische Nachkriegsministerpräsident Tadeusz Mazowiecki und Bundeskanzler Helmut Kohl kurz nach dem Fall der Berliner Mauer teilnahmen, kann tatsächlich als Symbol für einen Neubeginn in den deutsch-polnischen Beziehungen gewertet werden.
Keineswegs sind seither sämtliche Konfliktpunkte bereinigt worden, denn trotz einer allgemein postulierten Interessengemeinschaft gibt es noch genug Defizite und Rückfälle in veraltete Denkweisen. Aber es gibt ein breites Fundament für den Neuanfang, für den die Grundlagen bereits in den siebziger Jahren gelegt wurden. Mit dem Vertrag von 1970 erkannte die Bundesrepublik – 20 Jahre, nachdem die DDR den Görlitzer Vertrag über die Endgültigkeit der *Friedens- und Freundschaftsgrenze* unterzeichnet hatten – die Oder-Neiße-Grenze als Westgrenze Polens an. Seither kam der wissenschaftliche Dialog auf breiter Basis in Gang, Reisen zwischen Polen und den beiden deutschen Staaten wurden einfacher, »Heimwehtouristen« konnten Kontakt mit den neuen, oft ebenfalls aus ihrer Heimat vertriebenen polnischen Bewohnern aufnehmen und feststellen, dass es parallele Schicksale gab. Städtepartnerschaften wurden ins Leben gerufen, Kirchengemeinden nahmen Kontakte auf – besonders nach der Ausrufung des Kriegsrechts im Dezember 1981, als Hilfstransporte in viele polnische Pfarrhäuser geleitet wurden –, deutsche Studenten ermöglichten polnischen Kommilitonen einen Studienaufenthalt an einer deutschen Universität, woraus später eine Austausch wurde. Ein ganzes Netz von Institutionen und persönlichen Bekanntschaften, Freundschaften (und Ehen!) entstand. Ein Netz, das von der deutsch-polnischen Industrie- und Handelskammer über Stiftungen von Wirtschaft und Parteien, vom Deutschen Poleninstitut und der Villa Decius über deutsch-polnische bzw. polnisch-deutsche Gesellschaften (und ihr zweisprachiges Organ »Dialog«) bis hin zum Wissenschaftleraustausch, zu gemeinsamen Buch-, Hörfunk- und Fernsehproduktionen reicht.

Sicher, es gibt noch viele gegenseitige Vorbehalte. Sie beruhen nicht nur auf geschichtlichen und persönlichen Erfahrungen, auf tradierten Vorurteilen:

Deutschland und Polen befinden sich seit der Wende in einer Phase des Umbruchs, die zugleich eine Phase der Verunsicherung ist, da sich auch die Welt ringsum verändert. Polen hat statt der drei Nachbarn Sowjetunion, DDR und ČSSR nun sieben: Russland, Litauen, Weißrussland, Ukraine, Slowakei, Tschechische Republik und Deutschland, grenzt als NATO-Land an vier (Noch-) Nicht-NATO-Länder und durchlebt die schwierige Vorbereitungsphase auf die Mitgliedschaft in der Europäischen Union. Die bevorstehende Osterweiterung weckt auf beiden Seiten der Oder Unsicherheit und Ängste – Ursache für die Wiederbelebung von Mythen, Stereotypen und Vorurteilen.
Mit unserer Chronik soll der Versuch unternommen werden, Zeiten der guten Nachbarschaft und der Zusammenarbeit sowie der Feindschaft und der Konflikte in angemessenen Proportionen darzustellen und damit die realistische Beurteilung von Chancen und Konfliktpotenzialen Deutschlands und Polens in einem gemeinsamen Europa zu ermöglichen.

Die slawische, deutsche, französische und italienische Provinz (Sclavinia, Germania, Gallia und Roma) huldigen Kaiser Otto III. Aus dem Evangeliar Otto III., 10. Jahrhundert

Kaiser Otto III. thronend zwischen geistlichen und weltlichen Standesvertretern. Aus dem Evangeliar Otto III., 10. Jahrhundert

I

SCHWARZES KREUZ UND WEISSER ADLER

Mythos Tannenberg

Der Akt von Gnesen *Bei der Ankunft des Kaisers (Otto III. in Gnesen) zeigte Bolesław außerordentliche Wunderwerke, vor allem mannigfache Schlachtreihen, dann ließ er in einer weiträumigen Ebene gleichsam »Chöre« der Fürsten sich in verschiedenen Reihen aufstellen, und die buntfarbigen Verschiedenheit der Kleidung gab den einzelnen Schlachtreihen deutlich getrennt ein schillerndes Bild. Und es gab dort nicht irgendeine billige Buntheit der Ausstattung, sondern alles, was man unter den Völkern als das Wertvollere finden kann ... Als der römische Kaiser (Bolesław) Ruhm, seine Macht und seinen Reichtum betrachtete, sprach er voller Bewunderung: Bei der Krone meines Reiches, was ich sehe, ist größer, als ich durch Erzählen vernommen habe.*

So beschrieb ein Mönch, der als Gallus Anonymus bezeichnet wurde, in seinem Werk »Chronik und Taten der Herzöge und Fürsten von Polen« den Auftakt der historischen Begegnung zwischen dem römisch-deutschen Kaiser und dem polnischen Herzog im Jahre 1000 in der damaligen polnischen Hauptstadt.

Otto III. hatte die beschwerliche Reise auf sich genommen, um dem heiligen Adalbert seine Verehrung zu erweisen.

Adalbert, geboren als Vojtěch, entstammte dem hohen böhmischen Adel; seinen »deutschen« Namen Adalbert hatte er an der Magdeburger Domschule erhalten – in der Stadt, von der aus die Missionierung der Slawen östlich der Elbe geplant worden war. Im Auftrag des polnischen Königs unternahm Adalbert den Versuch, die heidnischen Pruzzen (deren Name im späteren Preußen fortleben sollte) zum christlichen Glauben zu bekehren. Doch wurde er bei diesem Versuch ermordet. Der christliche Polenherrscher Bolesław Chrobry (der Tapfere) hatte den Leichnam des Märtyrers *um eine Menge Goldes* den Heiden abgekauft und in

Gnesen beigesetzt. – Die Tür des Gnesener Domes kündet bis heute in Form einer Bildgeschichte vom Schicksal Adalberts.
Doch es gab noch einen zweiten Grund für die beschwerliche Reise Kaiser Otto III. Es galt, die politischen Beziehungen zu dem seit den sechziger Jahre des 10. Jahrhunderts existierenden polnischen Staat zu klären.

Die Entstehung des polnischen Staates Es war nicht der erste Kontakt von Deutschen und Polen. Bereits unter den Vorgängern Otto III. war es zu Berührungen – nicht immer friedlicher Art – gekommen. Als erster Herrscher Polens, den wir aus schriftlichen Quellen kennen, wird Mieszko I. genannt. Er hatte sich gegen die sächsischen Markgrafen gewehrt, die über das Gebiet der unterworfenen Elbslawen zwischen Elbe und Oder hinaus weiter nach Osten vordringen wollten. Im Jahre 963 hatte Markgraf Gero – im Bündnis mit einem elbslawischen Stamm – Mieszko besiegt. Seiher war er für das Land an der Warthe dem Kaiser zur Zahlung eines Tributs verpflichtet.
Das Jahr 963 *markiert den Eintritt Polens in die europäische Geschichte* (Lübke) – so sieht es die neuere deutsche Geschichtsschreibung. Nicht nur deutsche Chronisten erwähnen Mieszko I. mehrfach, auch in der Reisebeschreibung des jüdischen Kaufmanns aus dem arabischen Spanien Ibrahim ibn Jakub wird wenig später die Ausdehnung des Landes von Mieszko von der Grenze des Pruzzenlandes im Norden bis nach Böhmen im Süden und im Osten bis an das Kiewer Reich, die Rus beschrieben. Bei seiner Herrschaft stützte sich Mieszko auf eine militärische Gefolgschaft, die aus 3000 Mann wohlgerüsteter Krieger bestanden haben soll.
So konnte er sich im Jahr 972 erfolgreich gegen einen Angriff des Markgrafen der Ostmark, Hodo, wehren. Dieser Angriff war auch in den Augen deutscher Chronisten ungerechtfertigt, denn Mieszko zahlte treu seinen Tribut und galt als *Freund des Kaisers* – eine Stellung, die er natürlich nur als Christ einnehmen konnte.
Mieszko hatte im Jahr 965 Dobrawa, die Tochter des böhmischen Fürsten Boleslav geheiratet und sich kurz darauf taufen lassen. Thietmar von Merseburg beschreibt den Weg Mieszkos zur Taufe mit den Worten: *Bewusst tat sie (Dobrawa) eine Zeit lang Böses, um später gut handeln zu können: Als sie nämlich in den ihrer Vermählung folgenden Fasten versuchte, durch Enthaltsamkeit ... Gott ... zu opfern, bat sie ihr Mann schmeichelnd, ihren Vorsatz aufzugeben. Sie willigte ein,*

Ermordung des heiligen Adalbert. Detail aus der Bronzetür des Domes zu Gnesen, 12. Jahrhundert

Rechte Seite: Die Sage von Wanda, die lieber in den Tod ging, als einen Deutschen zu heiraten, als Comic-Geschichte in einem polnischen Heft von 1983

Beisetzung des heiligen Adalbert im Dom zu Gnesen. Detail aus der Bronzetür des Domes zu Gnesen, 12. Jahrhundert

Absender

Firma

Name

Vorname

Straße

PLZ / Ort

Alter

Beruf

Internetadresse

e-mail

Sie finden uns im Internet unter:
www.nicolai-verlag.de
e-mail: Susanne.Boger@nicolai-verlag.de

Bitte
als Postkarte
freimachen

An den Nicolai Verlag

Abteilung Marketing

Neuenburger Straße 17

10969 Berlin

WAS WOLLT IHR?
CZEGO CHCECIE?
RÜDIGER WILL DICH HEIRATEN.
RYTYGIER CHCE CIĘ ZA ŻONĘ.
ACH! ICH UNGLÜCKLICHE!
O, JA NIESZCZĘŚLIWA!
ICH WERDE KEINEN DEUTSCHEN HEIRATEN!
NIE WYJDĘ ZA NIEMCA.
DERFALLS ÜBERFÄLLT SER GEBIETER DAS LAND D WIRD ES BERAUBEN D AUSPLÜNDERN.
WOBEC TEGO NASZ PAN PRZYJDZIE TU ZE SWYMI WOJSKAMI I TWOJE ZIEMIE ZŁUPI I OGRABI.
DIE ABGEORDNETEN ENTFERNTEN SICH UND LIEßE DIE SCHÖNE KÖNIGIN WEINEND IN IHREM ZIMMER ZURÜCK.
POSŁOWIE ODESZLI, A PIĘKNA KRÓLOWA PŁAKAŁA W SWOJEJ KOMNACIE.
RÜDIGER LÄßT MICH NICHT IN RUHE. ER WILL DAS POLNISCHE LAND IN BESITZ NEHMEN.
RYTYGIER NIE DA MI SPOKOJU. ON CHCE MIEĆ POLSKĄ ZIEMIĘ.
NIEMALS WERDE ICH EINEN DEUTSCHEN HEIRATEN.
NIE WYJDĘ ZA NIEMCA!

RÜDIGER LÄßT MEIN VOLK NICHT IN FRIEDEN, SOLANGE ICH LEBE.
RYTYGIER NIE DA SPOKOJU MOJEMU LUDOWI DOPÓKI BĘDĘ ŻYŁA
FISCHER FISCHTEN IHREN LEICHNAM AUS DEM FLUß.
RYBACY WYŁOWILI JEJ ZWŁOKI Z RZEK
DAS VOLK NAHM WEINEND VON SEINER KÖNIGIN ABSCHIED, BEGRUB SIE UND ERRICHTETE IHR EINEN GRABHÜGEL.
LUDZIE PŁACZĄC ŻEGNALI SWOJĄ KRÓLOWĄ I SYPALI JEJ MOGIŁĘ.
NOCH HEUTE SINGT MAN IN KRAKÓW EIN LIED: „WANDA, LIEGT IN UNSERER ERDE, SIE WOLLTE KEINEN DEUTSCHEN HEIRATEN".
A W KRAKOWIE DO DZIŚ ŚPIEWA SIĘ PIOSENKĘ: „WANDA LEŻY W NASZEJ ZIEMI CO NIE CHCIAŁA NIEMCA".

in der Überlegung, dann werde er in anderer Hinsicht leichter auf sie hören. Nun kennst Du ihr Vergehen, lieber Leser. Betrachte jetzt auch die Frucht ihres Strebens: Hatte sie sich um die Bekehrung ihres Gemahls bemüht, so erhörte sie ihr Schöpfer in seiner Güte ... die häufigen Mahnungen der geliebten Frau ließen ihn das des angeborenen Unglaubens ausspeien ...

Nach dem Tode Dobrawas heiratete Mieszko Oda, die Tochter des sächsischen Markgrafen Dietrich – ein Zeichen dafür, dass es gegenüber dem christlichen Polenherzog keine Vorbehalte gab. Oda verließ seinetwegen sogar das Kloster Calbe, wie Thietmar berichtete.

Ehen zwischen deutschen und polnischen Adligen gab es häufig, daher ist es auch kaum vorstellbar, dass die Sage von der polnischen Prinzessin Wanda, die »keinen Deutschen wollte« und stattdessen freiwillig in den Tod ging, eine historische Entsprechung hat. Sie dürfte wesentlich später entstanden sein. Voraussetzung für eine Heirat war zur damaligen Zeit in erster Linie die Zugehörigkeit beider zum Christentum.

Mieszko schenkte kurz vor seinem Tode sein Land dem Heiligen Stuhl – offenbar um das Erbe für seine Söhne aus zweiter Ehe abzusichern. Dieser Schritt bildete möglicherweise die Voraussetzung für die Erhebung des Peterspfennig, einer Abgabe, die Polen an die Kurie zu zahlen hatte.

Das Erbe Mieszkos I. traten dennoch nicht die Söhne aus zweiter Ehe an, sondern Bolesław, der der Ehe mit Dobrawa entstammte.

Bolesław Chrobry und das Reich Das Bekenntnis zum Christentum war auch Basis für das Zusammengehen von Otto III. und Bolesław dem Tapferen. Als Otto III. im Jahr 1000 – ein Jahr, das von den Zeitgenossen als ein Epochenwandel angesehen wurde und deshalb von außergewöhnlicher Bedeutung war – nach Gnesen kam, überreichte er Bolesław als Geschenk die Kopie der Lanze des Heiligen Mauritius. Mauritius hatte der Legende nach um 300 im Wallis den Märtyrertod erlitten – sein Kult wurde durch die Ottonen besonders gefördert. Die Heilige Lanze, die bereits Heinrich I. erworben hatte, gehörte zu den Reichskleinodien. Die Übergabe ihrer Nachbildung war Symbol dafür, dass Polen – wie Böhmen und Ungarn – nunmehr als Mitglied des kirchlichen und politischen Systems Europas akzeptiert wurde. Bolesław selbst wurde zwar noch nicht zum König gekrönt, jedoch als *Mitarbeiter des Reiches (cooperator imperii)* gewürdigt. Gnesen wurde zum Erzbistum erhoben und ein Halbbruder des Heiligen Adalbert zum Erzbischof ernannt. Damit war der Anspruch Magdeburgs, für die Missionierung der Heiden östlich der Oder zuständig zu sein, hinfällig geworden. Diese Rolle gebührte nun dem polnischen Gnesen.

Otto III. ist für dieses Vorgehen vielfach kritisiert worden. Schon der zeitgenössische Chronist Thietmar schrieb über die Einrichtung des Erzbistums in Gnesen: *Hoffentlich war er (Otto III.) dazu befugt, denn es fehlte doch die Zustimmung des Bischofs, dessen Diözese das ganze Land unterstellt ist (gemeint ist Magdeburg)*. Und an anderer Stelle beklagt Thietmar: *Zu Lebzeiten des wackeren (Markgrafen) Hodo, wagte dieses Mannes (Bolesławs) Vater Mieszko niemals ein Haus, in dem er ihn wusste, im Pelz zu betreten, oder sitzen zu bleiben, wenn er sich erhob. Gott verzeihe es dem Kaiser, dass er einen Tributpflichtigen zum Herrn machte ...*

Und im nationalistisch geprägten 19. und 20. Jahrhundert charakterisierte man Otto III. vielfach als einen Träumer, da er die Vision eines nicht zu verwirklichenden Weltreiches im Blick gehabt habe statt die »realistische« Politik seiner Vorfahren fortzuführen. Vor allem seit der politischen Wende in den neunziger Jahren des 20. Jahrhunderts bewertet man seine Politik jedoch neu. Der Beitritt Polens in das westliche Bündnissystem, die bereits bestehende Zusammenarbeit im Rahmen der NATO und die geplante EU-Mitgliedschaft haben das Auge für neue Betrachtungsweisen geöffnet.

Die Frage für Otto III. war, ob er die Sclavonia, also das von Slawen besiedelte Gebiet insgesamt als weitere Provinz – wie die Germania, Gallia und Roma, d. h. Deutschland, Frankreich und Italien – dem Reich einverleiben oder als Partner gewinnen solle. Otto III. hat eine Kompromissformel gefunden, indem er Bolesław den Tapferen zum *Mitarbeiter des Reiches* erklärte, ihn aber nicht zum König krönte. Die Statusfrage blieb so jedoch ungeklärt. Da Otto bereits zwei Jahre nach dem Treffen von Gnesen starb, hatte er keine Zeit mehr, seine politische Lösung zu stabilisieren.

Nach seinem Tode kam es mehrfach zu Konflikten zwischen Bolesław und dem deutschen Kaiser Heinrich II., dem Nachfolger Otto III. Streitpunkt war die Vorherrschaft in Böhmen. Bolesław weigerte sich, Böhmen von Heinrich als Lehen zu nehmen. Daraufhin brach Heinrich mit der Politik seines Vorgängers und verbündete sich mit den heidnischen Liutizen aus dem Gebiet zwischen Elbe und Oder, die sich durch einen großen Aufstand im Jahre 983 von der deutschen Vorherrschaft befreit hatten.

Pruzzen

Die Pruzzen (Prußen,Prussen), ein baltischer Stamm wie die Litauer und Letten, lebten zur Zeit der Ankunft des Deutschen Ordens im Gebiet des ehemaligen Ostpreußen. Ihre Zahl wird auf 170 00 geschätzt, um 1400 auf etwa 140 000. Sie waren Anhänger einer Stammesreligion, die Polygamie und Raubehe zuließ und verteidigten diese Religion lange Zeit gegen christliche Missionsversuche, sie töteten den heiligen Adalbert (997) und wenig später Brun von Querfurt (1007). 1218 und 1221–23 kämpften polnisch-deutsche Kreuzfahrerheere erfolglos gegen die Pruzzen. Die darauf folgenden Einfälle der Pruzzen nach Masowien führten zur Berufung des Deutschen Ordens, dem die Unterwerfung der Pruzzen erst nach erbitterten, grausam geführten Kämpfen im Jahre 1274 gelang. Die christianisierten Pruzzen erhielten einen minderen rechtlichen Status, doch gelang einigen pruzzischen Familien später der Aufstieg in den Landadel oder in die Stadtbürgerschaft. Die pruzzische Sprache wurde im Ordensland noch bis in die Zeit der Reformation gesprochen, der Katechismus im 16. Jahrhundert noch in pruzzischer Sprache gedruckt. Dann beschleunigte sich der Assimilationsprozess, im 17. Jahrhundert war die pruzzische Sprache verschwunden, überlebt hat sie nur noch in geographischen Bezeichnungen und Namen.

Die Pruzzen gehören zu den Vorfahren der ostpreußischen Bevölkerung der Neuzeit – und ohne sie würde es den Begriff Preußen nicht geben.

Markgraf Hermann von Meißen und seine Gemahlin Reglindis, Tochter des polnischen Herzogs Bolesław Chrobry (verheiratet seit 1002/03). Stifterfiguren des Naumburger Domes, 13. Jahrhundert

Sowohl auf kirchlicher Seite als auch beim deutschen Adel stieß dieses Bündnis auf Kritik. Der in Magdeburg zum Heidenbischof geweihte Geistliche Brun von Querfurt, der das Missionswerk des Heiligen Adalbert bei den Pruzzen wieder aufgenommen hatte und dabei die Unterstützung Bolesławs erhielt, schrieb er an Heinrich II.: *Ist es wohl edel, einen Christen zu verfolgen und ein heidnisches Volk zum Bundesgenossen zu haben? Was hat Christus gemein mit Belial (dem Teufel), was das Licht mit dem Schatten? Mit welcher Stirne gesellen sich die heilige Lanze und jene teuflischen Feldzeichen, die mit Menschenblut befleckt werden?* (Beumann)

Und Thietmar berichtet: *Weiter kam es dem König (Heinrich II.) zu Ohren, dass mein Vetter Werner mit Markgraf Herrmanns (von Meißen, der mit der Tochter von Bolesław dem Tapferen, Reglindis verheiratet war) Bruder Ekkehard ohne seine Genehmigung Bolesław aufgesucht und dort vielerlei seine Huld verwirkende Reden geführt hatte.*

Den im ersten Polenkrieg verlorengegangenen Besitz der Lausitz erhielt Bolesław nach dem zweiten Krieg im Merseburger Friedensschluss von 1013 wieder zurück; Bolesławs Sohn Mieszko wurde mit Richeza, einer Nichte Otto III. verheiratet.

Ein endgültiges Ende fanden die Auseinandersetzungen nach dem dritten Krieg mit dem Friedensschluss von Bautzen im Jahre 1018. Bolesław erhielt erneut die Lausitz (und das Milzener Land) zu Lehen. Zur Bekräftigung des Friedens schloss Bolesław seine vierte Ehe mit Oda, der Schwester des Markgrafen Hermann von Meißen. Außerdem wurde Bolesław ein sächsisches Kontingent für den Kampf gegen Polens östlichen Nachbarn, die Kiewer Rus, zugesagt. Polen eroberte mit sächsischer, ungarischer und petschenegischer Hilfe das Gebiet zwischen Wieprz und Bug und besetzte vorübergehend sogar Kiew selbst.

Kurz nach dem Tode Heinrich II. im Jahre 1024 erreichte Bolesław die lange angestrebte Aufwertung seiner Position: Er konnte sich wohl mit päpstlicher Zustimmung in Gnesen zum König krönen lassen – wenige Monate vor seinem Tod im Sommer des Jahres 1025.

Auch sein Sohn Mieszko II. wurde im selben Jahr mit seiner Gemahlin Richeza von Lothringen, einer Verwandten Otto III., gekrönt. Diese Königskrönung führte zu neuen Auseinandersetzungen mit dem Reich, denn der Nachfolger Kaiser Heinrich II., Konrad II., sah durch diesen Akt die Vorrechte des Reiches verletzt.

Der Krieg gegen Konrad II. endete für Mieszko II. mit einem Desaster: Er musste auf die Königskrone sowie die Lausitz verzichten, bevor er 1034 starb. Wie die Witwe Richeza musste auch Mieszkos Sohn nach Deutschland fliehen, offenbar gab es einen gegen das Christentum gerichteten Volksaufstand. Der böhmische Herzog Bretislav nutzte die Situation, fiel in Polen ein und entführte den Leichnam des Heiligen Adalbert nach Prag. Den Besitz Schlesiens konnte er sich nach Kämpfen gegen das Reich sichern.

Mit deutscher und russischer Unterstützung gelang Kazimierz Odnowiciel (der Erneuerer) die Rückkehr nach Polen, nachdem er zuvor Heinrich III., dem Nachfolger Konrad II. den Lehenseid geschworen hatte. Zu seinem Hauptsitz wählte er nicht das zerstörte Gnesen, sondern Krakau, das nunmehr für fünf Jahrhunderte die Rolle der polnischen Hauptstadt übernahm.

Von dort aus unterwarf er Masowien, Pomerellen und schließlich auch Schlesien – für das an Böhmen Tribut zu zahlen war – und konnte so annähernd das polnische Territorium wie zur Zeit Bolesław des Tapferen wiederherstellen; nur das westliche Pommern fehlte.

Mathilde von Lothringen überreicht König Mieszko II. einen Codex. Miniatur aus dem Jahr 1027

Auf Kazimierz folgte dessen ältester Sohn Bolesław Śmiały (der Kühne) oder auch der Großzügige genannt. Er machte sich vom Reich unabhängig und führte gegen den Willen Kaiser Heinrich IV. Krieg gegen Böhmen – Kaiser Heinrich IV. wurde durch einen Aufstand der Sachsen an einem geplanten Polenfeldzug gehindert. Im Investiturstreit stellte sich Bolesław auf die Seite des Papstes, und kurz vor dem Bußgang Kaiser Heinrich IV. nach Canossa ließ er sich mit Zustimmung des Papstes vom Gnesener Erzbischof zum König krönen. Damit hatte sich Polen aus der Abhängigkeit vom Deutschen Reich gelöst.

In Polen selbst stieß die Politik Bolesławs auf breite Opposition. Ob der Krakauer Bischof Stanisław ihr angehörte, ist nicht geklärt; ihn aber ließ der König im Jahre 1079 durch Abhacken der Glieder grausam hinrichten. Stanisław wurde als Märtyrer zum Nationalheiligen Polens, Bolesław musste das Land verlassen und starb in der Fremde. Unter seinem Nachfolger Władysław Herman, der mit der Schwester Kaiser Heinrich IV. verheiratet war, dauerten die inneren Unruhen an. Verschiedene Adelsgruppen versuchten ihren Einfluss geltend zu machen.

Nach dem Tode Władysławs brach ein Bruderkrieg unter dessen beiden Söhnen aus, in dem Bolesław III. Krzywousty (Schiefmund) siegreich blieb. Der unterlegene Zbigniew, dem nur die Herrschaft über Masowien geblieben war, ging

Rechte Seite: König Zygmunt I. betet zum heiligen Stanisław. Miniatur, 1530–35

Kaiser Heinrich V. um Hilfe an, woraufhin der Kaiser Bolesław zur Zahlung von Tribut oder der Stellung von 300 Rittern aufforderte. Als Bolesław dies ablehnte, zog Heinrich gegen Polen und belagerte erfolglos Glogau. Deshalb – so behauptet der Chronikschreiber Gallus Anonymus – hätten die deutschen Krieger schließlich zum Verdruss des Kaisers ein Loblied auf Bolesław angestimmt.

Bolesław, o Bolesław, du hochberühmter starker Fürst!
Rastlos und mit größtem Eifer schützest du dein Vaterland.
...
Solch ein Fürst verdient zu herrschen übers Reich und Vaterland,
Der mit wenigen so starke Truppen zu belehren weiß.
...
Er führt Kriege gegen Heiden – solche Kriege sind erlaubt.
Wie jedoch, wir führen Kriege gegen Christus frevlerisch!
Darum ist Gott selbst mit ihm und schafft ihm gnädig auch den Sieg.
Unrecht, das wir angetan, zu Recht vergilt er es an uns.

Nach der vergeblichen Belagerung Glogaus kam es zum Ausgleich zwischen dem Kaiser und Bolesław, der sich auch von den Tributzahlungen an Böhmen befreien konnte. Im Nordwesten annektierte er das Gebiet der Pomeranen, Wratislaw von Stettin musste 1121 die polnische Oberherrschaft anerkennen und das Christentum annehmen. Bischof Otto von Bamberg unternahm bald darauf unter polnischem Schutz eine erste Missionsreise nach Pommern.
Bolesław Krzywousty wurde aber schließlich 1135 von Kaiser Lothar III. gezwungen, Pommern vom Kaiser zu Lehen zu nehmen und dafür einen Tribut zu zahlen sowie dem Kaiser den Treueid zu leisten.
Ein Jahr später erreicht Bolesław von Papst Innozenz II. die Bestätigung der kirchenrechtlichen Stellung Gnesens als Erzbistum. Seither wurde es vom konkurrierenden Magdeburg anerkannt. 1138 starb Bolesław Krzywousty, er war vorläufig der letzte Herrscher aus dem Hause der Piasten, der das gesamte Polen regierte. Erst im Jahre 1320 gelang dem Piasten Władysław Łokietek wieder, sich als König von Polen in Krakau krönen zu lassen. Über fast zwei Jahrhunderte war Polen in Teilfürstentümer zerfallen, denn Bolesław Krzywousty hatte durch sein Testament verfügt, dass die vier ältesten Söhne erbberechtigt sein sollten. Der jeweils älteste Nachkomme sollte als Senior den jüngeren Brüdern überge-

Ansicht von Bamberg. Holzschnitt in der Weltchronik des Hartmann Schedel, 1493

ordnet sein, die Herrschaft in Krakau ausüben und für Heer, Verwaltung Gericht und Münze zuständig sein. Doch in der Praxis bewährte sich dieses System nicht. Nutznießer der ständigen inneren Kämpfe waren die Kirche, die sich als das Polen zusammenhaltende Band profilieren konnte, und der Adel, der seine Rechte gegenüber der Herrscherfamilie zu stärken wusste. Außerdem profitierten die Nachbarn Polens von dessen innerer Schwäche, die zu territorialen Verlusten führen sollte – während es bei den vorherigen Auseinandersetzungen zwischen den Piasten und den deutschen Kaisern ja vor allem um die Frage der Anerkennung der kaiserlichen Oberherrschaft gegangen war.
Insofern bedeutet das Todesjahr von Bolesław Krzywousty einen tiefen Einschnitt in der mittelalterlichen Geschichte Polens.

Die Zeit der Teilherzogtümer Hier können nicht die nicht die Entwicklungen in den Teilfürstentümern im einzelnen nachvollzogen werden – wir werden uns auf einige für die deutsch-polnischen Beziehungen markante Ereignisse beschränken müssen.
In diese Zeit fallen zwei Vorgänge, die für die Geschichte Polens von wesentlicher Bedeutung sein sollten: die Siedlungsbewegung auf der Basis des so genannten »deutschen Rechts« sowie die Berufung des Deutschen Ordens. Diesen beiden Themen werden eigene Abschnitte gewidmet sein.

Charakteristisch für die Zeit der Teilfürstentümer war, dass die einzelnen Herrscher ihre Ansprüche mit Hilfe der jeweiligen ausländischen Nachbarn zu realisieren versuchten und eine entsprechende Heiratspolitik betrieben. Die großpolnischen und schlesischen Fürstenfamilien verbanden sich immer wieder mit deutschen Dynastien, und einige dieser Teilfürsten versuchten mit wechselndem Erfolg, die deutschen Herrscher für ihre Ziele zu gewinnen.

Im Jahre 1147 kam es zu einer besonderen Form deutsch-polnischer Kooperation: Polen beteiligten sich am zweiten Kreuzzug, der nicht nur ins Heilige Land führte, sondern – mit Billigung von Bernhard von Clairveaux – auch gegen die heidnisch gebliebenen Westslawen zwischen dem heutigen Ostholstein und Pommern. Auf deutscher Seite nahmen vor allem die sächsischen Fürsten daran teil, auf polnischer Mieszko III. der Alte. Der »Erfolg« dieses Wendenkreuzzuges wurde schon von Zeitgenossen bezweifelt, da er in den noch heidnischen Gebieten nur Scheintaufen und keine wirkliche Bekehrung der Heiden brachte. Die sächsischen Teilnehmer befürchteten, dass das Land, aus dem sie Tribute erhielten, zu stark verwüstet würde. Schließlich endete der Kreuzzug in dem bereits christlichen Pommern. Dort fanden die Kreuzfahrer das Symbol des Kreuzes auf den Wällen der Burgstädte und als Unterhändler trat ihnen Adalbert entgegen, der nach den Missionsreisen Ottos von Bamberg dort das Amt des Bischofs innehatte.

Im Verlauf der Auseinandersetzungen zwischen den verschiedenen Linien des polnischen Herrscherhauses der Piasten zog Kaiser Friedrich I. Barbarossa als letzter Kaiser 1157 gegen Polen. Er kam bis vor Posen. Der dort unrechtmäßig als Senior regierende Fürst kam ihm im Büßerhemd entgegen, leistete den Treueid und verpflichtete sich Tribut zu zahlen. Doch bedurfte es weiterer Interventionen, bis die Tributzahlungen tatsächlich zustande kamen und in Schlesien die rechtmäßigen piastischen Nachfolger dann 1173 ihr Erbe antreten konnten. Mit deren Einsetzung begann der Ablösungsprozess Schlesiens aus dem polnischen Staatsverband, zum offiziellen polnischen Verzicht auf Schlesien kam es 1329.

Bereits 1181 löste sich Pommern aus der polnischen Oberherrschaft, der zunächst die deutsche und später die dänische folgten. 1181 wurde auch endgültig – durch päpstliche und später auch durch kaiserliche Bestätigung – das Senioratsprinzip aufgehoben, nachdem ohne Rücksicht auf den Verwandtschaftsgrad der jeweils älteste Erbberechtigte die Thronfolge übernimmt. Der Zusammenhalt der Teilfürstentümer ging danach immer weiter verloren.

1241 geriet Polen an den Rand einer Katastrophe, als ein Mongolenheer unter Batu Khan in das christliche Europa vordrang. Im Süden zogen die Mongolen (Tartaren) nach Ungarn, im Norden nach Krakau, das zerstört wurde, und weiter bis nach Liegnitz. Dort kam es zur Schlacht mit einem polnisch-deutschen Ritterheer unter Führung des Breslauer Herzogs, Heinrich II. Pobożny (des Frommen) aus der Familie der Piasten. Sein Heer wurde vernichtend geschlagen, er selbst fiel.

Der polnische Chronist Jan Długosz schilderte das Ereignis: *Herzog Heinrich ... waren Weg und Flucht abgeschnitten, und er wurde zum dritten Mal von den Tataren eingeschlossen. Nun lässt er alle Hoffnung auf Entkommen fahren und wütet bald zur Rechten, bald zur Linken tollkühn gegen die Tataren. Als er aber mit erhobener Rechten einen ihm gegenüberstehenden Tataren niedermachen will, durchbohrt ihn ein zweiter mit der Lanze unter der Achsel. Er lässt den Arm sinken und stürzt tödlich getroffen vom Pferd. Die Tataren erheben mit rauen Stimmen ein furchtbares Geschrei, ergreifen ihn und bringen ihn an einen Ort außerhalb des Schlachtfeldes etwa zwei Steinwürfe entfernt. Dort enthaupten sie ihn mit einem Spieß, berauben seinen Körper aller Rüstung und lassen ihn nackt zurück. Aber außer diesem fand auch eine große Menge polnischer Herren und Adliger auf gleiche Weise in dieser Schlacht den Tod, selige Märtyrer für den Glauben und die Verteidigung der christlichen Religion.* (Jelicz)

Das westliche Europa entging einem ähnlichen Schicksal nur, weil sich das Mongolenheer auf die Nachricht vom Tode des Großkhans hin wieder zurückzog.

Die ständigen Auseinandersetzungen zwischen den polnischen Piasten führten schließlich im Jahr 1300 dazu, dass König Wenzel II. von Böhmen aus dem Geschlecht der Přzemysliden zum König von Polen gekrönt wurde.

Nachdem Wenzels Sohn im Jahre 1301 König von Ungarn wurde, schien es, als entstünde ein přzemyslidisches Reich, das sich über Polen, Böhmen und Ungarn erstreckt. Doch der frühe Tod Wenzels und die Ermordung seines Sohnes machten diese Pläne zunichte.

Nach langen Kämpfen gelang es dem piastischen Herrscher von Sieradz, Władysław Łokietek (Ellenlang), sich gegen alle Gegner durchzusetzen. Im Jahr 1320 wurde er vom Gnesener Erzbischof zum König gekrönt.

Von da an bestand Polen als Königreich bis zum Jahr 1795, als es von Russland, Preußen und Österreich aufgeteilt wurde.

Darstellung der Schlacht bei Liegnitz im Jahr 1241. Miniatur aus dem 14. Jahrhundert

Rechte Seite: Ritter und Bauern. Detail des Jerusalem-Altars aus der Danziger Marienkirche, 15. Jahrhundert

SATIRE AUF DIE FAULEN BAUERN

Voll Schläue täuscht den Herrn der Bauer,
Liegt stets mit Arglist auf der Lauer.
Soll er dem Herrn ein Tagwerk leisten,
Gefällt das Rasten ihm am meisten.
Sein Werk ist purer Lug und Trug:
Erst mittags kommt er aus dem Hause,
Macht dann am Wegrand oftmals Pause
Und tut, als richte er den Pflug;
Im Schuppen bleibt die Kett' aus Eisen,
Die hölzerne muss sich beweisen.
Nur krankes Zugvieh spannt er ein,
Der Frontag will verplempert sein:
Denn tückisch soll nach seinem Plan
Dem Herrn das Korn recht schlecht geraten!
Erscheint der Herr, vollbringt er Taten
Dreht der sich um, wird's schlecht getan.
Er steht am Feld, klopft an die Schar:
Dass sie kaputt sei, ist nicht wahr!
Verliert mit Absicht alle Keile,
Nach neuen rennt er dann in Eile.
Doch im Gebüsch, da bleibt er liegen,
Ist lange nicht hervorzukriegen.
Und jeglicher wahrhaftig meint,
Ein Tölpel wäre unser Bauer,
Der blöde wie ein Ochse scheint;
In Wahrheit ist das ganz ein Schlauer!
(Jelicz)

Der Landesausbau Das Wort *Satire* in der Überschrift des nebenstehenden Gedichts täuscht ein wenig – denn darin wird sehr genau beschrieben, welche Folgen es hat, wenn die Bauern zu Diensten für den Herrn verpflichtet sind, aber am Erfolg ihrer Arbeit in keiner Weise teilhaben. Ineffizienz ist die Folge – und als ineffizient muss die Arbeit bezeichnet werden, die die nach polnischem Recht für ihre Herren arbeitenden Bauern im 12. Jahrhundert leisteten.

Das Land befand sich zunächst fast ausschließlich im Besitz der Fürsten, dem die Untertanen zur Leistung bestimmter Dienste verpflichtet waren. Außerdem hatten sie Steuern und Abgaben zu zahlen, mussten den Fürsten und seine Beamten bewirten und beherbergen. Nach der Jahrtausendwende erhielten kirchliche Institutionen und Beamten sowie Ritter eigene Güter, und seit Mitte des 12. Jahrhunderts wurden die Zisterzienser ins Land geholt, die nach ihren eigenen Vorstellungen wirtschaften konnten. Während sich im Westen Europas die Geldwirtschaft durchgesetzt hatte und die Bauern statt Dienste zu leisten, Zins zahlten, herrschte in Polen noch die Naturalwirtschaft. Auf den Märkten wurden meist nur lokale Produkte getauscht und nur in geringem Maße mit Münzen bezahlt.

Fürsten, Klöster, Domkapitel und adlige Grundbesitzer versuchten höhere Einkünfte zu erzielen, indem sie die neuen Methoden aus dem Westen angewendet wissen wollten. Zu diesem Zweck mussten Land urbar gemacht und neue Strukturen und Techniken eingeführt werden. Wälder mussten gerodet und feuchte Gebiete trockengelegt werden. Die Dreifelderwirtschaft, d. h. der Wechsel zwischen Sommer- und Wintergetreide sowie Brache, und der Gebrauch des Wendepflugs brachten höhere Erträge mit sich, als sie durch die traditionell wirtschaftenden polnischen Bauern erzielt werden konnten. Deshalb beauftragten Fürsten, Klöster und Adelige Siedlungsunternehmer, so genannte Lokatoren, mit der Anwerbung von Siedlern. Ihnen wurde für die ersten Jahre Abgabenfreiheit garantiert. Danach wurden vertraglich Geldzins, Abgaben und kirchlicher Zehnt vereinbart. An Grund und Boden erhielten die Siedler meist eine Hufe (16,8 bis 24 Hektar) zugewiesen. Das neu entstandene Dorf, an dessen Spitze der Schulze – meist der Lokator – stand, verfügte über eine begrenzte Selbstverwaltung.

In einer 1201 für das Kloster Leubus ausgestellten Urkunde des Piasten Herzog Heinrichs I. Brodaty (des Bärtigen) von Schlesien, heißt es:

Den Deutschen, die in deren (der Leubuser Mönche) Besitzungen getrennt von den Polen wohnen, gewähre ich jedwede Freiheit. Keiner soll von ihnen Geleite, Botendienste oder andere Dienstleistungen mit Wagen oder Zugtieren fordern.

Doch solche Freiheiten galten nicht nur für Deutsche – bereits gut 20 Jahre später erlaubt Herzog Kasimir von Oppeln *Deutsche oder andere Gastsiedler nach deutschem Recht anzusiedeln.*

Doch nicht nur Fremde (*Gäste* werden sie in den Urkunden häufig genannt), sondern auch Polen wurden bald zum Landesausbau nach deutschem Recht herangezogen.

Parallel zur ländlichen Entwicklung, die sich von Schlesien bis in die zentralen und östlichen Teile fortsetzte, kam es zur Gründung von Städten nach deutschem Recht. Häufig existierten bereits städtische Ansiedlungen, doch wurden daneben jetzt häufig Städte neuen Typs geschaffen, die bis heute an ihren Grundrissen erkennbar sind: große rechteckige Marktplätze mit dem Rathaus in der Mitte. Die neuen Stadtverfassungen orientierten sich am Vorbild von Magdeburg, das »Magdeburger Recht« garantierte eine Selbstverwaltung der Städte mit Räten an der Spitze und eine eigene Gerichtsbarkeit. Es erhielten Städte wie Breslau oder Krakau und wurde im Verlauf der Zeit entsprechend den örtlichen Gegebenheiten abgewandelt. Als das Neumarkter oder Kulmer Recht verbreitete es sich bis ins 15. Jahrhundert in ganz Polen. Die Einführung des deutschen Rechts, das im Grunde ein westeuropäisches Stadtrecht war, sagte nichts über die Herkunft der Stadtbewohner aus. Zu ihnen gehörten Polen, Deutsche, Flamen, und vor allem Juden. Viele von ihnen waren vor den Verfolgungen geflohen, die in Deutschland im Zusammenhang mit den Kreuzzügen und später während der Pest stattfanden. Die Juden erhielten im Lauf der Zeit einen besonderen Status in Polen, über den noch zu berichten sein wird.

Bis zum Ende des 14. Jahrhunderts entstanden allein in Groß- und Kleinpolen mehr als 150 Städte nach Deutschem Recht, und es wird geschätzt, dass etwa 250 000 dörfliche Neusiedler in das Land zogen.

Bis ins 12. Jahrhundert hatten sich die Kontakte zwischen Deutschen und Polen weitgehend auf die politische und wirtschaftliche Elite sowie die Geistlichkeit beschränkt – abgesehen von kriegerischen Aktionen, in denen man sich zeitweise als Gegner gegenüberstand oder bei anderen Gelegenheiten miteinander verbündet war. Die Beziehungen zwischen polnischem und deutschem Adel waren ziemlich eng, wie die gegenseitigen Heiraten zeigen, die zugleich auch der

Abteikirche des Klosters Brauweiler. Richeza, die Frau Mieszkos, hatte das Geld für den Bau des Klosters gespendet, mit dem im Jahr 1024 begonnen wurde

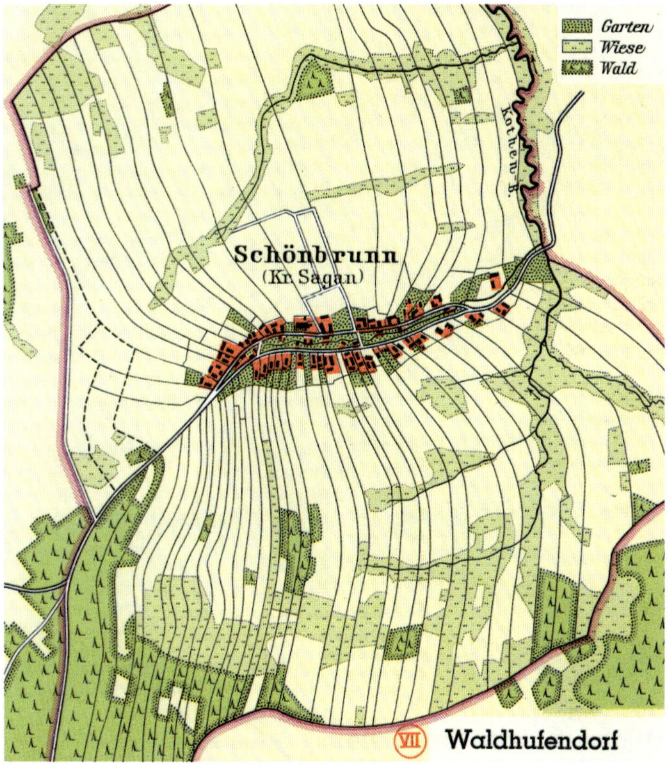

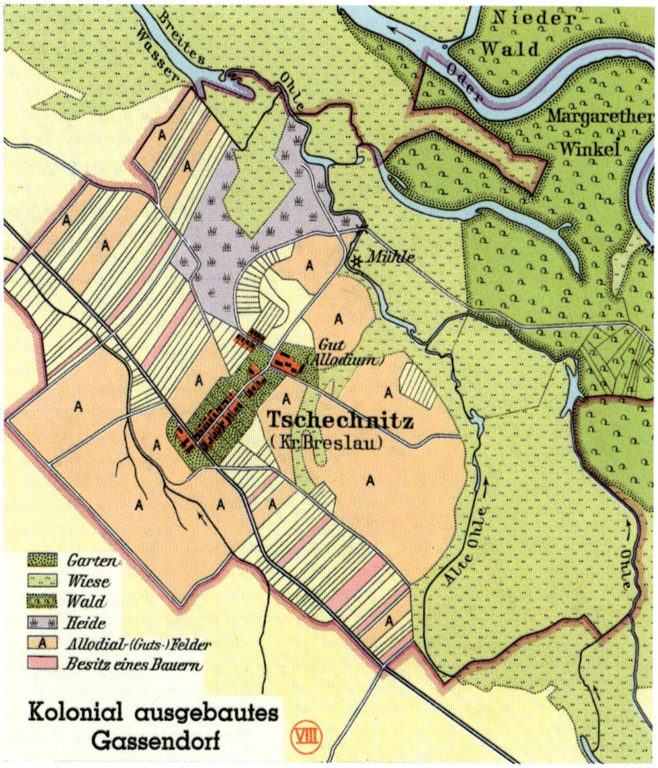

Grafische Darstellungen ländlicher Siedlungsformen des Mittelalters

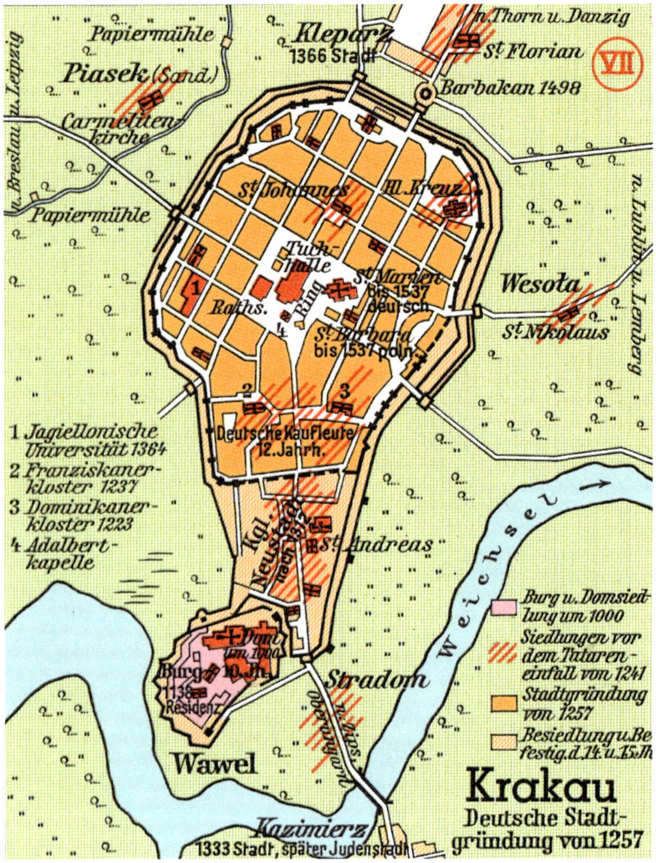

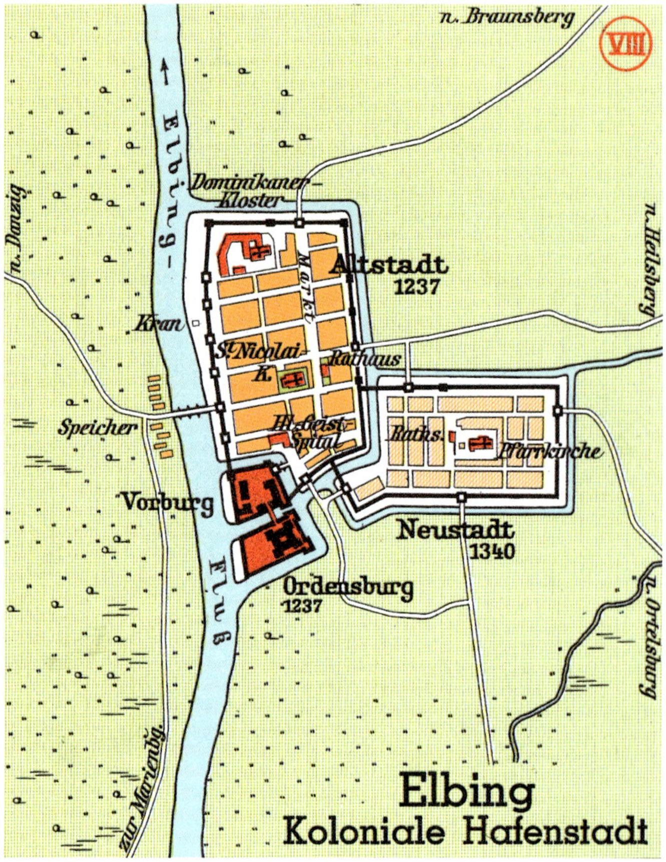

Zwei Grundrisse mittelalterlicher Stadtgründungen nach deutschem Recht

Stabilisierung der politischen Beziehungen dienen sollten. Die Geistlichkeit, die zu einem Großteil aus Deutschland kam, sah ihre Hauptaufgabe in der Bekämpfung des Heidentums, sie unterstützte deshalb das gemeinsame Vorgehen polnischer und deutscher Herrscher gegen die zwischen Holstein und Pommern lebenden westslawischen Heiden. Darüber hinaus gab es wenig Gelegenheit für Kontakte zwischen Polen und Deutschen.

Dies änderte sich im Zuge des Landesausbaus – wenn auch territorial in unterschiedlichem Maße – sowohl auf dem Lande als auch in den Städten.

Dörfer deutscher Siedler lagen nahe bei rein polnischen Dörfern. In vielen Städten gewannen die deutschen Bürger ein Übergewicht, sodass die Ratsakten in deutscher Sprache geführt wurden.

Das führte zu Konflikten, es gab von polnischer Seite Widerstand gegen den ungehemmten Zuzug von Ausländern. Sowohl wirtschaftliche Konkurrenz als auch Furcht vor einer Gefährdung der polnischen Tradition bestimmten die Ablehnung, wie sie sehr nachdrücklich der Gnesener Erzbischof Jakub Świnka in einem Schreiben an die Kurie im Jahre 1285 formulierte: *Jetzt aber, wo das deutsche Volk eindringt und schon viele Stellen besetzt, erwächst daraus nicht nur Euer Heiligkeit, sondern auch für uns schwerer Nachteil ... Nun kommen auch deutsche Ritter und Bauern nach Polen und besetzen Dörfer und andere Orte, die bisher Polen besessen hatten und dafür pro Kopf der römischen Kirche den Zins, d. h. den Peterspfennig bezahlt hatten, den die Deutschen, Ritter wie Bauern, zu zahlen sich weigern...* (Weinrich)

Und den Brüdern eines Bettelordens, der aus Deutschland kam, warf Świnka vor: *Sie machen mitten in Polen gegen Unseren Widerspruch neue Häuser auf, dulden aber in all ihren Konventen ... kaum einen, ja eigentlich gar keinen polnischen Bruder in ihrer Mitte, während von den einheimischen Brüdern den Würdenträgern der Kirche die gebührende Ehrfurcht erwiesen und für den geistlichen Beistand beider Völker besser und wirksamer gesorgt worden ist.*

Auch in Breslau kam es wegen der kirchlichen Abgaben zum Konflikt zwischen dem Bischof Thomas und dem Herzog Heinrich I. dem Bärtigen, der deswegen exkommuniziert wurde.

Seine aus dem Süden des Deutschen Reiches stammende Witwe, Hedwig von Andechs und Meran, war dagegen sehr um Ausgleich zwischen Polen und neu hinzugezogenen Deutschen bemüht. Wenige Jahre nach ihrem Tode wurde sie auf Antrag der polnischen Bischöfe heilig gesprochen.

Ziel von Kreuzzügen im Mittelalter war nicht nur die Befreiung des Heiligen Grabes in Jerusalem, sie richteten sich ebenfalls gegen die heidnischen Völkerschaften in Mittel- und Osteuropa. Auf dem Reichstag zu Frankfurt 1147, der vor Beginn des zweiten Kreuzzuges stattfand, zu dem der Zisterziensermönch Bernhard von Clairvaux aufgerufen hatte, erreichten die sächsischen Fürsten, dass eine Kreuzfahrt gegen die heidnischen Elb- und Ostseeslawen (Wenden) ebenfalls als Erfüllung des Kreuzzuggelübdes anerkannt wurde. Auch die Feldzüge gegen die Pruzzen der Jahre 1218 und 1221/23 wurden als Kreuzzüge anerkannt. Ihre Teilnehmer kamen vor allem aus dem Norden und Osten Deutschlands sowie aus Polen. Mit dem Deutschen Orden berief Konrad von Masowien schließlich einen im Heidenkampf im Heiligen Land erfolgreichen Ritterorden.
Bei den Kreuzzügen mischten sich religiöser Idealismus und Fanatismus (in Deutschland kam es zu Beginn von Kreuzzügen vielfach zu Judenpogromen) mit politischen und wirtschaftlichen Zielen.
Die heidnische Bevölkerung sollte sich durch freiwillige oder Zwangstaufe zum Christentum bekennen, andernfalls vernichtet werden.
In der Realität – so kritisierte der Chronist Vinzenz von Prag – ging es beim Wendenkreuzzug den Teilnehmern mehr darum, *das Land wegzunehmen, als die Einwohner im christlichen Glauben zu befestigen.*
Und beim Kreuzzug von 1218 gegen die Pruzzen fühlte sich der Papst auf Grund früherer Erfahrungen zu der Mahnung veranlasst, die Kreuzfahrer sollten sich um die Bekehrung der Heiden bemühen und sie nicht unterwerfen.

Die heilige Hedwig von Andechs-Meran, Gemahlin Herzog Heinrich I. von Schlesien. Miniatur aus der Hedwigshandschrift

Auch in Krakau gab es Auseinandersetzungen zwischen Deutschen und Polen; in diesem Fall – ebenfalls zur Zeit Jakub Świnkas – zwischen dem Herzog Władysław Łokietek und den deutschen Bürgern der Stadt, die von dem Vogt Albert angeführt wurden. In der NS-Zeit galt dieser deshalb als Vorkämpfer des Deutschtums im Osten, in polnischen Schulbüchern wird er als Verräter bezeichnet. Der Hintergrund scheint aber weniger ein nationaler Antagonismus gewesen zu sein, wie Jan Długosz berichtete:

Der Krakauer Vogt Albert nämlich sowie Rat und Magistrat der Stadt Krakau litten unter der Herrschaft und Regierung Herzog Władysławs, weil er ihnen hohe Abgaben und Steuern für seine Kriege auferlegte und das Diebes- und Räuberunwesen auf den früher so sicheren Straßen nicht einzudämmen vermochte. (Jelicz)

Der Vogt Albert holte deshalb den Oppelner Piasten-Herzog Bolesław zu Hilfe – doch schon bald darauf zog Władysław siegreich in die Stadt ein und hielt unter den deutschen Anhängern strenges Gericht:

Einige Krakauer Bürger, die Urheber des beschriebenen Aufstands, ließ er, um das Ausmaß des begangenen Verbrechens vorzuführen, als Beispiel und Warnung für die Zukunft ergreifen, bei lebendigem Leib von Pferden strecken und dann durch den Galgen oder das Rad hinrichten. Aus dem Haus des Vogts aber lässt er eine Burg bauen und am St. Nikolaustor einen Turm errichten: Dort stationiert er die Wache. Durch diese Burg und diese Wache will er den Wankelmut der Krakauer in Zukunft zu Treue wandeln. Man hat nun, jedoch fälschlich, Jan Muskata, den Bischof von Krakau, weil er von Geburt ein Schlesier aus Breslau war, beschuldigt, von dem geplanten Verrat gewusst zu haben und förmlich und ausdrücklich mit Vogt Albert und der Bürgerschaft übereingekommen zu sein, Herzog Władysław den Zutritt zur Stadt zu verweigern und Bolesław von Oppeln einzulassen. Deshalb hatte er Hass und Verfolgung gegen seine Person und das Kirchengut und die Gefangensetzung durch Herzog Władysław zu ertragen...

Mit nationalen Auseinandersetzungen, wie wir sie aus der Neuzeit kennen, hatte dieser Konflikt nichts zu tun – Beweise für die Treue und Unterstützung der deutschen Stadtbürger gegenüber den polnischen Herrschern gibt es genügend. Wie attraktiv das »polnische Modell« für deutsche Bürger sein konnte, sollte sich an der Nordgrenze Polens zeigen, wo der Deutsche Orden seit dem 13. Jahrhundert einen eigenen Staat errichtet hatte.

Spittlersiegel des Deutschen Ordens, um 1400

Der Deutsche Orden und Polen Mit einem Bündnis gegen die Heiden hatte es begonnen: Konrad I., der seit 1199 im Teilfürstentum Masowien und Kujawien herrschte, rief den Deutschen Orden zu Hilfe, um das benachbarte Land der pruzzischen Heiden zu erobern und zu christianisieren. Zuvor hatte Konrad – auch mit Unterstützung anderer polnischer Teilfürsten – vergeblich versucht, der Pruzzen Herr zu werden. Selbst ein Aufruf des Papstes zum Kreuzzug gegen die Pruzzen und die Gründung eines Ritterordens (der Dobriner Brüder) waren ohne Erfolg geblieben.

Der Deutsche Orden war um 1190 in Palästina im Verlauf des dritten Kreuzzugs gegründet worden und folgte weitgehend den Regeln der bereits bestehenden Johanniter- und Templerorden. Unter dem Hochmeister Hermann von Salza nahm der Ritterorden einen bemerkenswerten Aufschwung: Durch vielfache Landschenkungen wurde seine wirtschaftliche Kraft gestärkt. Er unterhielt (bis 1291, dem Fall von Akkon) einen Posten im Heiligen Land, kämpfte gegen Seeräuber in Apulien und führte für den ungarischen König Krieg gegen die Kumanen im heute in Rumänien gelegenen Burzenland. Doch zwischen dem ungarischen König und dem Orden kam es zum Streit, weil der Orden dort ein von Ungarn unabhängiges Herrschaftsgebiet begründen wollte; letztlich wurde der Orden von dort vertrieben. Das Angebot Konrad von Masowiens, ihn bei der Eroberung des Pruzzenlandes zu unterstützen, kam für den Orden daher zur rechten Zeit. Zuvor ließ sich Hermann von Salza für den Orden von Kaiser Friedrich II. in der »Goldenen Bulle« von Rimini 1226 den Status eines Reichsfürsten in dem künftigen Gebiet zusichern und von Konrad von Masowien das zu erobernde Land (das von den Pruzzen besetzte Kulmer Land sowie die künftigen weiteren Eroberungen) als Besitz *zu wahrem Eigentum und vollkommener Herrschaft* übereignen. Damit wollte Hermann von Salza sicherstellen, dass der Orden ein unabhängiges Staatwesen errichten konnte. Auf seine Oberherrschaft im Kulmer Land hatte Konrad von Masowien jedoch nicht ausdrücklich verzichtet – der Keim für Auseinandersetzungen war damit gelegt.

Im Jahr 1234 legte Papst Gregor IX. schließlich fest, dass der Orden und seine Besitzungen Eigentum von St. Peter sind und damit keiner anderen weltlichen oder geistlichen Macht untergeordnet sein dürften.

Rechte Seite, oben: Kaiser Ludwig IV. der Bayer überträgt dem Deutschen Orden das Land Litauen. Initiale »L« aus der Urkunde, 1337

Rechte Seite, unten: Hermann von Salza, Hochmeister des Deutschen Ritterordens

1231 waren die ersten Ritter des Deutschen Ordens unter Landmeister Hermann von Balk an die Weichsel gekommen und bauten Burgen in Thorn und Kulm. Von dort aus eroberten die Ordensritter das Kulmer Land und unterwarfen das Land der Pruzzen. An den Kreuzzügen gegen die heidnischen Pruzzen beteiligten sich neben deutschen auch polnische und böhmische Ritter. (Königsberg erhielt seinen Namen zu Ehren des am Kreuzzug von 1255 teilnehmenden Ottokar II. von Böhmen.) Die Bistümer in Preußen wurden nicht Gnesen, sondern dem Erzbistum Riga unterstellt.

In das eroberte Land wurden deutsche Bauern und Bürger geholt, die neue Siedlungen nach deutschem Recht anlegten. In kurzer Zeit entwickelte sich der Orden damit zu einer starken wirtschaftlichen Macht. Der Orden selbst – als einzige Nicht-Stadt – und sechs seiner Städte wurden Mitglieder der Hanse. Die Hafenstadt Elbing wurde bereits 1237 gegründet, dadurch entstanden enge wirtschaftliche Beziehungen zu den übrigen Ostseestädten. Zeitweise war der Orden der größte Schiffseigner im Hansebereich. In englischen Quellen wird er wegen seiner Bedeutung sogar – fälschlich – als *Haupt der Hanse* angesehen. Die ökonomische Stärke, die vor allem auf dem Transithandel sowie auf dem Export von Holz, Getreide und Bernstein beruhte, war Grundlage seiner politischen und militärischen Macht. 1283 war das gesamte Land der Pruzzen, die mehrere erfolglose Aufstandsversuche unternommen hatten, endgültig in der Hand des Ordens.

In der Bekämpfung der heidnischen Pruzzen waren sich Deutscher Orden und polnische Fürsten einig, zu einem einschneidenden Konflikt kam es aber 1308.

In diesem Jahr besetzten Truppen des Markgrafen Waldemar von Brandenburg Pomerellen, das kurz zuvor Władysław Łokietek dem Magnatengeschlecht der Swenzonen abgenommen hatte, und belagerten die Burg von Danzig. Da Władysław Łokietek der Burgbesatzung nicht zu Hilfe kommen konnte, beauftragte er gegen Bezahlung den Deutschen Orden mit dem Entsatz der Burg. Die Burg wurde vom Orden erobert, doch übergab er sie nicht an Łokietek, sondern behielt sie und annektierte darüber hinaus ganz Pomerellen. In Danzig selbst plünderten die Sieger und töteten einige polnische Ritter und weitere Stadtbewohner – in der polnischen Geschichtsschreibung blieb dieser Vorgang als Blutbad in Erinnerung, auch wenn die Zahl der Getöteten weit unter hundert lag.

Mit dieser Tat hatte sich der Deutsche Orden aber ohne Zweifel von seiner eigentlichen Mission, dem Kampf gegen die Heiden, weit entfernt. Er erwies sich

Goldene Bulle von Rimini Kaiser Friedrich II: Bestätigung der Schenkung des Kulmer Landes an den Orden, 1226

Rechte Seite: Ansicht der Stadt Elbing aus dem Jahr 1554

Warhafftige Abcontrafeiung der sehr löblichen Stadt Elbingen in Preussen/
Zu Ehren/ Dem Erbarn wolweisen und Gottsfürchtigen man/ Herr
Jacob Quandten/ meinem lieben und gunstigen
Herren gefattern.

Vor dreihundert siebē vnd zwantzig jar/
Do der vierde Hohemeister war/
Herman von Saltza lobesan/
So auch das landt ritterlich gewan/
Der Erste Landmeister zuhandt/
In Preussen Herrman Balck genant/
Elbing die Hochberumbte Stadt/
In Preussen land gebawet hat/
Welch gar manchen harten straus/
Ritterlich hat gestanden aus/

Vnder dem Orden und hernach/
Wie man auch im Bunde sah/
Marggraff Albrecht lis lauffen an/
Dennoch behilten sie den plan/
Ist noch eine Stadt fest und gut/
Dann sie stehet in Gottes hutt/
Was Gottesdienst belanget ist/
Würt drin gefürdert zu aller frist/
Die schulen drinnen nemen zu/
Gotts wort gepredigt wirt in rhu/

Der liebe Gott sie behütten wöl/
Vor allem argen und ungefehl/
Geb ihn fried gluck und seeligkeit
Von nun ahn bis in ewigkeit.

Caspar Hennenberger
Pfarherr in Mul-
hausen.

24.

als eine auf Erweiterung seines Herrschaftsgebiets bestrebte Institution, anderen weltlichen und geistlichen Herren seiner Zeit vergleichbar. Für Polen repräsentierte er zwar damals nicht Deutschland, zumal der Orden nicht zum Reich gehörte, aber an seiner Spitze standen Deutsche. Er war das soziale Auffangnetz für die deutsche Ritterschaft, und er hatte Deutsche in seine Städte und Dörfer berufen – insofern ist es nicht verwunderlich, dass der Orden später, in der Zeit der Teilungen, für viele Polen zum Symbol eines eroberungssüchtigen deutschen Staatswesens wurde.

Polen war durch die Annexion Pomerellens jetzt vom Meer abgeschnitten – und der Deutsche Orden sah seine Position soweit gestärkt, dass der Großmeister Siegfried von Feuchtwangen seinen Sitz von Venedig in die Marienburg verlegte. Um seine Rechte auf Pomerellen zu untermauern, kaufte der Orden dem brandenburgischen Markgrafen dessen Erbansprüche ab. Und er forderte von Łokietek eine überhöhte Summe für den Einsatz in Danzig, die dieser nicht zahlen konnte.
Władysław Łokietek versuchte nun auf gerichtlichem Wege Pomerellen zurück zu erhalten. Ein päpstliches Gericht verurteilte den Orden zur Rückgabe Pomerellens, doch der Orden ignorierte dies. Zu einer endgültigen Regelung kam es erst 1343: Der Orden behielt Pomerellen und das Kulmer Land, Kujawien und das Dobriner Land gingen an Polen zurück.
Die folgenden Jahre verliefen ohne größere Konflikte zwischen dem Orden und Polen. Der Orden richtete seine Angriffe gegen das noch heidnische, aber gegenüber Christen tolerante Litauen – fast jährlich unternahm er seine blutigen so genannten Litauerreisen mit Gästen aus der europäischen Ritterschaft. Litauische Frauen und Kinder wurden als Kriegsgefangene ins Ordensland gebracht und mussten auf den Gütern des Ordens und der Adligen arbeiten.
Polen griff ebenfalls mehrere Male Litauen an, einen wichtigen Konkurrenten bei der Ostexpansion. Der Nachfolger von Władysław Łokietek, der sich 1320 vom Gnesener Erzbischof zum König hatte krönen lassen, setzte neue Prioritäten in der polnischen Politik: Der Sohn Władysławs, Kazimierz III. Wielki (der Große) wurde im Todesjahr des Vaters (1333) zum König gekrönt. Kazimierz hatte eingesehen, dass die Konflikte Polens mit Böhmen und dem Orden keine Erfolge brachten, und fand sich deshalb zu großen Zugeständnissen bereit: Er erkannte die Oberherrschaft Böhmens über Schlesien an – dafür verzichtete der

Ansicht von Marienburg. Kupferstich von M. Christoph Hartknoch aus dem 17. Jahrhundert

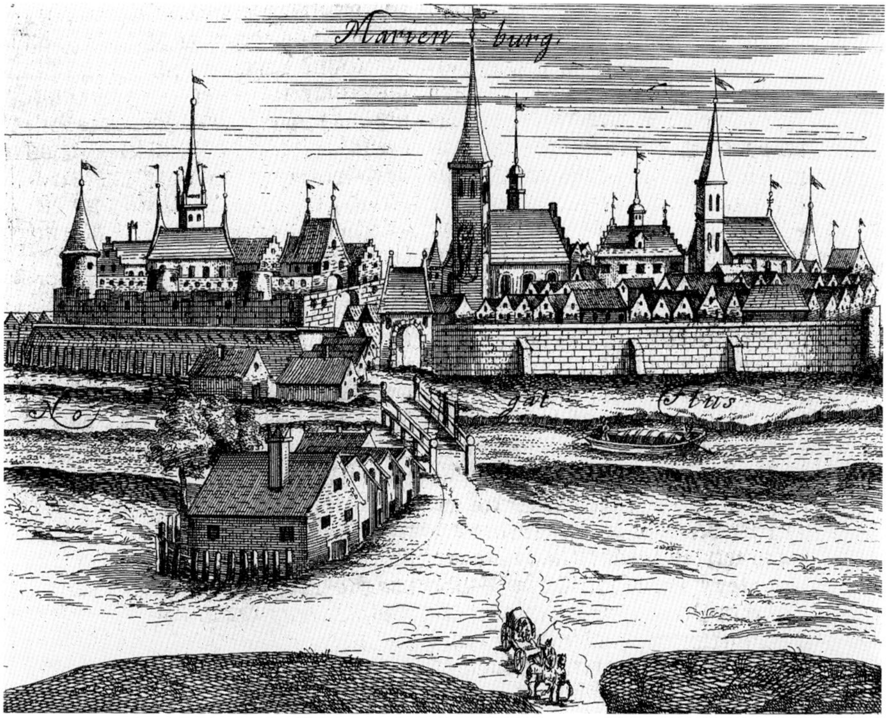

Linke Seite: Siegel der Stadt Danzig aus dem 13. Jahrhundert

Böhmenkönig auf seine polnischen Thronansprüche. Mit dem Orden schloss Kazimierz 1343 in Kalisch Frieden und akzeptierte damit die Zugehörigkeit Pomerellens und des Kulmer Landes zum Orden; Kujawien und Dobrin wurden wieder polnisch. Bis zum Jahre 1409 blieb dieser Friedensschluss in Kraft.

Damit hatte sich Kazimierz den Rücken frei gehalten für seine Eroberungen im Südosten, bei denen er immer wieder mit den Litauern in Konflikt geriet. Es gelang Kazimierz, die Ausdehnung seines Herrschaftsgebietes während seiner Regierungszeit zu verdoppeln.

Mindestens ebenso erfolgreich war Kazimierz in der Innenpolitik: Er vereinheitlichte das Recht, setzte für Klein- und Großpolen jeweils einen eigenen Oberhof ein und verbot zugleich, Rechtsweisungen weiterhin in Magdeburg einzuholen. Mit der Krakauer Universität gründete er 1364 eine eigene Ausbildungsstätte für den akademischen Nachwuchs. Er förderte die Siedlungs-

Einzug des Hochmeisters des Deutschen Ordens Siegfried von Feuchtwangen mit seinen Rittern auf der Marienburg, 1309. Gemälde von Karl Wilhelm Kolbe d. J., 1825

Rechte Seite: Siegel König Kazimierz III., des Großen, von Polen

tätigkeit nach deutschem Recht sowohl auf dem Lande wie in den Städten – dorthin zogen vor allem deutsche Bürger und Juden, die in Deutschland seit der Pest Mitte des 14. Jahrhunderts immer wieder Pogromen ausgesetzt waren. Sie fanden in Polen eine Heimstatt.

Er sei ein König der Bauern, Juden und Deutschen gewesen, warfen ihm Kritiker vor, vor allem aus dem Adel. Doch Zeitgenossen wie Jan z Czarnkowa priesen Kazimierz: *Zu seinen Zeiten wagte keiner der mächtigen Herren dem Armen Gewalt anzutun. Alles wurde entsprechend der Gerechtigkeit abgeurteilt.*

Und der Chronist Jan Długosz meinte, Kazimierz habe ein ungeordnetes Polen aus Lehm und Holz angetroffen und ein gemauertes, geschmücktes und prächtiges Polen zurückgelassen. Dass er den Reichtum Polens gemehrt hat, daran kann kein Zweifel bestehen – Bauern, deren Rechte geachtet wurden, Juden, die Schutz gefunden hatten, und deutsche Bürger, die Handel und Handwerk in den Städten betrieben, hatten dazu beigetragen.

Dieses Reich, seinen Wohlstand und seine äußere Macht präsentierten sich den europäischen Herrschern auf dem Fürstentag von 1364 in Krakau. Im Grauen Bürgerhaus bewirtete der Krakauer Bürger Nikolaus Wirsing die Gesellschaft, die aus Anlass der Hochzeit von Kazimierzs Enkelin mit Kaiser Karl IV. in die Stadt gekommen war. Fünf Könige und weitere Fürsten und Herren nahmen daran teil. Jan Długosz erläuterte die Rolle Wirsings:

Obwohl aber jedem König, Fürsten und Herrn von König Kazimierz besondere Begleiter und Diener aus den Reihen des polnischen Adels zugeteilt waren, mussten dies alle Wierzynek (Nikolaus Wirsing), dem obersten Ratsherrn Krakaus gehorchen (er war von edler Geburt ... und stammte aus dem Rheinland). Er allein nämlich bestimmte über den Hof Kazimierzs, ... empfing und verteilte die Einkünfte und Ausgaben der königlichen Kasse... Er bewirtete seine Gäste nur mit erlesenen Speisen und überreichte ihnen während des Essens prächtige Geschenke ... (deren Wert) den Preis von 100 000 Dukaten überstiegen habe. (Jelicz)

Doch man tafelte nicht nur üppig bei dem deutschen Bürgermeister, sondern erledigte auch politische Geschäfte: König Kazimierz vermittelte als Schiedsrichter bei Streitigkeiten zwischen Kaiser Karl IV. und König Ludwig von Ungarn.

Da aus Kazimerzs Ehen kein männlicher Erbe hervorgegangen war, sicherte der letzte Piast auf dem polnischen Königsthron die Stabilität seines Reiches durch einen Erbvertrag. Demzufolge sollte der ungarische König Ludwig sein Nachfolger werden – was auch im Jahr 1370 geschah. Doch der polnische Adel war

mit der Herrschaft Ludwigs unzufrieden, da er ungarische Interessen über polnische stellte. Nach seinem Tode 1382 dauerte es zwei Jahre, bis die erst zehnjährige Tochter Ludwigs, die an sich Wilhelm von Habsburg versprochene Hedwig, zum König (rex) gekrönt wurde – und sie wurde verpflichtet, den litauischen Großfürsten Iogailas / Jagiełło zu heiraten. Voraussetzung für die Heirat im Jahr 1386 war die Taufe Jagiełłos und des bis dahin heidnischen litauischen Volkes. In dem in Krewo 1385 geschlossenen Vertrag gingen Polen und Litauen eine Union ein. Jagiełło versprach die Wiedergewinnung aller Gebiete, die Polen in den Jahren zuvor verloren hatte.

Mit der Christianisierung Litauens hatte der Deutsche Orden seine Aufgabe des Heidenkampfes verloren – und zugleich war ihm ein wirtschaftlich und militärisch gleichwertiger, später dann überlegener Gegner entstanden.

Zwar hielt der Friede zwischen Polen und dem Orden noch bis 1409, doch mit Litauen kam es immer wieder zu militärischen Konflikten. Aus einem von Litauen aus angefachten Aufstand in Schamaiten gegen den Orden entwickelte sich ein Krieg, der 1410 in der Schlacht von Tannenberg zwischen dem Ordensheer und den polnisch-litauischen Truppen gipfelte. Das Ordensheer unter dem Hochmeister Ulrich von Jungingen unterlag, Jungingen selbst fiel im Kampf.

Die Schlacht gehört zu den größten des Mittelalters, und sie wurde schnell zum Gegenstand propagandistischer Polemik: Der Orden bezeichnete seine Gegner

Links: Fürstentag in Krakau im Jahr 1364. Gemälde von Bronisław Abramowicz aus dem 19. Jahrhundert

Rechts: Die Schlacht bei Tannenberg (Grunwald) am 15. Juli 1410 zwischen dem Ordensheer und dem polnisch-litauischen Heer. Miniatur aus der Chronik des Diebold Schilling, 1484/85

Ulrich von Jungingen, gefallen in der Schlacht von Tannenberg. Holzschnitt von Kaspar Felbinger, 1595

als unchristlich, da in ihren Reihen ungläubige Tataren gekämpft hatten, und für die polnisch-litauische Seite war die Niederlage des Ordensheeres, in dem auch slawische Krieger gekämpft hatten, eine Folge des Hochmuts im Orden. So heißt es in einem polnischen (lateinisch verfassten) Gedicht über die Schlacht von Tannenberg:

Siehe da marschiert eine prächtige, gewaltige Schar von preußischen Kreuzritterlein
In Waffen heran...
Ihr Führer sendet Boten, und auch zwei nackte Schwerter...
Allzu stolz wird das hochmütige Heer und
Verschmäht den Waffenstillstand,
Den der König noch anzubieten bereit war...
Da! Rasch und gründlich besiegt ist das
Kreuzritterheer und sein Tross...
Nur die Güte Gottes, nicht menschliches Vermögen
Bescherte diesen Verlauf und den Triumph im Kampf
(Jelicz)

Diese polnische Interpretation der Schlacht hat sich bis ins 20. Jahrhundert erhalten, und der Orden wies in seinen Propagandaschriften immer wieder darauf hin, dass im polnisch-litauischen Heer Heiden, *allerley ungeloubigen Thateren ...heiden, Samayten und Littauwen* mitgekämpft hätten, die auf ihrem Weg zum Schlachtfeld unvorstellbare Grausamkeiten begangen hätten. Sie hätten Kirchen verbrannt, Jungfrauen geschändet und Säuglinge in der Wiege gebraten und gegessen.
Der überzeugende Sieg Polens und Litauens auf dem Schlachtfeld fand im 1411 unterzeichneten Friedensschluss von Thorn allerdings keine Entsprechung – die territoriale Gestalt des Ordensstaates blieb fast unverändert. Das polnisch-litauische Heer war zu schwach, um das Ordensland zu besetzen. Dennoch stellte die Schlacht einen tiefen Einschnitt in der Geschichte des Ordens dar. Die Kriegskosten, insbesondere das Lösegeld von 100 000 Schock böhmischer Groschen, die für die Gefangenen zu zahlen waren – unter ihnen befand sich auch der aus dem Piastengeschlecht stammende Herzog Konrad von Öls –, überstiegen die Möglichkeiten des Ordens. Um die finanziellen Probleme bewältigen zu können, mussten den Untertanen große Lasten auferlegt werden. Damit stieß der Orden jedoch auf Widerstand – auch bei den deutschen Stadtbürgern und dem ein-

Die baltischen Litauer gehörten – wie die Pruzzen – zu den letzten nichtchristlichen Völkern Europas. Sie widersetzten sich christlichen Bekehrungs- und Unterwerfungsversuchen noch länger als die Pruzzen. Mitte des 13. Jahrhunderts war es dem Fürsten Mindowe (Mindaugas) gelungen, die Fürstentümer zu vereinen und seinen Herrschaftsbereich nach Süden bis Nowogródek auszudehnen. Er trat zum Christentum über und wurde 1253 zum König gekrönt. Doch mit seinem Tod 1263 endete dieses christliche Zwischenspiel. Seine Nachfolger waren wieder Heiden. Ihnen gelang es, das Großfürstentum immer weiter nach Osten auszudehnen. Unter Gedimin (1316–1341) wurde Litauen zu einer Großmacht am Rande Ostmitteleuropas. Er unterwarf das Fürstentum Smolensk und gewann Podlachien. Gedimin erwies sich in politischer und religiöser Hinsicht als toleranter Herrscher. Seine ostslawischen Untertanen konnten an ihrem orthodoxen Glauben festhalten, Deutsche, die in der Hauptstadt Wilna lebten, ihren katholischen Glauben ausüben. Gedimin selbst blieb aber Heide.

Seine Nachfolger, die Söhne Olgerd (Algirdas) und Kynstute (Keistutis) erweiterten nochmals den Herrschaftsbereich Litauens in Richtung Osten. Die Fürstentümer Tschernigow, Nowgorod-Sewersk und Brjansk wurden gewonnen und in den Jahren 1362/63 Kiew, die *Mutter der russischen Städte* besetzt. Damit waren fast drei Fünftel des einstigen Kiewer Reiches litauisch geworden. Unter Jagiełło, der sich als Nachfolger Gedimins durchsetzte, wurde dieses ausgedehnte Territorium durch die Heirat mit Jadwiga von Polen nach dem Vertrag von Krewo (1385) der Krone Polens *auf ewig angegliedert*.

Ein von Deutschen aufgestellter Gedenkstein für Ulrich von Jungingen auf dem Schlachtfeld von Tannenberg, 1901

Derselbe Gedenkstein, aufgenommen im Jahr 1977

heimischen Adel. Von Polen unterstützt, schlossen sie sich 1440 zum Preußischen Bund zusammen, um sich gegen die »Tyranney« des Ordens zu wehren. 1454 trugen die Aufständischen unter Hans von Baysen dem polnischen König Kazimierz IV. Jagiełłończyk die Oberhoheit über Preußen an. Kazimierz akzeptierte und löste damit einen Krieg aus, der dreizehn Jahre dauerte sollte. Die Kämpfe, zu denen Kazimierz den polnischen Adel nur durch das Versprechen neuer Privilegien überreden konnte, verliefen zunächst erfolglos. Doch gingen dem Orden mit der Zeit die Mittel aus, er musste mehrere Burgen an seine tschechischen Söldner verpfänden. Darunter befand sich sogar die Marienburg, die sie an den polnischen König weiterverkauften. 1457 zog Kazimierz in die Burg ein. Da die reichen preußischen Städte, insbesondere Danzig, kraft ihrer finanziellen Stärke den Krieg weiterführen konnten, war der Orden 1466 gezwungen, unter päpstlicher Vermittlung den zweiten Thorner Frieden zu schließen. Damit kamen Pomerellen mit Danzig, das Kulmer Land, das Bistum Ermland, Elbing und Marienburg als »Königliches Preußen« unter die Herrschaft des polnischen Königs. Der preußische Adel wurde dem polnischen gleichgestellt, und die Städte behielten ihre Privilegien. Dem Orden gehörte nur noch der östliche Teil Preußens, seinen Ordenssitz verlegte er nach Königsberg. Der Hochmeister erkannte die Oberhoheit des polnischen Königs an. Polen hatte nun den Zugang zur Ostsee erreicht – die Macht des Ordens war für immer gebrochen.

Kunst und Kultur im Ausgang der Jagiellonenzeit Die Zeit der letzten polnischen Herrscher aus dem jagiellonischen Haus gilt als das Goldene Zeitalter in der polnischen Geschichte. Es war eine Epoche, in der politische, nationale, kulturelle und religiöse Vielfalt herrschte. Neben dem Königshaus, das nicht nur über Polen und Litauer, sondern auch über Deutsche, Ukrainer, Weißrussen und Russen gebot, hatte sich der vom Adel dominierte Reichstag, der Sejm, als wichtiges Verfassungsorgan etabliert. 1505 war auf dem Sejm in Radom vereinbart worden, dass kein Gesetz ohne die Zustimmung der beiden Teile des Sejm, des Senats und der Landbotenkammer, das heißt der Versammlung der zum Sejm gesandten Adligen, beschlossen werden dürfe. Die Sonderstellung des Adels gegenüber den Bürgern wurde ebenfalls rechtlich abgesichert. Der Adel selbst umfasste neben Magnaten und Senatoren in fürstengleicher Stellung auch den niederen Adel – die große Zahl der über geringen oder gar keinen Grundbesitz verfügenden szlachta (Schlachta).

Niklolaus Kopernikus, Porträt in der Thorner Johanniskirche

Nachbildung der Instrumente des Nikolaus Kopernikus in der Domburg von Frauenburg

Handschrift von Nikolaus Kopernikus mit der Darstellung des Sonnensystems

In der Kirche hingegen konnten Bürger ebensolche Privilegien genießen wie der Adel. Angehörige der führenden Patrizierfamilien Ferber und Giese aus den großen Städten Preußens, aber auch andere Patriziersöhne, wie zum Beispiel der 1473 in Thorn geborene Nikolaus Kopernikus, wurden Mitglieder der Domkapitel ihrer Heimatbistümer. Kopernikus hatte nach juristischen, medizinischen und mathematisch-astronomischen Studien in Krakau, Bologna und Padua in Ferrara promoviert und arbeitete auch als Arzt, Geograph und Münzreformer. Ab 1487 war er Domherr im Ermland, wo sein Onkel, der Thorner Patrizier Lukas Watzenrode, von 1489 bis 1512 als Bischof amtierte. Als Domherr mit Sitz in Heilsberg und ab 1510 in Frauenburg schuf Nikolaus Kopernikus sein wissenschaftliches Hauptwerk »De revolutionibus orbium coelestium libri VI« (Sechs Bücher über die Kreisbewegungen der Weltkörper), worin er das heliozentrischen Weltbild begründete. Es erschien 1543, in dem Jahr, in dem Kopernikus in Frauenburg starb.
Vor allem dem Einfluss der zweiten Frau König Zygmunts war es zu verdanken, dass sich Krakau zu einem wissenschaftlichen und kulturellen Zentrum Europas entwickelte. Bona aus dem Mailänder Fürstengeschlecht der Sforza, die Zygmunt 1518 geheiratet hatte, war überaus aufgeschlossen gegenüber dem humanistischen Gedankengut und der italienischen Renaissance.
In die königliche Residenzstadt zog es Künstler aus ganz Europa. Aus Deutschland kamen unter anderem der Nürnberger Veit Stosz, der zwischen 1471 und 1496 am polnischen Hof wirkte, und der Bruder Albrecht Dürers. Hier trafen sie mit italienischen Künstlern und Handwerkern zusammen, die am Schloss auf dem Wawel, aber auch an den Universitätsgebäuden arbeiteten. Die Königsstadt an der Weichsel wurde zum Vorbild für den Ausbau anderer großer Städte des Reiches. In religiöser Hinsicht herrschte in Polen eine sonst in Europa nicht gekannte Vielfalt: Zwar dominierte die katholische Kirche, doch im Osten des Landes behauptete sich weiterhin das orthodoxe Bekenntnis. Und neben den Christen vieler Richtungen lebten zahlreiche Juden im Land, deren Anteil an der Gesamtbevölkerung sich infolge der Verfolgungen und Vertreibungen aus den deutschen Territorien im Spätmittelalter noch verstärkte. Ihre Sprache, das Jiddische, hatte sich wesentlich aus der mittelhochdeutschen Mundart west- und süddeutscher Städte entwickelt. Die Juden wohnten in rechtlich selbständigen Gemeinden, waren aber kaum Beschränkungen ausgesetzt. *In diesen Gegenden sind große Massen von Juden anzutreffen, denen man hier noch nicht die*

Oben: Beim Glockengießer. Eine von 27 Miniaturen des Krakauer Codex des Baltazar Behem, den der Schreiber und Notar Behem 1505 dem Rat der Stadt Krakau widmete

Rechte Seite, links: Aufriss der Sigismund-Kapelle auf dem Wawel in Krakau. Die Kuppel wurde 1556 fertig gestellt

Rechte Seite, rechts: Ansicht von Krakau nach einem Kupferstich aus der Zeit um 1600

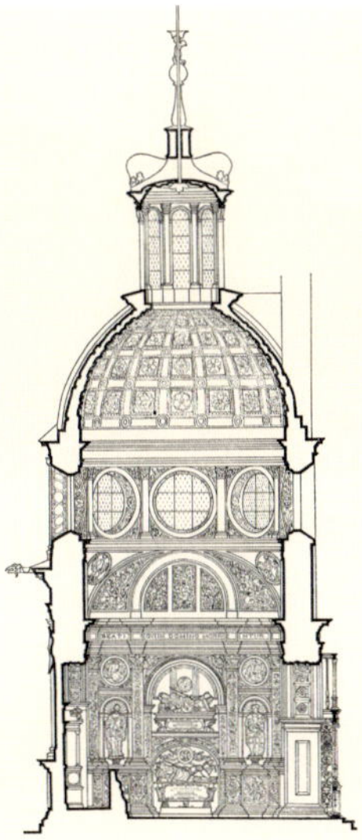

gleiche Verachtung wie sonst entgegenzubringen pflegt. Ihre Lage ist bei weitem nicht so elend und ihre Beschäftigungen nicht durchweg erniedrigender Art; vielmehr gibt es unter ihnen Grundbesitzer, Großkaufleute und auch Männer die sich dem Studium der Medizin und der Astronomie abgeben. Sie besitzen große Reichtümer und werden nicht nur zu den anständigen Menschen gezählt, sondern diesen zuweilen übergeordnet. Weit davon entfernt, irgendein sie von den Christen unterscheidendes Abzeichen zu tragen, erfreuen sie sich sogar des Rechtes, Waffen bei sich zu führen, wie sie überhaupt im Genusse des Vollbürgerrechtes sind. (Höxter) So berichtet erstaunt der päpstliche Gesandte in Polen, Kardinal Commendoni um 1565.

Die Juden waren Träger des städtischen Lebens und der städtischen Wirtschaft gerade in den zahlreichen bis in das 16. Jahrhundert auf Adelsland gegründeten kleineren Städten. Sie zahlten Steuern für den Wohnsitz, die vielfältigen Abgaben für die Genehmigung der unterschiedlichsten Gewerbe oder auch – in Stadt und Land gleichermaßen wichtig – die Schankkonzessionen für örtliche Gasthäuser.

Einige der neuen Städte widerspiegeln in ihrer Stadtanlage und Konzeption die Weitsicht und Machtposition ihrer adligen Gründer. Dazu gehört die bedeutende Stadtanlage von Lissa, die 1547 auf Initiative von Rafael (Rafał) Leszczyński entstand und sich zu einem Ort religiöser Toleranz entwickelte. Ein eindrucksvolles Denkmal der Stadtbaukultur jener Zeit ist das Zentrum der ab 1580 errichteten Stadt Zamość der Familie Zamoyski.

Um die landwirtschaftliche Entwicklung voranzutreiben, wurden Spezialisten aus Deutschland und den Niederlanden angeworben, zu denen zum Beispiel auch zahlreiche niederländische Mennoniten gehörten. Sie ließen sich hauptsächlich im Gebiet der Stadt Danzig nieder. Unter Leitung der neu hinzugezogenen Siedler entstanden Gutsbetriebe, deren Bezeichnung »folwark« aus dem deutschen Begriff Vorwerk abgeleitet wurde; eine Neuerung waren die auf dem Marschboden in der Weichselniederung eingerichteten »Holländereien« mit ihrer Milch- und Graswirtschaft.

Die Reformation Wie das übrige Mitteleuropa erlebten auch die unter dem polnischen Königtum vereinigten Herrschaften gravierende Erschütterungen infolge der Reformationsbewegung. Zunächst erfassten die von Martin Luther in Mitteldeutschland ausgehenden Ideen die deutsche Bevölkerung in den Städten und den deutschen Adel, vor allem im Ostseegebiet. König Zygmunt blieb ein strenger Gegner der Reformation. In scharfen Edikten hatte er 1520 und 1523 die Einfuhr und den Besitz lutheranischen Schrifttums verboten. Dennoch breitete sich die Reformationsbewegung in den Städten des dem polnischen König direkt untertänigen Preußen, dem »Königlichen Preußen«, weiter aus. Die Stadt Danzig, die wie Thorn und Elbing sich innerhalb des Königlich-Polnischen Preußens besonderer Autonomierechte erfreute, gab sich 1524 eine neue Stadtverfassung, nachdem bereits 1522 der aus einem führenden Ratsgeschlecht stammende und beim König in hoher Gunst stehende Bürgermeister Eberhard Ferber abgesetzt worden war. Es wurden ein neuer, nicht auf die bisherige Oberschicht beschränkter Rat eingesetzt und für alle fünf Stadtkirchen evangelische Prediger bestellt. König Zygmunt forderte die Rücknahme dieser Maßnahmen, und als die Stadtherren ablehnten, beschloss er im Jahr 1526, an Danzig ein Exempel zu statuieren. Die Oberen der neuen Stadtregierung und führende Anhänger der Reformation wurden zum Tode verurteilt. Die Prediger entgingen diesem Schicksal durch Flucht in das nun in ein weltliches Herzogtum umgewandelte ehemalige Ordensland.

Trotz aller Verbote setzte sich die neue Lehre in mehreren Landesteilen durch:

Oben: Alte Synagoge in Kazimierz, dem ehemaligen jüdischen Viertel von Krakau, erbaut Mitte des 15. Jahrhunderts

Unten: Albrecht von Hohenzollern als Hochmeister des Deutschen Ordens

Oben: Das Rathaus von Zamość und die restaurierte Marktumbauung

Unten: Andreas Osiander, Reformator in Nürnberg und Preußen, Kupferstich von Christoph Melchior Roth, 18. Jahrhundert

Nicht nur in den deutschen oder mehrheitlich deutschen Städten in im Königlichen Preußen, sondern auch in Kleinpolen, wo in Städten wie Krakau eine wohlhabende deutschen Bürgerschicht existierte. Und auch polnische Adlige bekannten sich zu der aus Deutschland stammenden reformatorischen Bewegung.

Ein Herzogtum unter polnischer Lehnshoheit Im geistlichen Ordensstaat Preußen war 1511 ein Neffe des König Zygmunt, Albrecht aus der Ansbacher Linie des Hauses Hohenzollern, zum Hochmeister gewählt worden. Zu seinen ehrgeizigen Zielen gehörte die Rückgewinnung der dem Orden verloren gegangenen Gebiete. Da er keine auswärtige Unterstützung fand, scheiterte der so genannte Reiterkrieg mit dem polnischen Lehnsherren. Bei den Truppen hatte es sich um angeworbene Söldner gehandelt, denn der Orden verfügte nur noch über ca. 50 Ritterbrüder im Lande.

Der im April 1521 zu Thorn geschlossene Waffenstillstand sollte für vier Jahre gelten. Diese Zeit wollte Albrecht für seine Ziele nutzen. Auf der Suche nach weiteren Bundesgenossen im Deutschen Reich lernte er 1523 Andreas Osiander in Nürnberg und Martin Luther in Wittenberg kennen. Er nahm nicht nur das neue Bekenntnis an, sondern folgte auch dem Rat Luthers zur Umwandlung des Ordensstaates in ein weltliches Herzogtum.

Nachdem auf dem Sejm in Petrikau im Februar der polnische Adel zustimmte, konnte am 8. April 1525 zu Krakau der Frieden zwischen Preußen und Polen geschlossen werden, in dem Polen die Umwandlung des geistlichen Ordensstaates in ein weltliches Herzogtum gestattete. Am nächsten Tag nahm König Zygmunt die feierliche Belehnung des vormaligen Hochmeisters sowie dreier Brüder vor. Beim Aussterben des Herzoghauses sollte das Land an die polnische Krone fallen und ein aus dem Land stammender Statthalter eingesetzt werden. Hinweise auf den Konfessionswechsel enthielten weder der Friedensvertrag noch die Belehnung.

Bei den Ordensbrüdern im Deutschen Reich war die Entrüstung über den Übertritt des Hochmeisters als eines hohen geistlichen Würdenträgers groß und wurde für illegal erklärt. 1530 übernahm der in dem süddeutschen Mergentheim residierende Deutschmeister zugleich das Amt eines Hochmeisters, allerdings ohne auf die Verhältnisse in Preußen einwirken zu können.

Mit dem Akt von Krakau hatte die vielhundertjährige schwierige Nachbarschaft zwischen dem Orden und Polen ein definitives Ende gefunden. Auch wenn der

Adelsrepublik – Rzeczpospolita

Diese besondere polnische Staatsform, abgeleitet vom lateinischen Begriff »res publica«, bildete sich im Mittelalter in ihren Grundzügen heraus. Seit der Lubliner Union von 1569 bestand sie in Polen und Litauen. Bereits bei der ersten Königswahl (1572) wurde »viritim«, das heißt Mann für Mann, abgestimmt. Wahlberechtigt waren die Angehörigen des Adelsstandes. Die Krönung konnte erst dann erfolgen, wenn der gewählte König in einem Vertrag die Interessen seiner Wähler, die freie Königswahl, das Prinzip der religiösen Toleranz, die regelmäßige Einberufung des Sejms und die Rechte des Adels und seiner Vertreter für die innere und äußere Politik, insbesondere die Steuerbewilligung anerkannte.
Im Adel bestand trotz erheblicher sozialer und wirtschaftlicher Unterschiede Rechtsgleichheit.
Mit der Losung: *Nic o nas bez nas (Nichts, was uns betrifft, ohne uns)* wurde die Adelsrepublik gegenüber den sich in der Nachbarschaft im späten 17. und 18. Jahrhundert herausbildenden absolutistisch regierten Staaten zunehmend schwerfälliger, zum Teil nicht regierbar. Unter anderem war das eine Folge des »Liberum veto«, was bedeutet, dass durch die Stimme eines Einzelnen die notwendige Einstimmigkeit im Sejm verhindert werden konnte.
Während die Gesamtheit des Adels einschließlich der – grundsätzlich ebenfalls adligen – hohen Geistlichkeit gegenüber dem Königtum zu einer starken politischen Kraft wurde, verfügten die Städte und die Landbevölkerung über keine politische Macht. Gerade der niedere Adel hatte ein Interesse daran, die wirtschaftliche Kraft der Städte zu begrenzen und die Verhältnisse auf dem Land zu seinen Gunsten zu beeinflussen. Handelsbeschränkungen hatten die Stagnation in der städtischen Wirtschaft zur Folge, und auf dem Lande breitete sich die ökonomisch uneffektive Leibeigenschaft aus.

König damit ein weiteres Herrschergeschlecht mit einer anderer Konfession als der seinen als direkten Lehnsuntertanen zugelassen hatte, waren doch nun alle Rechtsbeziehungen des ehemaligen Ordensstaates zum Deutschen Reich unterbrochen. Zudem hatte der König seine leiblichen Neffen in seinen Herrschaftsbereich einbezogen.
Als sich das Aussterben der Ansbacher Linie abzeichnete, sorgte der brandenburgische Kurfürst, Joachim II., dafür, dass seine Söhne bei der neuerlichen Belehnung im Jahr 1563 ebenfalls berücksichtigt wurden. Als Gegengabe bot er die Unterstützung der polnischen Position in Livland an. Zudem war Kurfürst Joachim II. ein Schwager des Königs.
Die kleine Schar livländischer Ritter des Deutschen Ordens war dem Orden zunächst noch treu geblieben. Da sie jedoch über keine militärischen Mittel verfügte, war sie nach dem Einfall der Russen in Livland 1558 praktisch gezwungen, sich gemeinsam mit dem Erzbischof von Riga, einem Bruder Herzog Albrechts, unter polnischen Schutz zu begeben. 1560 mussten sie dennoch eine vernichtenden Niederlage hinnehmen, in deren Folge große Teile Livlands von Russland besetzt wurde. Die Bistümer Oesel und Kurland gingen in dänischen Besitz über, und als die estnische Ritterschaft dem schwedischen König huldigte, wurde das restliche Livland in das polnisches Lehnsherzogtum Kurland und Semgallen verwandelt. Erster Herzog wurde der bisherige Landmeister des Ordens, Gotthard von Ketteler, der zugleich als königlich-polnischer Statthalter fungierte. Das für das neue Lehnsherzogtum im November 1568 ausgestellte Privileg sicherte die Stellung der »Augsburgischen« (lutherischen) Reformation.
Die folgenden Jahrzehnte waren geprägt von Auseinandersetzungen zwischen Litauen und Russen, die das Land zum Kampffeld machten.

Adlige Dominanz in der Wirtschaft Mitte des 16. Jahrhunderts kam es in Polen zu erheblichen Veränderungen im rechtlichen und sozialen Gefüge.
Infolge der wachsenden Bevölkerung in Westeuropa stiegen die polnischen Agrarexporte. Hauptausfuhrhafen war Danzig, das durch das Stromgebiet der Weichsel von nahezu allen Landesteilen gut erreichbar war. Die adlige Mehrheit im Sejm hatte dafür gesorgt, dass die Getreideausfuhr für den Adel steuerfrei blieb, und so konnte sich eine ökonomisch potente Schicht innerhalb des Adels herausbilden. Das hatte zur Folge, dass die Gegensätze auch innerhalb dieser

Klasse zunahmen, denn das bis dahin bestehende Gleichgewicht zwischen Magnaten und niederem Adel in den wichtigsten polnischen Landesteilen und Litauen war dadurch gestört. Die Macht des Adels nach außen wurde davon allerdings nicht berührt. Vielmehr drängte er auf eine Beschneidung der Rechte Nichtadliger im polnischen Reich.

1569 wurde auf dem Sejm in Lublin die Union der Krone Polen und Litauen in einer Unionsakte bekräftigt sowie die Einverleibung der drei östlichen litauischen Wojewodschaften Podlachien, Wolhynien und Kiew in den polnischen Staat dekretiert. Ebenfalls beschloss man die Inkorporation des Königlichen Preußen in Polen. Die Rechte der drei wichtigsten Städte im Lande, Danzig, Elbing und Thorn, wurden eingeschränkt. – Der Danziger Bürgermeister Kleefeld befand sich zur Zeit der Lubliner Verhandlungen wegen eines Konfliktes über die Hafengerichtsbarkeit mit dem polnischen König in Haft. – Sonderrechte verblieben nur noch für das Herzogtum Preußen und Kurland.

Durch zahlreiche einengende Vorschriften, zum Beispiel bei der Festlegung von Höchstpreisen, zur Einschränkung des freien Handels oder für den Ankauf adliger Güter sowie bei der Gewährung weiterer adliger Privilegien griff der Sejm erheblich in die städtische Wirtschaft ein und bremste damit die ökonomische Entwicklung der polnischen Städte.

Auf der Verliererseite standen auch die Bauern. Diejenigen, die sich entsprechend dem polnischen Recht verhalten mussten, behielten zwar ihre persönliche Freiheit, doch verloren sie das Recht auf das Verlassen ihrer Stelle; sie blieben an den Boden gebunden. Auch wurde der Umfang des Frondienstes von einem auf drei Tage in der Woche erhöht. Die nach deutschem Recht eingestuften Bauern verloren ihre Sonderstellung, ihre Pflichten wurden denen der polnischen Bauern weitgehend angeglichen.

In Polen hatte sich ein ganz besonderer Staatstyp, die »Rzeczpospolita Polska«, herausgebildet.

Fortgang der Reformation bis zur Generalkonföderation Die Anhänger der Reformation hofften auf den Sohn und Nachfolger König Zygmunts I., Zygmunt II. August, der sich in Religionsfragen nach seiner Thronbesteigung 1548 auch als tolerant erwies. – Der Genfer Reformator Johannes Calvin widmete dem polnischen König im Jahr 1549 einen Kommentar zum Hebräerbrief. – Das Augsburgische Bekenntnis, dessen Ausübung zunächst ein Privileg der Städte

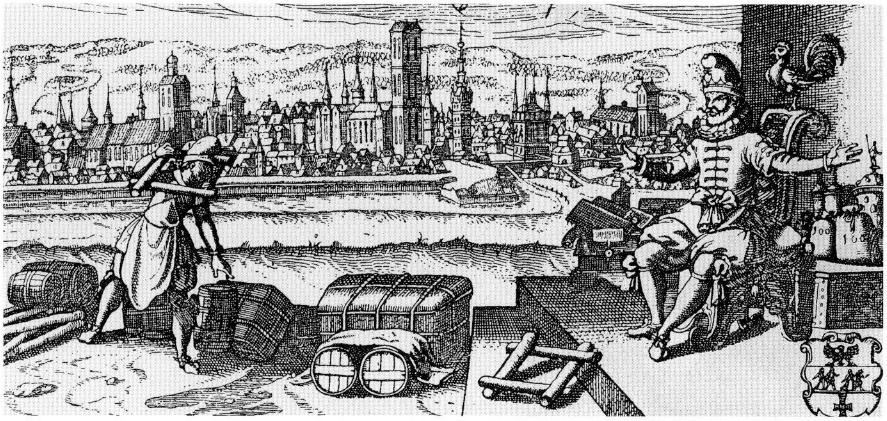

Bauernhof. Illustration aus einem Kräuterbuch von Hieronim Spiczyński, 1542

Ansicht der Stadt Danzig. Kupferstich aus dem 17. Jahrhundert

Linke Seite, oben: Allegorie des Danziger Handels. Deckengemälde im Danziger Rathaus von Isaac van den Blocke, 1608

Linke Seite, unten: Das Krantor in Danzig, errichtet im 15. Jahrhundert

Danzig (ab 1557) und Elbing (ab 1558) war und sich von dort ausbreitete, durfte ab 1559 überall im gesamten Königlichen Preußen ausgeübt werden.

Die von Calvin ausgelöste Bewegung fand unter dem polnisch-litauischen Adel und in den Städten starken Widerhall, zum Beispiel bei Nikolaus Radziwiłł, der Wojwode von Wilna und Kanzler von Litauen. Radziwiłł förderte die Übersetzung der Bibel in die polnische Sprache und richtete für deren Verbreitung eine eigene Druckerei ein. Ebenfalls fanden in Polen die Böhmischen Brüder Anhänger, die, aus ihrer Heimat ausgewiesen, ab 1548 auf dem Weg nach Preußen Polen passierten. Im Jahr 1555, wenige Wochen bevor im Deutschen Reich mit dem Augsburger Religionsfrieden eine vorläufige Anerkennung des neuen Bekenntnisses erfolgte, wurde in Polen mit dem »Interim« ein ähnliches Ergebnis erzielt.

Erzbischof von Gnesen und Primas von Polen war 1510 bis zu seinem Tode 1531 der aus Łask stammende Jan Łaski. Vor seiner Erhebung auf den Erzstuhl hatte er dem König als Kanzler gedient, legte aber dann als oberster Vertreter der Kirche im Lande die weltlichen Ämter nieder. Er bemühte sich um die Verbesserung der Zustände innerhalb der katholischen Kirche, vor allem um eine dem christlichen Glauben entsprechende Disziplin des Klerus. Auch gestattete er, dass Geistliche, die sich der neuen Lehre angeschlossen hatten, nach einer Kirchenstrafe wieder aufgenommen werden konnten. Sein von ihm erzogener gleichnamiger Neffe schien seinem Onkel im geistlichen Amt folgen zu wollen und erhielt 1521 eine Gnesener Domherrenstelle. Später jedoch, nachdem er

Oben: Kanzler Jan Łaski überreicht dem Jagiellonen-König Alexander das Werk »Commune incliti regni Poloniae privilegium«, 1506

Links: Titelseite der Radziwiłł-Bibel, auch Brester Bibel genannt, von 1563

Rechts: Zygmunt II. August, König von Polen, 1547

auf Reisen durch Deutschland Erasmus von Rotterdam, Zwingli und Ökolampadius kennen gelernt hatte, schloss er sich nach einem erneuten Auslandsaufenthalt den niederländischen »Brüdern und Schwestern vom gemeinsamen Leben« an und heiratete. Nach einer Kirchenbuße und zeitweisen Wiederannäherung an die heimatliche Kirche wurde er 1544 als Ketzer ausgeschlossen. Danach wirkte Łaski d. J. von 1543 bis 1549 als Organisator protestantischer Gemeinden in Ostfriesland und von 1550 bis 1553 in London für Protestanten, die vom europäischen Festland gekommen waren. Er hatte sich inzwischen immer mehr der von Calvin vertretenen Richtung zugewandt und organisierte in diesem Sinne in Dänemark, Emden und Frankfurt am Main reformierte Gemeinden. 1556 riefen ihn die polnischen Reformierten zurück, die bereits zu diesem Zeitpunkt eine einheitliche Organisation der Hauptrichtungen des Protestantismus in Polen erreichen wollten. Łaski starb 1560 in seiner polnischen Heimat.

Stefan Báthory wurde 1575 zum König von Polen gewählt

Im Jahr 1570 schlossen zu Sandomir die drei Hauptrichtungen der Reformation – die Lutheraner, die Reformierten, die Böhmischen Brüder – einen Consensus. Andere Gruppen, etwa die der Mennoniten, blieben von der Vereinbarung ausgeschlossen. Von den 220 Predigtstellen der drei Richtungen in Großpolen gehörten ca. 140 dem lutherischen (davon über 100 deutsche), 20 dem reformierten Bekenntnis und 60 den Böhmischen Brüdern an. In Kleinpolen bestanden zur gleichen Zeit ca. 250, in Litauen 190 überwiegend reformierte Gemeinden.
In den Ostseestädten und beim preußischen Adel folgte auf die lutherische Reformation eine Hinwendung zum reformierten Bekenntnis. Doch blieb dieser Wechsel vielfach auf Eliten beschränkt.

Der Aufstieg Schwedens und Russlands Am 7. Juli 1572 starb überraschend König Zygmunt II. August, der in seinen drei Ehen kinderlos geblieben war. Das bedeutete das Ende der jagiellionischen Dynastie, die mit der Personalunion von Polen und Litauen das Land zu dem flächenmäßig größten Reich des damaligen Europa gemacht hatte. Zu den von Zygmunt II. beförderten Beschlüssen der Lubliner Union von 1569 gehörte die Erklärung der Unteilbarkeit der Krone Polen und des Großfürstentums Litauen unter einem gewählten König.
Das umständliche Wahlverfahren, zu dem dreimal der Sejm berufen wurde und schließlich »viritim« (Mann für Mann) abgestimmt werden musste, verlieh den adligen Wählern große Machtfülle und eröffnete interessierten Mächten Möglichkeiten der Einmischung in die inneren Verhältnisse des Landes. Bereits bei den beiden ersten auf diese Weise gewählten Königen zeigte sich diese Dimension des polnischen Wahlaktes. Im Februar 1573 wurde nach vollzogener Wahl der Bruder des französischen Königs Karl IX., Heinrich von Valois, in Krakau gekrönt. Er verließ jedoch schon im Mai des gleichen Jahres sein Reich, um in Frankreich die Nachfolge des Bruders anzutreten. Der zweite Wahlkönig, Stefan Báthory, war zuvor Wojewode von Siebenbürgen. 1575 verpflichtete er sich wie sein Vorgänger zur Einhaltung der Verfassung und Leistung von Zahlungen.
Die Stadt Danzig, mit über 50 000 Einwohnern nicht nur die größte, sondern auch die mit Abstand reichste Stadt des Landes, widersetzte sich der Wahl. Durch einen Krieg wurde sie im Dezember 1577 zum Friedensschluss und erheblichen Zahlungen gezwungen. Alle Privilegien und die Religionsfreiheit blieben ihr jedoch erhalten.

Um den russischen Vorstößen an der baltischen Küste gewappnet zu sein, reformierte Stefan das Heerwesen des Landes und verband sich mit Schweden, dem Konkurrenten Russlands um die Vormachtstellung an der Ostsee. In dem 1582 geschlossenen vorläufigen Friedensschluss wurde die Rückgabe Livlands und eines großen Teils der russisch besetzten litauischen Gebiete an die Union vereinbart. Für das im Krieg verwüstete Livland ließ König Stefan unter dem Einfluss des Livländers Franz Richard Schade eine allgemeine Publikation entwerfen, um – katholische – Handwerker und Bauern aus dem deutschen Bereich anzusiedeln. Allerdings folgten nur wenige Aussiedlungswillige aus Bayern, den Rheinlanden und Flandern dem Aufruf.
Stefan unterstützte die gegenreformatorischen Bewegungen im Land, und so konnte 1583 in dem vom Kanzler Jan Zamoyski besetzten livländischen Dorpat der Jesuitenorden ein Kolleg einrichten, nachdem er schon 1567 in Wilna ansässig geworden und 1579 an der Gründung der dortigen Universität beteiligt war. In der folgenden Zeit entstanden in zahlreichen Städten weitere Jesuitenkollegs, sie entwickelten sich zu intellektuellen Zentren der Gegenreformation.
Zu ihren führenden Vertretern gehörte der 1561 zum Kardinal ernannte Stanisław Hosius, der 1504 in Krakau als Sohn eines aus Pforzheim eingewanderten wohlhabenden Kaufmanns geboren wurde. Als Humanist und Jurist wirkte er am königlichen Hof, bevor er 1543 die Priesterweihe empfing und mit königlicher Nomination 1549 zum Bischof von Kulm geweiht wurde. 1551 erhielt er das Bistum Ermland. Dort entwickelte er eine rege seelsorgerische und publizistische Tätigkeit. In das leer stehende Franziskanerkloster zu Braunsberg (Braniewo) berief er 1565 Jesuiten, die dort ein Gymnasium einrichteten. Das erste Priesterseminar Polens gründete er ebenfalls zwei Jahre später in Braunsberg. Er hatte an dem ab 1558 stattgefundenen Trienter Konzil teilgenommen, das den Reformverhandlungen in Rom folgte, und amtierte ab 1569 bis zu seinem Tod im Jahr 1579 als ständiger Vertreter Polens in Rom.

Nach dem Tod König Stefans im Jahr 1586 bestieg der schwedische Kronprinz Zygmunt III. Wasa den Thron. Den misstrauischen Litauern musste der streng katholische Kandidat religiöse Toleranz gegenüber Protestanten und Orthodoxen zusichern. Die von vielen erhoffte Personalunion zwischen Polen und Schweden, durch die beide Staaten zweifellos zur führenden Ostseemacht aufgestiegen worden wären, kam nicht zustande, da Zygmunt seinen Anspruch auf

Bakkalaureus, Zögling der Krakauer Akademie. Allegorie aus »Theatrum virtutum Cardinalis Hosii«, 1588

Rechte Seite, links: Die Sigismundsäule auf dem Schlossplatz in Warschau erinnert an Zygmunt III. Wasa. Unter seiner Regierung wurde die Hauptstadt 1596 von Krakau nach Warschau verlegt

Rechte Seite, rechts: Predigt des Gegenreformators Pjotr Skarga. Gemälde des berühmten polnischen Historienmalers Jan Matejko von 1864

den schwedischen Thron nach dem Tod des Vaters nicht durchsetzen konnte. In der nach dem Tod des russischen Zaren Iwan IV. (1584) entstandenen Schwächeperiode Russlands wurden die an das Zarenreich verlorenen Gebiete zurückerworben, doch bestand die drohende Gefahr durch die Türken im Südosten fort.

Im Norden konnte sich Schweden mit der Eroberung von Livland und dem preußischen Küstengebiet Schlüsselstellungen an der Ostsee sichern, die beim Eintritt König Gustav Adolfs in den Dreißigjährigen Krieg in Deutschland für die Flankensicherung von Bedeutung waren. Der polnische König, verheiratet mit der Schwester das Habsburgers Ferdinand II., beteiligte sich nicht an den Kriegshandlungen in Deutschland.

An seinem Königshof hatte der Jesuit Pjotr Skarga großen Einfluss, der eine politische Zusammenarbeit mit dem Haus Habsburg verfolgte. Auch die einer strengen Richtung des Franziskanerordens angehörenden Bernhardiner und die Paulinermönche fanden im frühneuzeitlichen Polen erhebliche Akzeptanz. Die Zahl der Protestanten ging im späten 16. und im 17. Jahrhundert erheblich zurück, die des reformierten Bekenntnisses stärker als die der Lutheraner.

Auch während der von 1632 bis 1648 währenden Herrschaft des Sohnes von Zygmunt III., Władysław IV., trat Polen nicht in den deutschen Krieg ein, militärische Auseinandersetzungen gab es jedoch an allen anderen Grenzen: mit den Türken, Russland, den Tartaren und den Schweden. Die Bewilligungsrechte des Sejm machten es dem König unmöglich, im Jahr 1634 mehr als 4000 Mann unter Waffen zu halten, während einzelne Magnaten über 3000 verfügten. Der polnische Adel hatte sich in Polen zu einer eigenständigen politischen Macht entwickelt, die sie auch nach außen hin zur Schau trugen. Unter anderem hoben sie sich von den anderen Bevölkerungsgruppen durch ihre Kleidung sichtbar ab, die an die Tracht eines antiken Steppenvolkes erinnerte. Zu diesem »sarmatisch« genannten Stil bekannten sich nicht nur altpolnische, sondern auch ursprünglich deutsche Familie aus dem pommerschen und westpreußischen Raum.
Die politischen Widersprüche im Land veschärften sich unter Jan II. Kazimierz, der nach dem Tod seines Halbbruders Władysław IV. 1648 zum Nachfolger gewählt wurde; er hatte den geistlichen Stand verlassen, um das weltliche Königsamt zu übernehmen. In der Ukraine erhoben sich die Kosaken unter der

Panorama Warschaus. Illustration aus »Civitates orbis terrarum«, erschienen in Köln 1597–1618

Polnischer Adliger in sarmatischer Tracht

Rechte Seite, oben: Bildnis eines polnischen Adligen. Holzschnitt aus dem Buch des Wacław Kunicki, 1615

Rechte Seite, unten: Belagerung des Klosters Jasna Góra im Jahr 1655 durch die Schweden, 1659

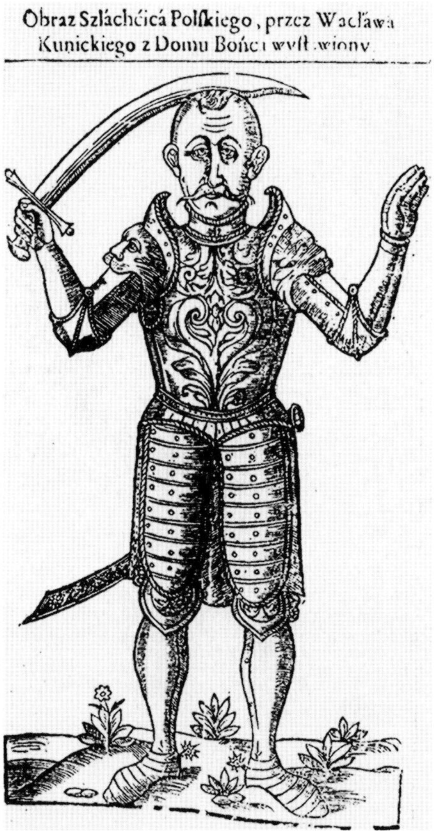

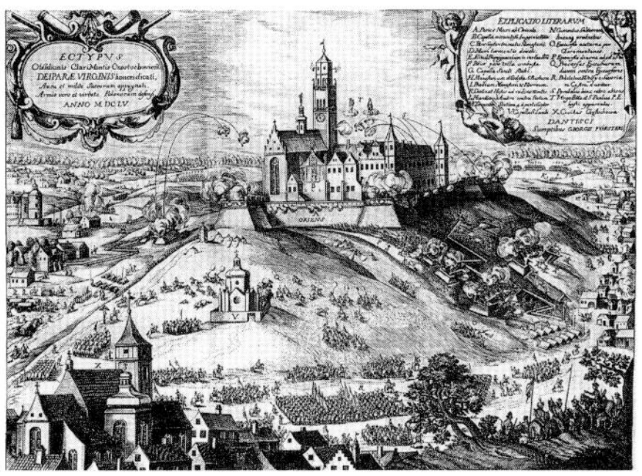

Führung von Bogdan Chmelnizki. Die nach Galizien vorrückenden Aufständischen richteten unter den Polen, aber besonders unter den Juden schreckliche Massaker an; die Zahl der Opfer wird auf bis zu 100 000 geschätzt. Viele verließen daraufhin das Land. 1654 begann der Kampf gegen die nun mit den Russen vereinigten Kosaken und im folgenden Jahr gegen Karl X. Gustav von Schweden. Die Moskauer erorberten Wilna und Grodno, die Schweden Litauen, Großpolen und Kujawien. Erst eine enge Verbindung mit Österreich und dann auch Brandenburg brachte die Wende und schließlich den glimpflichen Frieden von Oliva von 1660, in dem die polnischen Herrscher aus dem schwedischen Königsgeschlecht der Wasa endgültig auf alle schwedischen Thronansprüche verzichteten.
Der König, der den Sejm nicht zur Bewilligung höherer Leistungen für die Armee bewegen konnte, dankte im September 1668 verbittert ab. Er starb 1672 in Frankreich.

Polen zwischen den Weltmächten Der kurzen Regierungszeit des sich an Österreich orientierenden Königs Michał Korybut (1669–1673) folgte der eher nach Frankreich blickende Feldherr Jan III. Sobieski. Den Kampf gegen die Türken, der schon unter seinem Vorgänger begonnen hatte, konnte er erfolgreich weiterführen. Bereits als Kronhetman hatte er – ausgestattet mit erheblichen vom Sejm bewilligten Mitteln – den Türken bei der Festung Chocim im September 1673 eine empfindliche Niederlage zugefügt. In den folgenden Jahren war er in der Lage, die polnische Südostgrenze zu halten und 1676, ohne weitere Tributzahlungen leisten zu müssen, einen Waffenstillstand und Friedensschlüsse mit dem muslimischen Gegner abzuschließen. Als die Türken unter Großwesir Kara Mustafa 1683 einen Feldzug zur Eroberung Wiens begannen, schloss Jan III. mit Rückendeckung des Sejms eine Allianz mit dem bedrohten deutschen Kaiser Leopold I. Jan Sobieski führte das Entsatzheer, dass am 12. September 1683 in der Schlacht am Kahlenberg Wien von der türkischen Belagerung befreite. Polen trat nun der Heiligen Liga bei, die Österreich, Venedig, der Kirchenstaat und ab 1686 auch Russland gegen die Türkei gebildet hatten. Im 1699 unterzeichneten Frieden von Karlowitz konnte die frühere Südgrenze Polens festgeschrieben werden.
Das überall gebildete Militär hoffte nun darauf, im Verbund mit Frankreich eine eigne Hausmacht im herzoglichen Preußen schaffen zu können, doch blieb die

Jan III. Sobieski in der siegreichen Schlacht gegen die Türken bei Chocim im September 1673. Kupferstich von Romeyn de Hoogh, 1675

dafür nötige französische Unterstützung aus. So musste sich Sobieski mit der Hohenzollernherrschaft abfinden, denn die polnische Lehnshoheit war im Herzogtum allmählich gelockert und schließlich völlig beseitigt worden – ein Umstand, der zunächst nicht gezielt verfolgt wurde, sondern den allgemeinen politischen Entwicklungen geschuldet war: Die brandenburgische Linie des Hauses Hohenzollern hatte in der Person des Kurfürsten Joachim II. bereits auf dem Unionssejm in Lublin 1669 die Mitbelehnung erhalten. 1577 erhielten Kurfürst Joachim Friedrich, dann Johann Sigismund die Mitbelehnung. 1618 starb der geisteskranke Sohn des Herzogs Albrecht. In diesem Jahr kam es in Polen zum Ausbruch eines erneuten Krieges mit Schweden um Litauen; das mögliche Heimfallsrecht 1 der polnischen Krone wurde nicht realisiert. 1621 empfing Kurfürst Georg Wilhelm von Brandenburg die Belehnung mit dem Herzogtum Preußen. Das inzwischen die Ostseeküste beherrschende Schweden zwang Brandenburg 1656, Preußen von Schweden zu Lehen zu nehmen. Damit machte Karl X. Brandenburg zu seinem Vasall, brandenburgische Truppen unterstützten

Schweden u. a. in der Schlacht von Warschau im Ersten Nordischen Krieg. Als Österreich Polen zu Hilfe kam, verließ auch Brandenburg die schwedische Partei. Im 1657 geschlossenen Vertrag von Wehlau erkannte Polen die brandenburgischen Herrschaftsrechte über das Herzogtum Preußen an; dafür leistete Brandenburg dem polnischen König die Huldigung. 1660, im Frieden von Oliva, verzichtete Polen gänzlich auf seine Oberhoheit im Herzogtum. Die damit erreichte völlige Freiheit des herzoglichen Preußen von allen Bindungen an andere Herrschaften bildete die staatsrechtliche Grundlage für die Erhebung des brandenburgischen Kurfürsten zum »König in Preußen«.

Das Königtum des Sachsen August II. Erst in jüngster Zeit ist die Auffassung, dass die Sachsenzeit den Tiefpunkt der polnischen Staatlichkeit darstellt, revidiert worden.
Auf dem Wahlreichstag von 1697 entschieden sich die 100 000 Teilnehmer für den meißnischen Kurfürsten August den Starken. Die Erhebung eines mittleren deutschen Reichsfürsten zum König August II. von Polen eröffnete der Wahlmonarchie eine neue Option, und der polnische Adel konnte davon ausgehen, dass die Verbindung mit einem wesentlich kleineren deutschen Territorium seinen Interessen nicht gefährlich werden konnte. Für August II. bedeutete das polnische Königtum nicht nur eine Standeserhöhung, sondern zugleich die Chance für seine Dynastie, eine europäische Rolle zu übernehmen. Mit Hilfe eines gegen Schweden gerichteten Bündnisses mit Russland sollte das vormals polnische, nun schwedische Livland erobert und zur Hausmacht des Königs werden. Doch hatte der verantwortliche Minister, Graf Flemming, die Rechnung ohne den schwedischen König Karl XII. gemacht, der Russen und Polen besiegte sowie weite Teile Polens unter seine Herrschaft brachte. Mit dem Palatin von Posen, Stanisław Leszczyński, stellte 1704 Schweden einen Gegenkönig auf, für den sich eine wesentlich geringere Zahl von Wählern entschied. Die zeitweise desolate Situation und der Einmarsch der Schweden in Sachsen zwangen August II. zwar 1706 zum Rücktritt, doch nach den Niederlagen des schwedischen Königs gegen die Russen bei Poltawa erneuerte er seine königlichen Ansprüche. Dem ein zweites Mal erwogenen Gedanken – diesmal in Verbindung mit dem Königreich Preußen –, gegen die Abtretung des Königlichen Preußen und Kurlands an Preußen die militärische Unterstützung für die Einführung des Absolutismus in Polen zu erhalten, erteilte Zar Peter I. eine klare Absage.

Die Königswahl vom 17. Juni 1697 auf dem Feld von Wola. Zeitgenössischer Kupferstich

Russland erwies sich hier als Hüter der polnischen Verfassung, dem der verbündete Sachse folgen musste. Der Friede von Nystad, der den Nordischen Krieg 1721 gegen Karl XII. beendete, setzte Russland an die Stelle von Schweden als führende Ostseemacht.
August II. starb 1733. Es dauerte drei Jahre, bis sein Nachfolger August III., der Sohn August II., von der russischen Partei nominiert wurde. Die Anhänger der französischen Partei wählten kurze Zeit später erneut Stanisław Leszczyński, der inzwischen Schwiegervater König Ludwig XV. geworden war. Nur mit russischer und österreichischer Hilfe konnte sich August III. in dem nun folgenden Polnischen Erbfolgekrieg behaupten.

Polen als Ort religiöser Auseinandersetzungen Infolge der konfessionellen Gegensätze, die im Westen zu langen, blutigen Kriegen geführt hatten, mussten schlesische Protestanten und andere religiöse Gruppen wie die Böhmischen Brüder mit Amos Comenius ihre Heimat im habsburgischen Machtbereich

Links: August der Starke von Sachsen als König August II. von Polen mit sächsischem Kurschwert, polnischen Kroninsignien und dem polnischen Weißen Adlerorden. Gemälde von Louis de Silvestre, 1718

Mitte: August III., König von Polen, als Kurfürst Friedrich August II. von Sachsen. Kupferstich nach einem Gemälde von Louis de Silvestre, 1743

Rechts: Stanisław Leszczyński als polnischer König, Gemälde von Antoine Pesne, ca. 1736

verlassen. Viele von ihnen fanden Zuflucht in den Städten großpolnischer Magnaten, in Lissa und Fraustadt oder auch in Stadtneugründungen wie Rawicz und Bojanowo. Hier entwickelte sich unter anderem bald ein blühendes Tuchmachergewerbe.

Unter dem sich überall in Polen ausbreitenden Einfluss der Jesuiten war es in einigen protestantischen Städten zu erbittert geführten konfessionellen Auseinandersetzungen gekommen. Ein Beispiel dafür war Thorn mit überwiegend deutscher und protestantischer Bevölkerung, wo es beständige Spannungen zwischen den Schülern des protestantischen Gymnasiums illustre und des Jesuitenkollegs gab. Als im Sommer des Jahres 1724 das Jesuitenkolleg gestürmt und geplündert wurde, verhängte das königlich-polnische Gericht in Warschau Todesurteile gegen sieben Bürger, darunter zwei Bürgermeister. Zu weiteren Sanktionen gehörte die Übergabe der letzten der drei großen Stadtkirchen an die katholische Seite. Dieses so genannte Thorner Blutgericht löste europaweit, vor allem aber in Preußen, einen Sturm der Entrüstung aus.

Thorner Blutgericht vom 7. Dezember 1724.
Zeitgenössischer Kupferstich

Heinrich Graf von Brühl. Kupferstich nach einem Gemälde von Louis de Silvestre, 1750

Oben: Ansicht der Stadt Warschau von Wola aus. Ölgemälde von Canaletto, 1773/74

Der Ausbau Warschaus Zu den positiven Seiten der sächsischen Herrschaft gehörte der intensive kulturelle Austausch zwischen den Landesteilen. Beide Residenzen, Dresden und Warschau, entwickelten sich zu repräsentativen Zentren ihres Landes. In Warschau wurde ein eigenes Bauamt mit sächsischen Spezialisten eingerichtet, Hofhandwerker, die zuvor in Dresden gearbeitet hatten, wurden nun in Warschau tätig. Die bis dahin eher unscheinbare Stadt erhielt ein neues Achsensystem, in dessen Zentrum das königliche (sächsische) Palais mit dem dazu gehörigen Garten lag. Auch ein Kanal gehörte zu dem Großprojekt. Der allmächtige Minister von König August III., Heinrich Graf Brühl, baute sich in Warschau ebenfalls ein repräsentatives Palais. Weitere 14 Adelspalais sowie zahlreiche Schlösser und Kirchen in der Umgebung prägten fortan die Landschaft. Wie in Dresden war an der Weichsel eine prächtige barocke Stadt entstanden.

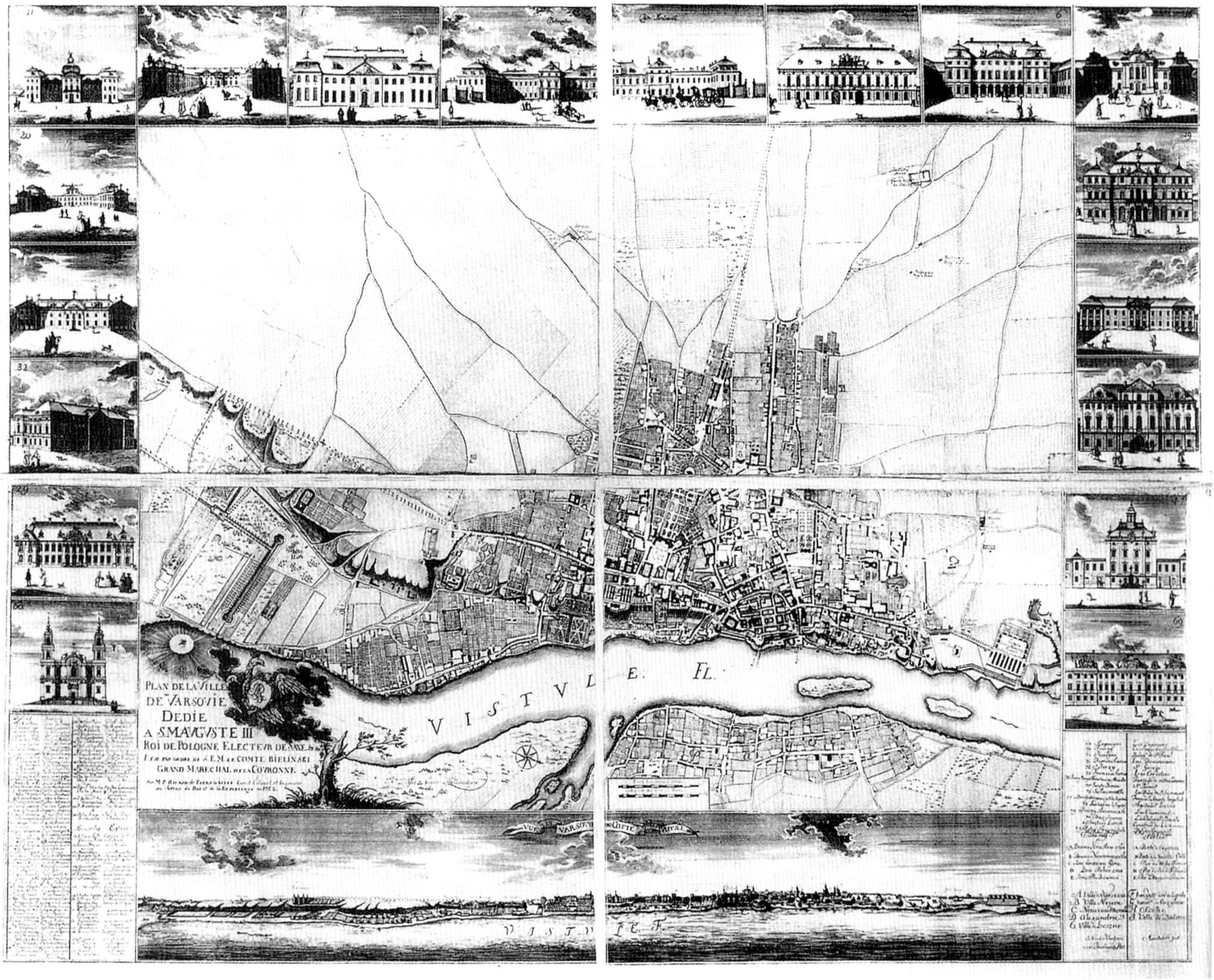

Plan von Warschau aus dem Jahr 1762

II

»NOCH IST POLEN NICHT VERLOREN«

Das Trauma der Teilungen

Die Fünf Mächte des Europäischen Gleichgewichts *Die Republik hält an der alten feudalen Regierungsform fest, die alle anderen Mächte Europas schon abgeschafft haben. Ihre Nachbarn sind daran interessiert, die republikanische Monarchie im Zustand der Schwäche zu erhalten, unterstützen die Freiheit und Unabhängigkeit der Großen gegen den Ehrgeiz ihrer Könige. Die Republik wird nur beunruhigt bei Gelegenheit der Königswahl. In zwei mächtige Parteien gespalten ist sie für niemanden gefährlich, und ihre Nachbarn sind beinahe gesichert gegen alles was sie unternehmen würde, weil nichts leichter ist, als ihre Reichstage zu sprengen.* (Dietrich) Mit diesen Worten charakterisierte der preußische König Friedrich II. in seinem politischen Testament von 1752 die Situation seines östlichen Nachbarn.

Neben den aufstrebenden Nationalstaaten wie Frankreich, England oder auch den Niederlanden existierten in der europäischen Welt des 17. und 18. Jahrhunderts noch sehr kompliziert organisierte Staatsgebilde wie das Heilige Römische Reich deutscher Nation und die polnische Adelsrepublik. Diese beiden mitteleuropäischen Staaten setzten sich jeweils aus staatsrechtlich höchst unterschiedlichen Gebilden zusammen. In Deutschland wie in der Adelsrepublik gab es Versammlungen der Stände, im Reich die Reichstage, in Polen die Sejm genannten Versammlungen. Hatten im deutschen Reichstag die Vertreter der größeren Territorialherrschaften ein politisches Übergewicht, so war es im Sejm die Magnatenschicht, zu der auch die hohe Geistlichkeit gerechnet werden muss. Trotz schwindender ökonomischer Macht beharrte der Kleinadel in Polen auf politischer Mitsprache im Sejm. Dies führte infolge der notwendigen einheitlichen Beschlussfassung häufig zu mannigfaltigen Behinderungen der ohnehin komplizierten Prozeduren bei dem Erlass von Gesetzen usw. So konnte zwi-

Krone Polen

Auch das unter der Königskrone im Doppelstaat bestehende Polen war für sich kein einheitlicher Staat. Bereits in der Lubliner Union von 1569 wurde die Unterstellung der ukrainischen Gebiete mit dem Schutz der Rechte des dortigen Adels unter der »Korona« beschlossen. Auch das ab 1466 polnisch gewordene Gebiet des Deutschen Ordens mit den drei großen Städten Danzig, Thorn und Elbing nahm eine selbständige Stellung unter der Krone ein. Es gab einen eigenen Landtag, in dem auch die Städte Sitz und Stimme hatten. Zur Krone, aber nicht zum Königreich im engeren Sinne, gehörte nach 1466 der Hochmeister des Deutschen Ordens, nach der Reformation der preußische Herzog als Vasall (Lehnsmann).

Feuerwerk anlässlich der Hochzeit von Adam Czartoryski mit Isabelle Fleming im Jahr 1761

schen 1736 und 1764 kein gültiger Beschluss durch einen Sejm gefasst werden; er war praktisch handlungsunfähig.

Friedrich II., den bereits seine Zeitgenossen den Großen nannten, missachtete nicht zuletzt deshalb die polnische Souveränität: Im Siebenjährigen Krieg (1756–1763), den Preußen und Großbritannien gegen die verbündeten deutschen Territorialfürsten unter der Führung Österreichs (einschließlich Sachsens) sowie gegen Russland und Frankreich führten, wurde das neutral gebliebene Polen zum Operationsfeld; russische Truppen nutzten ab 1758 Polen als Aufmarschgebiet und als Winterquartier. Auch ökonomisch fügte Preußen dem polnischen Staat enormen Schaden zu, als es das Nachbarland mit gefälschten Münzen überschwemmte. Preußen hatte in dem mit Polen in Personalunion verbundenen Sachsen Prägestempel der polnischen Münze »Tymfe« erbeutet, die ab 1752 dort geprägt wurden und eine finanzielle Stabilisierung eingeleitet hatten. Den Schaden für die Wirtschaft Polens durch die von Preußen herbeigeführte Inflation des nach dem Münzmeister Tümpf benannten Geldes schätzt man auf 30–35 Millionen Taler.

Die politische Macht in Polen war in der späten Sachsenzeit immer mehr auf den Hochadel, die Magnaten übergegangen. Die Führungspositionen lagen – wenn auch regional unterschiedlich – in den Händen der wenigen Familien, die über sehr großen Grundbesitz verfügten. Zwei Gruppen – die vom Fürsten Czartoryski geführte »Familie« und die von Potocki dominierten »Patrioten« – standen dabei in Konkurrenz. Die »Familie«, die über enge Beziehungen zu Russland verfügte, gewann zunehmend an Gewicht. Den damit einhergehenden Machtzuwachs Russlands betrachteten die europäischen Nachbarländer mit Argwohn und bemühten sich ihrerseits um mehr Einfluss in Polen.

Russische Truppen in Polen Der Siebenjährige Krieg wurde durch den Tod der Zarin Elisabeth im Jahr 1762 entschieden. Ihr Nachfolger, Zar Peter III., ein großer Bewunderer des preußischen Königs, schloss nicht nur Frieden mit dem einstigen Gegner Preußen, sondern im April 1764 auch einen Bündnisvertrag, in dem die künftige Wahl von Stanisław August Poniatowski zum polnischen König vereinbart wurde. Einig waren sich die Bündnispartner auch in der Frage der polnischen Verfassung, die nach Meinung von Zeitgenossen wie auch des preußischen Königs die polnische Adelsrepublik in den Zustand der Schwäche geführt hatte. Diese wollten die beiden Nachbarmächte Polens so belassen.

Stanisław August Poniatowski war nicht nur Wunschkandidat der Verbündeten Russland und Preußen, sondern auch der Gruppe um Czartoryski. Als Gesandter hatte Poniatowski zuvor Polen in Russland vertreten und war als Neffe mit dem Haupt der »Familie« verwandtschaftlich verbunden. Darüber hinaus hatte er zur Zarin als deren Liebhaber eine ganz besondere Beziehung.
Die »Patrioten« stellten einen eigenen Kandidaten auf. Um sie einzuschüchtern, bot ein Angriff des »Patrioten« Fürst Karol Radziwiłł auf den Bischof von Wilna einen willkommenen Anlass. Czartoryski rief daraufhin russische Truppen ins Land. Am 7. September 1764, als Poniakowski in Wola bei Warschau vom Reichstag gewählt werden sollte, lagerten nur wenige Meilen vom Wahlfeld entfernt versteckt russische Soldaten. – Die Wahl verlief ohne Zwischenfälle.

Mit französischer Unterstützung gegen Russland Die Handlungen der Anhänger Stanisław August Poniatowskis entsprachen allerdings nicht in allen Punkten den Erwartungen Russlands und Preußens. Schon auf dem Sejm zur Wahlvorbereitung waren Kommissionen für Finanzen und das Heerwesen in Polen und Litauen, später auch noch für die Lösung des Münzproblems gegründet worden. In den Kommissionen entschieden die Mehrheiten; ein »Liberum veto«, die Möglichkeit eines nicht weiter zu begründenden Einspruchs, war nicht vorgesehen. Auch das Weiterbestehen der Verfassung, das im Interesse der Angehörigen religiöser und nationaler Minderheiten lag, zu deren Sprecher sich Russlands Gesandter, Fürst Repnin, gemacht hatte, wurde erst nach großem Druck garantiert. Und erst als vier Mitglieder der Kommissionen verhaftet und deportiert wurden, beschloss eine 1767 vom Sejm bestellte Delegation den »ewigen Vertrag« mit Russland, der das Liberum veto, die freie Königswahl und die herrschende Stellung der katholischen Kirche unter Tolerierung der Nichtkatholiken als Kardinalrechte festschrieb. Unter den 70 Mitgliedern der Delegation befanden sich sieben Protestanten und ein orthodoxer Erzbischof. Unmittelbar nachdem diese Kardinalrechte am 24. Februar 1764 als Toleranztraktat angenommen wurden, verbündeten sich in der südostpolnischen Stadt Bar die Gegner der russischen Einmischung und Anhänger einer alleinigen katholischen Vorherrschaft zur Barer Konföderation. Der König wurde von ihnen für abgesetzt erklärt und geriet für kurze Zeit in ihren Gewahrsam. Russische Truppen besetzten daraufhin die Stadt Bar. Doch die Konföderierten erhielten Unterstützung von Frankreich, das mit dem erbitterten Gegner Russlands, der Türkei, verbündet war.

Stanisław II. August Poniatowski, König von Polen

Die Wahl Poniatowskis zum König
Stanisław II. August auf dem Feld bei Wola am
7. September 1767. Ölgemälde von Canaletto

Militärisch war den Aktionen der Konföderierten letztlich dennoch kein Erfolg beschieden. Viele ihrer Anführer gingen ins Ausland, vornehmlich nach Sachsen und Frankreich. Auch Österreich bot Asyl in Oberungarn. Der Sohn des Konföderiertenführers Józef Pułaski, Kazimierz Pułaski, fiel 1779 als Reitergeneral im amerikanischen Unabhängigkeitskrieg.

Die Erste Teilung von 1772 Nicht so sehr die innerpolnischen Auseinandersetzungen, sondern mehr die russische Dominanz im östlichen Europa wurde in Preußen und vor allem Österreich mit Argwohn betrachtet, da das Zarenreich auch mit Österreich im Kampf gegen das türkische Imperium konkurrierte. Russland besetzte Gebiete an der unteren Donau, auf die Österreich bereits ein Auge geworfen hatte. Daraufhin annektierte Österreich bereits 1769 die einst zu Ungarn gehörenden, 1412 an Polen verpfändeten 16 Städte der Zips und im Jahr darauf – gegen den Protest der Konföderierten – Teile des Karpatenvorlandes mit Neumarkt sowie die Salzbergwerke von Wieliczka und Bochnia im Südosten Polens. Preußen besetzte Teile von Podolien, angeblich, um das Übergreifen einer Pestepidemie zu verhindern.

Kazimierz Pułaski bei Tschenstochau im Kampf mit dem russischen Heer, 1770. Gemälde von Józef Chełmoński, 1895

Die 1. Teilung Polens im Jahr 1772

Den einseitigen Besetzungen folgten Verhandlungen zwischen Preußen und Russland. Am 17. Februar 1772 einigten sich beide über die künftigen polnischen Grenzen: zu Russland sollten sie entlang der Flüsse Düna und Dnjepr und zu Preußen entlang der Netze verlaufen. Am 5. August des gleichen Jahres wurde auch Österreich in den nun förmlichen Teilungsvertrag eingebunden. Das Königliche Preußen mit dem Ermland – noch ohne die wichtigen Städte Thorn, Graudenz und Danzig – wurde nun preußisch, das heißt ca. 36 000 Quadratkilometer mit ca. 580 000 Einwohnern. Österreichs Herrscher erhielten gemäß dem schon zuvor getragenen Titel der »Könige von Galizien und Lodomerien« das Gebiet südlich der Weichsel, Rotreußen, Wolhynien und Podolien, ca. 82 000 Quadratkilometer mit 2,650 Millionen Einwohnern. An Russland

Rechte Seite, oben: erste Teilung Polens 1772 zwischen Katharina II. von Russland, Joseph II. von Österreich und Friedrich II. von Preußen. Zeitgenössischer Kupferstich

Rechte Seite, unten: Ratsherr Schwartz aus Danzig. Zeichnung von Daniel Chodowiecki, die während seiner 1773 unternommenen Reise von Berlin nach Danzig entstand

Gehört nun zu Österreich: das Salzbergwerk Wieliczka. Holzschnitt aus dem Jahr 1880

gelangte mit Polnisch-Livland und Weißruthenien ein Gebiet, das mit 93 000 Quadratkilometern den österreichischen Anteil an Fläche übertraf, doch mit 1 300 000 Bewohnern dünner besiedelt war.

Am 30. September 1773 ratifizierte der Sejm die Abtretungen. Es hatte seit der Einberufung der Versammlung für den Herbst 1772 erheblichen Drucks, einer Vertagung und einer neuen Einberufung im Jahre 1773 bedurft, um die Unterzeichnung durchzusetzen. Um ein Veto auszuschalten, wurde dem Sejm der Charakter einer Konföderation gegeben. Zwar hatte der Abgeordnete Tadeusz Rejtan aus Nowogródek am 19. April 1773 versucht, dies über ein Veto zu vereiteln, doch scheiterte er aufgrund der gespaltenen Versammlungsmehrheit und des großen Einflusses durch den russischen Gesandten Repnin. – Eine Niederlage, die sich im Geschichtsbewusstsein der Polen tief eingegraben hat.

Die Wege zu einer ersten Verfassung in Europa Obwohl der polnische Staat insgesamt ungefähr ein Drittel seines Staatsgebietes abtreten musste und der Bevölkerungsverlust noch höher war, blieb Polen lebensfähig. Sogar eine wirtschaftliche Erholung begann in dem zwischen aufstrebenden Mächten platzierten Staat, der nun innere Reformen in Angriff nahm. Ein Ausgangspunkt war das von Papst Clemens XIV. 1773 verhängte Dekret über die Aufhebung des Jesuitenordens. Über 70 der wichtigsten Schulen des Landes waren seit den Zeiten der Gegenreformation von Jesuiten geführt worden. Eine vom Sejm eingesetzte Erziehungskommission übernahm nun das Vermögen und die Aufsicht über die Schulen und war damit die *erste weltliche Erziehungsbehörde Europas* (Rhode). Die Kommission begann mit dem Aufbau eines Elementarschulwesens. Für die auswärtigen und inneren Angelegenheiten, für das Militärwesen, für Justiz und Finanzen bildete ein »Ständiger Rat« aus 18 Senatoren und 18 weiteren Mitgliedern des Sejms einzelne Kommissionen. Auch die Verbesserung der rechtlichen Stellung der Bauern und Bürger wurde – gegen erhebliche Widerstände – in Angriff genommen. Im Gegensatz zu den russisch-orientierten Kräften ermunterte Preußen mit dem Gesandten Marquis Lucchesi die »patriotischen« Reformer im Großen oder Vierjährigen Sejm (Sejm Wielki/Sejm Czteroletni), der von 1788 bis 1792 tagte. Eine Vergrößerung des Heeres und ein preußisch-polnisches Bündnis (1790) sollten die erneute Interventionsgefahr durch Russland mindern. Den Reformern gelang am 3. Mai 1791 die Verabschiedung der ersten Verfassung in Europa, in der entsprechend den Ideen Rousseaus die Volkssouveränität festgeschrieben wurde. Auch sollte die Wahlmonarchie durch ein – sächsisches – Erbkönigtum abgelöst werden. Das Liberum veto und die Konföderationen wurden abgeschafft. Die auf Montesquieu zurückgehende Gewaltenteilung wie auch ein dem Sejm verantwortliches Ministerium fanden Eingang. Die katholische Konfession wurde als herrschend anerkannt, doch anderen Bekenntnissen Toleranz zugesichert. Rechtsschutz und persönliche Freiheit wurde den Neusiedlern und den Bauern durch die Möglichkeit besonderer Abmachungen mit ihren Grundherrn, nicht aber der Masse der Bauern zugesprochen.

Die Krise des auf Fronarbeit der abhängigen Bauern beruhenden Großgrundbesitzes nach dem Siebenjährigen Krieg führte zur Einschränkung der Fronarbeit, an deren Stelle ein Zinssystem trat. Vor allem im Westen Polens wurde dies wirksam, wo etwa 30 Prozent der Leibeigenen davon profitierten.

Das kulturelle und künstlerische Leben Polens war während dieser Zeit außerordentlich vielgestaltig. Die Schlösser der großen Adelsgeschlechter entwickelten sich zu kulturellen Zentren, die polnische Literatur – an französischen Vorbildern orientiert – gewann an Bedeutung. Zu ihren wichtigsten Persönlichkeiten gehörte der 1735 in einer der führenden Familien Galiziens geborene Ignacy Krasicki. Er wurde von König Stanisław August Poniatowski zum Hofkaplan berufen und hatte 1766 das Bistum Ermland erhalten. Auch wenn er die deutsche Sprache nicht beherrschte – die Muttersprache der ermländischen Katholiken , verhielt sich Krasicki beim Wechsel der Landesherrschaft im Jahr 1772 dem neuen Landesherrn Preußen gegenüber loyal. Unter anderem weihte er 1773 den ersten katholischen Kirchbau in der preußischen Hauptstadt Berlin, die heutige Hedwigskathedrale. Er starb als Erzbischof von Gnesen im Jahr 1801, während eines weiteren Aufenthaltes in Berlin. Der umfangreiche Grundbesitz des Bischofs und des Kapitels wurde von Preußen verstaatlicht.

Rechte Seite, oben: König Stanisław II. August beschwört die Verfassung vom 3. Mai 1791. Zeitgenössischer Kupferstich

Die Zweite und die Dritte Teilung, 1793 und 1795 Russlands Zarin Katharina II. empfand die Annahme der Verfassung als einen Affront. Das Bemühen um eine Grundlegung des Verhältnisses zwischen Herrscher und Untertan in dieser Form weckte Ängste davor, dass die Ideen der Französischen Revolution in Ostmitteleuropa eine neue Heimstatt finden könnten. Die Reform- und Verfassungsgegner bildeten im April 1792 mit russischer Unterstützung in schon gewohnter Weise eine Konföderation, die, in St. Petersburg entstanden, nach

Rechte Seite, unten: Der letzte König von Polen, Stanisław II. August Poniatowski dankte 1795 ab und ging ins Exil. Ölgemälde von Marcello Bacciarelli, um1770

dem Grenzort Targowica benannt wurde. Erneut besetzte eine russische Armee polnisches Gebiet.
Preußen fühlte sich aufgrunddessen, dass die Annahme der polnischen Verfassung ohne sein Wissen erfolgt war, nicht mehr zur Einhaltung des Bündnisvertrags von 1790 verpflichtet – eine Tatsache, die die polnische Reformpartei enttäuscht zur Kenntnis nehmen musste.
Das von Preußen anvisierte Ziel, die Einverleibung von Danzig und Thorn, schien durch eine weitere Teilung Polens leichter möglich. Am 23. Januar 1793 schlossen Russland und Preußen in St. Petersburg erneut einen Teilungsvertrag. Das von Russland annektierte Gebiet im Osten bedeutete für Polen den Verlust von ca. 250 000 Quadratkilometern. Preußen erhielt nicht nur die gewünschten Städte Danzig, Graudenz und Thorn, sondern auch Großpolen mit Posen und die an Ostpreußen grenzenden Teile Masowiens bis hin nach Sochaczew, fast 60 000 Quadratkilometer und ca. eine Million Einwohner. Österreich hatte auf eine Teilnahme an den Teilungsverhandlungen verzichtet, dafür versprach man ihm Unterstützung bei einem Versuch, sich Bayern einzuverleiben. Das Polen verbliebene Staatsgebiet war mit 230 000 Quadratkilometern und 4,4, Millionen Einwohnern deutlich kleiner als der an Russland abgetretene Teil. Eine eigene Entwicklung war nun nicht mehr möglich.
Eine Gruppe von Patrioten, darunter Tadeusz Kościuszko, Hugo Kołłątaj und Ignacy Potocki, bereiteten im sächsischen Exil einen Aufstand vor, bei dem sie auf Unterstützung des revolutionären Frankreich hofften. Am 24. März 1794 gab Kościuszko als Oberbefehlshaber in Krakau das Signal zum Widerstand, ein Aufstand in Warschau folgte. Die Hilfe aus Frankreich blieb jedoch aus, und auch die Versuche, Preußen zu einer neutralen Haltung zu bewegen, misslangen. Die Truppen der Teilungsmächte schlugen die Erhebung nieder, wobei Russland wiederum die militärische Hauptlast trug. Preußen schien für das Zarenreich nicht mehr der wichtigste Partner zu sein, denn am 3. Januar 1795 beschlossen Österreich und Russland unter sich die Aufteilung der Reste polnischer Eigenstaatlichkeit. Österreich erhielt das von Preußen erhoffte Krakau mit Gebieten am Bug und Pilica mit ca. 47 000 Quadratkilometern, Preußen das noch polnisch gebliebene Gebiet zwischen Bug und Memel mit Warschau und einen breiten Streifen am Rande Schlesiens, zusammen ca. 48 000 Quadratkilometer. Den gesamten Osten, ca. 120 000 Quadratkilometer, nahm sich das Russische Reich. Preußen stimmte dem Vertrag am 24. Oktober zu. Einen Monat

später, am 25. November 1795, dankte der polnische König Stanisław August Poniatowski ab und begab sich ins russische Exil.

Prinzipien der preußischen Verwaltung Mit dem Ende der letzten polnischen Hoheitsrechte in Preußen konnte nun der Titel des Königs *in* Preußen in den des Königs *von* Preußen staatsrechtlich korrekt verändert werden.
Der preußische Staat und seine Verwaltung richteten sich auf eine dauerhafte Eingliederung der neuen Gebiete in den Staatsverband ein. Es entstand die neue Provinz Westpreußen, für die eine Kriegs- und Domänenkammer mit dem Sitz in Marienwerder und für den Netzedistrikt eine Kammerdeputation in Bromberg eingerichtet wurde. Einen ersten Schwerpunkt von Reformen bildete das

Links: Tadeusz Kościuszko, Kupferstich nach einem Gemälde James Hopwoods von 1792

Mitte: Kościuszko wird im Gefecht bei Maciejowice gegen russische und preußische Truppen am 10. Oktober 1794 verwundet. Kupferstich nach einem Gemälde von Johannes Zumpe

Rechts: Karikatur auf die Niederschlagung des Aufstandes von 1794: General Suworow bringt der Zarin Katharina II. die Köpfe der polnischen Aufständischen

Gerichtswesen. Die Verbindungen zu den polnischen Appellationsgerichten wie dem Tribunal in Petrikau wurden aufgelöst, neue Stadt- und Landgerichte geschaffen. Die Domänen, zu denen nun auch die säkularisierten Kirchengüter zählten, organisierte man neu. Auf dem Lande wurde ein Elementarschulwesen eingeführt.

Deutlich verschlechterten sich die Lebensverhältnisse der jüdischen Bevölkerung. Sie durften künftig nicht mehr auf dem Land, sondern nur noch in städtischen Siedlungen wohnen und wurden aus wichtigen Wirtschaftsbereichen wie dem Handel mit Rohleder, Garnzeugen, Woll-, Seiden- und Baumwollwaren ausgeschlossen. Mittellose Juden mussten das Land verlassen und in das russische Teilgebiet auswandern.

Die bereits im Netzedistrikt und dem zuvor Königlichen Preußen erprobten Verwaltungsmethoden wurden 1793/1795 auf die mit überwiegend polnischer Bevölkerung eingegliederten Bereiche ausgedehnt.

Zwei Provinzen, »Südpreußen« mit den Kriegs- und Domänenkammern in Posen, Petrikau (nach Kalisch verlegt) und Warschau sowie die »Neu-Ostpreußen« genannte Provinz mit den regionalen Verwaltungszentren in Plock und Białystok wurden gebildet.

An der preußischen Verwaltung in Warschau wirkte unter anderem auch der Dichter und Komponist E.T.A. Hoffmann als Jurist.

In Danzig gab es bis auf den Widerstand einiger Stadtsoldaten kaum Probleme bei der Übernahme durch Preußen, da man sich bereits vor der Einverleibung mit der kritischen Bürgerschaft geeinigt hatte. Zu einer echten Akzeptanz der

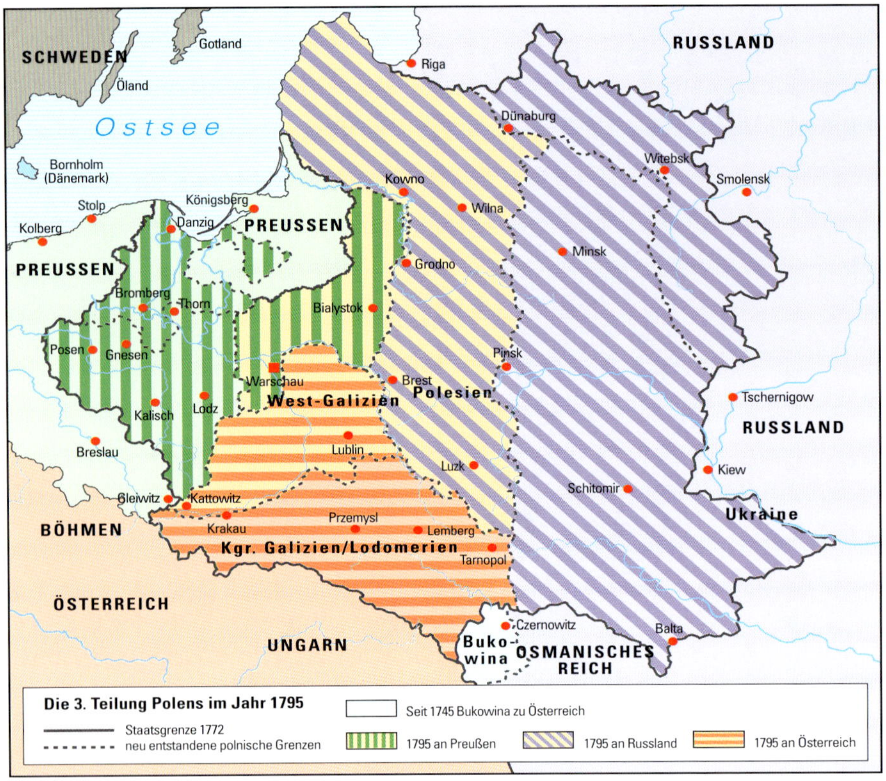

preußischen Stadtregierung kam es allerdings nie. Aus zeitgenössischen Berichten, zum Beispiel den Aufzeichnungen der Mutter des Philosophen Arthur Schopenhauer, wird deutlich, wie die Danziger den alten Verhältnissen nachtrauerten.

Der preußische Staat erzielte trotz großer Anstrengungen beim Aufbau der Verwaltung in den neuen Gebieten bis zu ihrem Verlust nach der Niederlage gegen Napoleon im Jahr 1806 keine nachhaltigen Erfolge. Die überkommenen polnischen Strukturen konnten lediglich denen der anderen preußischen Provinzen angeglichen werden. Die Vereinheitlichung im Gerichtswesen bedeutete noch lange keine Rechtsangleichung; das kurz zuvor kodifizierte »Allgemeine Landrecht für die Preußischen Staaten« wurde nur subsidiär gültig. Staatssprache blieb in den mehrheitlich polnischen Gebieten Polnisch. Diese Sprache wurde für die angehenden Verwaltungsfachleute an vielen höheren Schulen, u. a. an Gymnasien in Berlin zum Lehrfach.

Die napoleonische Zeit Die von den Polen lange gehegte Hoffnung auf Unterstützung durch das revolutionäre Frankreich wurde nach der Niederlage Preußens gegen Napoleon endlich erfüllt: Am 6. November 1806 trafen sich General Jan Henryk Dąbrowski und der aus dem Dresdner Exil zurückgekehrte Dichter und Publizist Józef Wybicki heimlich in Posen, um einen Aufstand gegen die preußische Herrschaft vorzubereiten. Der Dichter und der General kannten sich bereits: Für die in der Lombardei eingesetzte polnische Legion unter Dąbrowski hatte Wybicki den Text der heutigen polnischen Nationalhymne »Noch ist Polen nicht verloren!« geschrieben.
Unter dem Jubel der Bevölkerung konnte im November 1806 der französische Marschall Davoût in Posen einziehen. Am 28. November erreichte Marschall Joachim Murat Warschau. Die preußische Herrschaft war zusammengebrochen.
Im Frieden zu Tilsit am 7. Juli 1807 erlitt Preußen das gleiche Schicksal wie Polen bei den ersten Teilungen: Sowohl im Westen (Westfalen) wie im Osten musste der im Kern weiter bestehende Staat auf wichtige Gebiete verzichten. Aus den in den Polnischen Teilungen erworbenen Territorien wurde ein ca. 100 000 Quadratkilometer umfassendes Gebiet mit 2,6 Millionen Einwohnern als »Herzogtum Warschau« herausgelöst. Damit verlor Preußen bis auf das Ermland seine Zugewinne. Danzig wurde eine »Freie Stadt«.
Zum Herzog von Warschau ernannte Napoleon Friedrich August von Sachsen, der auch nach der Mai-Verfassung von 1791 polnischer König geworden wäre. Sachsen gehörte zu den engsten Verbündeten Napoleons auf deutschem Gebiet. Die Verfassung des neuen Staates mit streng zentralistischem Aufbau nach französischem Vorbild wurde von Napoleon diktiert, der auch die Einführung des französischen Gesetzeswerkes, des Code Napoléon, veranlasste. Es wurde ein Ministerialkabinett und ein zu wählender Sejm eingerichtet, der alle drei Jahre tagen sollte. Der Adel stellte mit 60 Prozent die Mehrheit der Abgeordneten, das städtische Bürgertum verfügte über 40 Prozent der Sitze. Die Bauern hatten im Sejm keine Stimme, doch wurde ihnen persönliche Freiheit und die Aufhebung der Schollenbindung zugesichert. Ansonsten unterstand das Land den Bestimmungen eroberter Gebiete. Der Verlust des preußischen Staatsvermögens, das

Einzug der napoleonischen Truppen unter Joachim Murat in Warschau am 28. November 1806. Zeitgenössische Darstellung

nicht an das Herzogtum ging, sondern von Napoleon zugunsten Frankreichs eingezogen wurde, sowie hohe Abgaben ruinierten die Finanzen des Herzogtums. Die Truppen des Herzogtums wurden auf den Schlachtfeldern des napoleonischen Reiches bis hin nach Spanien und schließlich in den Kolonien eingesetzt – das Liebesverhältnis Napoleons zur Gräfin Maria Walewska während eines Aufenthaltes in Warschau im Jahr 1807 hatte leider keinen Einfluss auf diese Politik des Korsen.

Im Jahr 1809 erfolgte eine weitere Vergrößerung des Herzogtums, als Österreich der französischen Vormacht unterlag: Im Frieden von Schönbrunn mussten 45 000 Quadratkilometer mit den Städten Krakau, Lublin, Sandomierz und 1,5 Millionen Einwohnern an das Herzogtum abgetreten werden. An den Kämpfen gegen die Österreicher war auch die polnische Armee unter dem Minister Fürst Poniatowski beteiligt, dennoch erhielt das begehrte Gebiet um Tarnopol der russische Zar. Auch im Feldzug gegen Russland 1812 kämpften polnische Truppen an der Seite Napoleons. Als er im November Moskau räumen musste, sicherte ein

Rechte Seite, oben: General Dąbrowski zieht am 6. November 1806 in Posen ein

Rechte Seite, Mitte: Triumphbogen vor Warschau, errichtet anlässlich der Heimkehr der polnischen Truppen nach dem Feldzug gegen Österreich im Jahr 1809

Rechte Seite, unten: Der Tod des Fürsten Józef Poniatowski in der Völkerschlacht bei Leipzig, 1813

polnisches Heer unter General Dąbrowski die Flanke beim Übergang über die Beresina. Die Spitzen der Warschauer Verwaltung flohen vor den nachrückenden russischen Truppen über die deutschen Länder bis nach Frankreich. Preußen und Österreich schlossen sich dem siegreichen Russland an.

Der Wiener Kongress: Nationen ohne Staat *Das Herzogtum Warschau, mit Ausnahme der Provinzen und Distrikte, über die in den folgenden Artikeln anders verfügt ist, ist mit dem Kaiserreich Rußland vereinigt worden...* Damit war wiederum der größte Teil Polens unter russische Verwaltung gekommen, diesmal in Gestalt des »Königreichs Polen«.
Mit den Bestimmungen aus der Schlussakte des Wiener Kongresses vom 9. Juni 1815 hatten die nach dem Sturz Napoleons zusammengekommen europäischen Fürsten es geschafft, sowohl scheinbar das Nationalitätenprinzip zu beachten als auch die Wünsche und Forderungen der Siegermächte, allen voran die Russlands, Österreichs und Preußens, zu befriedigen. Gemessen am Gebiet Polens von 1772 erhielten Russland 82 Prozent, Österreich zehn Prozent, und Preußen acht Prozent.
Im Artikel zwei wurde dem preußischen König das Großherzogtum Posen übertragen. Es stand dem größeren (russischen) Königreich Polen gegenüber.
Der Artikel sechs bestimmte: *Die Stadt Krakau mit ihrem Territorium wird für immer unter den Schutz Russlands, Österreichs und Preußens zu einer freien, unabhängigen und völlig neutralen Stadt erklärt.*
Das wieder von Truppen der Teilungsmächte besetzte Polen war in Wien nicht direkt vertreten. Die dort gefundene Regelung für Polen ähnelte der Konstruktion des Deutschen Bundes, in dem ebenfalls – in hierarchischer Abstufung – zwei Hauptmächte, das österreichische Kaiserreich und das Königreich Preußen, die Vorherrschaft hatten. Jedoch handelte es sich in Deutschland nicht um eine Fremdherrschaft wie in Polen.
Das Großherzogtum Posen wie auch die Stadt Krakau und die Königreiche Galizien und Lodomerien lagen außerhalb des deutschen Bundesgebietes. Preußen und Österreich verfügten damit über deutsche und außerdeutsche Gebiete. Die Einheit der dreigeteilten polnischen Nation sollte nach den Vorstellungen des Wiener Kongresses durch freie Schifffahrt, freien Warenverkehr und Kontakte über die Grenzen aufrecht erhalten bleiben. Es war sogar geplant, diese Gemeinsamkeiten noch weiter zu führen: *Die Polen, Untertanen von Russland,*

Sitzung des Wiener Kongresses 1814/15. Kupferstich von Jean Godefroy

Österreich bzw. Preußen werden eine nationale Repräsentation und nationale Institutionen erhalten entsprechend der Art der politischen Existenz, welche jede der Regierungen, unter denen sie verbleiben, für nützlich und angemessen halten wird, ihnen zuzugestehen… (Meyer)

Die Prinzipien der Teilungsmächte Der preußische König Friedrich Wilhelm III. versprach in einem Allerhöchsten Zuruf an die Einwohner des Großherzogtums Posen vom 15. Mai 1815: *Ihr werdet meiner Monarchie einverleibt, ohne Eure Nationalität verleugnen zu dürfen. Ihr werdet an der Konstitution teilnehmen, welche ich Meinen getreuen Untertanen zu gewähren beabsichtige, und ihr werdet wie die übrigen Provinzen Meines Reiches eine provinzielle Verfassung erhalten… Eure persönlichen Rechte und Eigentum kehren wieder unter den Schutz der Gesetze zurück, zu deren Beratung Ihr künftig zugezogen werden sollt.* (Meyer)
Im Großherzogtum lebten im Jahr 1817 auf fast 30 000 Quadratkilometern ca. 550 000 mehrheitlich polnische Katholiken, ca. 240 000 zumeist deutsche

Rechte Seite: Fürst Radziwiłł wurde 1815 zum Statthalter Preußens in Posen berufen. Aquarellierte Zeichnung von Wilhelm Hensel, um 1812

Protestanten und ca. 53 000 Juden. Für letztere galt eine besondere Rechtsstellung bis 1847.

Fürst Anton Heinrich aus dem litauisch-polnischen Magnatengeschlecht Radziwiłł wurde 1815 zum ersten und einzigen Statthalter des Großherzogtums berufen. Als Mann von Prinzessin Luise von Preußen war er mit der königlich-preußischen Familie verschwägert. Er war ein musischer Fürst; so fand zum Beispiel seine Musik zu »Faust« die Zustimmung von Autor Johann Wolfgang von Goethe.

Auf Radziwiłłs Anregung hin hatte Freiherrn vom Stein, der Initiator der preußischen Reformen während der napoleonischen Zeit, in die Nassauer Denkschrift von 1807 aufgenommen, dass der polnischen Nation eine Verfassung gegeben werden sollte, *bei der ihr Nationalstolz beruhigt und ihr der Besitz ihrer Individualität gesichert* sei.

Bei der Einsetzung eines Statthalters wie auch im Verfassungsversprechen folgte Preußen dem russischen Vorbild.

Das russische Königreich Polen, das nun auch »Kongresspolen« genannt wurde, war mit knapp 127 000 Quadratkilometern und 3, 3 Millionen Einwohnern der wichtigste Teil Polens. Zar Alexander I. hatte in dem ihm übereigneten Gebiet General Zając̨zek als Statthalter berufen. Wie im preußischen, so sollte es im russischen Teil nur jeweils einen Träger dieser Amtsbezeichnung geben. Als militärischen Oberbefehlshaber der polnischen Armee hatte der Zar seinen Bruder, Großfürst Konstantin, bestellt.

Schon im Jahr 1815 bestätigte der Zar die vom Fürsten Czartoryski ausgearbeiteten *Grundsätze der Verfassung*, in der Elemente der vorangegangenen Verfassungen, der vom 3. Mai 1791 und der napoleonischen, enthalten waren. Ein erster Sejm trat im März 1818 zusammen. Zudem wurde ein Staatsrat und Verwaltungsrat mit polnischen Ministern gebildet. Die polnische Verwaltung engagierte sich stark für die Entwicklung des Gebietes. 1816 wurden in Warschau eine Universität und im Land weitere Hochschulen für Bergbau und Forstwirtschaft gegründet. Deutsche Siedler aus Schlesien und Posen wurden für den Ausbau der Agrarwirtschaft, aber besonders für die in Lodz und anderen Städten entstehende Textilindustrie angeworben. Die Bevölkerung von Lodz stieg in den zwanziger Jahren des 19. Jahrhunderts von 800 auf nahezu 5000 Einwohner. Nach einer Phase der Stagnation verlief die Entwicklung dann ab Mitte der dreißiger Jahre wieder sehr positiv. Die Textilherstellung wurde auf Baumwolle umgestellt und mechanisiert. Die Zuwanderung hielt an. Noch im Jahr 1864 waren von den 3725 qualifizierten Textilarbeitern der Region 352 aus Sachsen und 326 aus Preußen gebürtig, weitere 44 aus Hessen und 34 aus Baden. In dem an Oberschlesien angrenzenden Bereich von Dąbrowa Górnicza entstanden Kohle- und Hüttenwerke. Der Anteil an Zuwanderern betrug in der Bergarbeiterschaft in der ersten Hälfte des 19. Jahrhunderts ca. 16 Prozent. Absatz fanden die in den neuen Zentren produzierten Waren im weiten russischen Markt, der ab 1870 nicht mehr durch Zollschranken vom Königreich Polen getrennt war. Dies brachte für Lodz einen Bevölkerungsanstieg auf 320 000 Einwohner im Jahr 1897; die Bevölkerung von Warschau wuchs von 223 000 Einwohnern im Jahr 1864 auf 600 000 Einwohner im Jahr 1897.

Im österreichischen Polen, dem Königreich Galizien und Lodomerien, lebten 3,5 Millionen Einwohner, von denen 47 Prozent polnischer und 45 Prozent ruthenischer Nationalität waren. Der jüdische Anteil lag mit sechs Prozent höher als in den nördlichen und westlichen Landesteilen.

Die Donaumonarchie hatte mit der Wiederbelebung des Landtags ein Verfassungsorgan geschaffen, das traditionell aus den vier Ständen, der hohen Geistlichkeit, des Herrenstandes, des Adels und der Städte, zusammengesetzt war. Kulturell genoss Galizien mit der 1817 wiedereröffneten Universität Lemberg die größte Eigenständigkeit, wirtschaftlich blieb das Gebiet jedoch hinter den anderen Teilen des ehemaligen Polen zurück.

Der Novemberaufstand von 1830 Nach der Thronbesteigung von Zar Nikolaus I., dem Nachfolger Alexander I., im Jahr 1825, traten die starken Spannungen zwischen den Konservativen und den liberal-demokratischen Strömungen in Polen zutage.

Der im November 1830 in Warschau ausgebrochene Aufstand gegen die russische Vorherrschaft führte rasch zu einer Übernahme der Staatsgewalt in weiten Teilen Kongresspolens. Eine Nationalregierung wurde eingesetzt und im Januar 1831 die Dynastie Romanow für abgesetzt erklärt. Damit war eine Lösung des Konflikts über Verhandlungen unmöglich geworden. Im Februar 1831 traf eine russische Armee unter Graf Diebitsch in Polen ein, der es in mehren Schlachten gelang, den Widerstand zu brechen. Obwohl Diebitsch und der Großfürst Konstantin einer Choleraepidemie zum Opfer fielen, musste Warschau im September 1831 kapitulieren.

Oben: Fabrik und Fabrikantenvilla von Louis Geyer in Lodz, 1853

Unten: das Schloss Kurnik der Radziwiłłs. Perspektivische Ansicht von Karl Friedrich Schinkel. Mit dem Umbau des Schlosses nach Schinkels Entwürfen war 1830 begonnen worden

Links: Aufstand 1830, Aufbruch eines jungen Polen. Ölgemälde von Artur Grottger

Rechts: »Abschied der Polen vom Vaterlande« nach dem Scheitern des Aufstands 1831. Gemälde von Dietrich Monten, 1832

Auch wenn die blutigen Kämpfe auf das Königreich beschränkt blieben, waren ihre Auswirkungen doch in anderen Teilungsgebieten spürbar: Die in Wien beschlossenen Sonderrechte Polens erfuhren gravierende Veränderungen. Im Schulbezirk Wilna wurde Russisch als Unterrichtssprache eingeführt, und ab 1839 erfolgte die gesamte Schulaufsicht von St. Petersburg aus. Die Geistliche Akademie, Ausbildungstätte des katholischen Priesternachwuchses, wurde nach St. Petersburg verlegt. Auch die im Ostteil Polens verbreitete griechisch-unierte Kirche war starken Verfolgungen ausgesetzt. Da der Bruder des preußischen Statthalters, Fürst Michał Radziwiłł, als Oberbefehlshaber der Armee zu den Führern des Aufstandes gehört hatte, wurde Anton Radziwiłł aus Posen abberufen. Auch als der Aufstand beendet war, kehrte er dorthin nicht zurück. Nach seinem Tod im folgenden Jahr wurde das Amt nicht wieder besetzt.

Trotz russischer Forderung auf Auslieferung wurden die 27 000 auf preußisches Gebiet übergelaufenen polnischen Soldaten lediglich entwaffnet. Auch die rund 2500 preußischen Untertanen, die am Aufstand gegen Russland teilgenommen hatten, blieben straffrei. Eine Welle der Bewunderung und des Mitleids begleitete die Polen in Deutschland auf dem Weg nach Westen. In vielen Orten wurden Sammlungen für sie veranstaltet. Auf dem Hambacher Fest der deutschen Demokraten von 1832 wurden die Gruppe um Tadeusz Krępowiecki begeistert begrüßt, und Ludwig Uhland verfasste sein Gedicht »Mickiewicz« mit den berühmt gewordenen Strophen, die nebenstehend abgedruckt sind.

Uhland widmete das Gedicht Adam Mickiewicz, einem der bedeutendsten polnischen Schriftsteller. Nach dem Scheitern des Aufstandes war dieser zunächst in Dresden und ging noch 1832 nach Paris, dem Zentrum der polnischen Emigration. Im gleichen Jahr erschienen dort »Die Bücher der polnischen Nation und der polnischen Pilgerschaft«. Mit diesem Werk, in dem er dem Leiden des polnischen Volkes eine religiöse Dimension verlieh, wurde er zum geistigen Führer seiner Nation.

An der Weichsel fernem Strande
Tobt ein Kampf mit Donnerschall,
Weithin über deutsche Lande
Rollt er seinen Widerhall.
Schwert und Sense, scharfen Klanges,
Dringen her zu unsern Ohren,
Und der Ruf des Schlachtgesanges:
Noch ist Polen nicht verloren!

Und wir horchen und wir lauschen,
Stille waltet um und um,
Nur die trägen Wellen rauschen,
Und das weite Feld ist stumm;
Nur wie Sterbender Gestöhne,
Lufthauch durch gebrochne Hallen,
Hört man dumpfe Trauertöne:
Polen, Polen ist gefallen!...

Die preußische Polenpolitik verändert sich Das in den anderen Teilungsgebieten längst eingelöste Verfassungsversprechen wurde im Posener Gebiet über viele Jahre nicht realisiert. Allerdings waren viele Landrats- und Bürgermeisterposten mit alteingesessenen Polen besetzt, sodass es auf der unteren Ebene eine gewisse Repräsentation der polnischen Bevölkerung gab. Erst 1824/25 wurde in den preußischen Provinzen und dem Großherzogtum ein ständisch gegliederter Provinziallandtag eingeführt. Die Verhandlungen des aus 24 ritterschaftlichen, 16 städtischen und acht bäuerlichen Abgeordneten zusammengesetzten Landtages sollten sowohl in deutscher wie auch in polnischer Sprache geführt werden. Das einem Präsidenten vergleichbare Amt des Landtagsmarschalls hatte Fürst Sułkowski inne. Doch änderte sich bald die Einstellung der preußischen Administration gegenüber den polnischen Untertanen: Hatte der erste vom König eingesetzte Oberpräsident für Posen, Joseph Zerboni di Sposetti, bis zu seiner Ablösung im Jahr 1825 noch die vom Freiherrn vom Stein und Radziwiłł vertretene Politik der Achtung der polnischen Nationalität vertreten, setzte die Verwaltung nun auf eine – nur in größeren Zeiträumen mögliche – Änderung der Nationalitätenverhältnisse und die Angleichung des Posener Gebietes an die inneren Verhältnisse der anderen preußischen Provinzen.

Der polnische Dichter Adam Mickiewicz, 1851

Deutsche und polnische Nationalflaggen auf dem Hambacher Fest in der Pfalz vom 27. Mai 1832. Zeitgenössische Darstellung

Zu einem Konflikt war es schon 1824 im Kreis Kröben gekommen, als bei der Landtagswahl der Kandidat der Ritterschaft Jósef Krzyżanowski alle Stimmen erhielt. Krzyżanowski, Mitglied der verbotenen Patriotischen Gesellschaft (Towarzystwo Patriotyczne), befand sich in Haft und war deshalb als Kandidat nicht zugelassen worden. Auch bei der zweiten Wahl im Jahr 1827 blieb die Ritterschaft bei ihrem – wieder abgelehnten – Kandidaten und boykottierte die Wahl. Erst im sechsten Landtag, nach Krzyżanowskis Tod, saß ein erster gewählter Abgeordnete der Ritterschaft.

Vollstrecker einer sich verändernden preußischen Politik war der dritte Oberpräsident der Provinz, Eduard von Flottwell. Großen Erfolg hatte er bei der Organisation des Justizwesens, beim Ausbau der Verkehrswege sowie bei der Verbesserung bäuerlicher Verhältnisse. Bei der Durchsetzung antipolnischer Maßnahmen konnte er sich auf das deutsche Stadtbürgertum stützen, das er nach Kräften zu fördern suchte. 1833 wurde den Kreistagen das Recht genommen, Kandidaten für die Landratsposten vorzuschlagen, und 1832 wurde Deutsch zur alleinigen Behördensprache. Dies widersprach früheren Erklärungen; 1822 hatte der preußische Kultusminister Altenstein darauf hingewiesen, dass *Religion und Muttersprache die höchsten Heiligtümer* der Nation seien und auch in den Gymnasien die Gleichberechtigung der deutschen und polnischen Sprache angeordnet.

Doch verschwand die polnische Sprache nicht vollständig aus der Öffentlichkeit; als Gerichtssprache in Posen wurde sie ausdrücklich im Jahr 1839, als Unterrichtssprache noch 1842 anerkannt.

Unter Flottwell verschlechterte sich auch das Verhältnis zu den katholischen polnischen Untertanen, ausgelöst infolge einer Auseinandersetzung mit dem Erzbischof von Gnesen und Posen, Marcin von Dunin Sułgustowski. Dieser drängte auf die Einhaltung der Vorschriften der katholischen Kirche in der Frage der religiösen Kindererziehung in Ehen zwischen Protestanten und Katholiken; sie sah grundsätzlich eine katholische Erziehung vor. Nach der preußischen Gesetzgebung aber bestimmte der Ehemann die konfessionelle Zugehörigkeit. Dunin wurde am 23. Februar 1839 zu einer Haftstrafe verurteilt, die er in der Festung Kolberg verbüßen sollte. In der gleichen Sache musste der Erzbischof von Köln, Klemens August Freiherr Droste zu Vischering, Verweise, zeitweise Aufenthaltsbeschränkungen und Beugehaft in der Festung Minden hinnehmen.

Rechte Seite: Angriff polnischer Nationalisten auf preußische Sicherheitskräfte in Posen im März 1846. Zeitgenössische Darstellung

Der Königsplatz (heute: Platz der Republik) in Berlin mit dem Palais Raczyński im Jahr 1878. Das Palais wurde kurz darauf für die Errichtung des Reichstagsgebäudes abgerissen

Wie die Radziwiłłs waren auch andere polnische Hochadelsgeschlechter dem Preußentum verbunden. In beiden Kulturkreisen beheimatet fühlten sich zum Beispiel die Brüder Edward und Athanasius aus der Familie Raczyński. Graf Edward Raczyński ließ in Posen durch deutsche Künstler einen Bibliotheksbau sowie eine der polnischen christlichen Geschichte gewidmete Kapelle errichten. Die Förderung der polnischen Bildung gehörte zu seinen besonderen Anliegen, denn er vertrat die Auffassung, dass man auf diesem Gebiet in einen friedlichen Wettstreit treten sollte.

Edward Raczyński litt unter der Entfremdung gegenüber der Mehrheit seiner Landsleute. Er beging 1845 Selbstmord.

Sein Bruder, Graf Athanasius Raczyński, stand zeitweise im preußischen diplomatischen Dienst und verfasste unter anderem 1838 ein Werk über die Geschichte der neuen deutschen Kunst in französischer Sprache. In seinem Berliner Palais, wo er 1874 starb, hatte er Kunstateliers und Künstlerwohnungen eingerichtet. Das Grundstück erwarb nach Raczyńskis Tod das Deutsche Reich für den Bau des Reichstagsgebäudes.

1848 – Die Bürger Europas erheben sich Mit dem Tod König Friedrich Wilhelm III. im Jahr 1840 schien die antipolnische Politik im Großherzogtum zu

Ende zu gehen. Als Zeichen für die nun beginnende »Versöhnungsära« ließ der neue König, Friedrich Wilhelm IV., Erzbischof Dunin am 5. August 1840 im Triumph nach Posen zurückkehren, ohne dass dieser seine Meinung über die Mischehe geändert hätte. Dunin nahm im gleichen Jahr an den Krönungsfeierlichkeiten Friedrich Wilhelm IV. in Königsberg teil.
In Posen begründete 1841 der Arzt Dr. Karol Marcinkowski den »Verein zur Unterstützung der lernenden Jugend des Großherzogtums Posen«. Seine Bestrebungen gingen allerdings politisch weiter als die des Stifters der Posen'schen Bibliothek, Edward Graf Raczyński. Das von ihm ebenfalls 1838 gegründeten Hotel »Bazar« wurde zum Treffpunkt der von Marcinkowski beförderten »organischen Arbeit«. Dort trafen sich Konservative, Liberale und Demokraten ebenso wie Großgrundbesitzer, Kaufleute, Intellektuelle und Angehörige des katholischen Klerus. Es galt, alle polnisch gesinnten Kräfte zusammenzuführen und so politische und wirtschaftliche Interessen zu bündeln. Antipreußische Aktionen wurden von Marcinkowski abgelehnt. Seine Einrichtungen blieben legal. – Marcinkowski war bis zu seinem Tode Hausarzt des Oberpräsidenten, Adolf Graf Arnim-Boitzenburg.
Andere Gruppierungen gingen in ihren Zielen wesentlich weiter: Die 1832 in Frankreich gegründete »Polnische Demokratische Gesellschaft« (Towarzystwo Demokratyczne Polskie) erhob die Forderung nach *gemeinsamem Eigentum des Landes und seiner Früchte*. Ein fünfköpfiges »Posener Komitee« unter der Führung von Karol Libelt, der an der Berliner Universität Philosophie studierte, bereitete einen Aufstand vor. Als die Verschwörung im März 1845 aufflog, wurden neben Libelt auch der aus Frankreich gesandte Ludwik von Mierosławski und über hundert weitere Personen verhaftet. Den 1847 in Berlin-Moabit stattfindenden Prozess nutzten die Angeklagten dafür, ihre patriotischen Ziele mit großer Leidenschaft vorzutragen. Mierosławski und sieben weitere Angeklagte wurden zum Tode, Libelt und mehr als hundert andere zu hohen Haftstrafen verurteilt.

Die Polendebatte von 1848 Der von Ludwig Börne geprägte Begriff des *Völkerfrühlings* für die Zeit um 1848 wurde nirgends so begeistert aufgenommen wie in Polen.
Die Revolution von 1848 brach allerdings in Berlin früher aus als in Posen. Zu den spektakulären Ereignissen der ersten Phase gehörte die Befreiung der politischen Gefangenen, darunter Mierosławskis, am 20. März 1848. Geschmückt

Bracia polskie i niemieckie w Wielkiem Ksiestwie Poznańskiem!

Polacy!

Waszi Bracia z nasza pomocą z więzienia uwolnioni mówili przed kilka tygodniami do nas słowa natchnione i wyniosłe:

„Tylko z Niemcami dla wolnosci Polskiéj!"

Polacy! wiecie pewnie, że, jeżeli wspólczucia Niemiec dla sprawy waszéj wolnosci pozbawiliscie sie, grożny nieprzyjaciel wschodowy was na wieki ujarzmie. To wy nie chcecie, to my nie chcemy! Przeto daycie prętko pokój mnogim natarciom przeciw naszim braciom niemieckim; bo tylko tak nasze sympatye dla waszéj wolnosci wam odzyszczycie, tylko tak my wam pomożemy przeciw naszemu spólnemu nieprzyjacielowi. Lecz jeżeli postępujecie, narodowosć naszych braci niemieckich obrazic, wy nas przymuszecie, temu waszemu złośliwemu przedsięwzieciu z bronią w reke koniec położyć.

Niemcy!

Z wielkim gniewem mnogie srogósci słyszeliśmy, ktore Polacy wam zbroili, z zadziwieniem poznaliśmy wasza długocierpliwość, ktora dotad okazaliście. Zapewne także wy życzycie z radoscą Polakom wolnosć i niepodległość; ale jeżeli postepuja wasza narodowosc, waszą osobę i własnosc naruszac, nie dłużéj cierpcie tę zelzywosc, ale odpierajcie ją najpotężnie. Badzcie stalymi jako mezowie Niemieckie! Jedyne wolanie wasze nas wodzi na wasze rzedy, z wami dla prawa i wolnosci zwyciezyc albo umierac!

Sobór korpusu zbroynego Uniwersytetu Berlinskiego.

Dnia dwudziestego szóstego Kwietnia 1848.

Drukowano przy E. Litfass w Berlinie.

Polnische und deutsche Brüder im Großherzogthum Posen!

Polen!

Eure mit unserer Hülfe aus dem Gefängniß befreieten Brüder sprachen vor einigen Wochen zu uns die begeisterten Worte:

„Nur mit Deutschland zu Polens Freiheit!"

Polen! Ihr wißt gewiß, daß wenn Ihr Deutschlands Sympathien für Eure Sache der Freiheit verscherzt, wird Euch der drohende Feind im Osten auf ewig unterjochen. Das wollt Ihr nicht, das wollen wir nicht! Also thut schleunigst Einhalt den vielfachen Angriffen gegen unsere deutschen Brüder, denn nur dann werdet Ihr unsere Sympathien für Eure Freiheit und Unabhängigkeit Euch wieder erwerben, nur dann werden wir Euch beistehen gegen unsern gemeinsamen Feind. Fahret Ihr aber fort, die Nationalität unserer deutschen Brüder zu verletzen, so werdet Ihr uns zwingen, diesem Euren frevelhaften Unternehmen mit den Waffen in der Hand ein Ende zu machen.

Deutsche!

Mit innerster Entrüstung haben wir von den vielen Grausamkeiten gehört, die Polen an Euch verübt, mit Bewunderung haben wir Euern Langmuth erkannt, den Ihr bisher bewiesen! Gewiß gönnt auch Ihr mit Freuden den Polen Freiheit und Unabhängigkeit; aber, wenn sie fortfahren, Eure Nationalität, Eure Person und Eigenthum anzutasten, so duldet länger nicht diese Schmach, sondern weiset sie auf das Entschiedenste zurück! Stehet fest als deutsche Männer! ein Ruf von Euch wird uns in Eure Reihen führen, mit Euch für Recht und Freiheit zu siegen oder zu sterben! –

Die Versammlung des bewaffneten Corps der Berliner Universität am 26. April 1848.

Schnellpressen-Druck von E. Litfaß, in Berlin.

Oben: Abführung polnischer Edelleute in das Gefängnis von Posen. Zeitgenössische Darstellung

Unten: »Teilnehmer des polnischen Angriffes: ein Bauer aus Bnin, ein Holzschläger aus Kurnik und Trąpszyński als Anführer«. Zeitgenössische Darstellung

Rechts: Prozess gegen 190 Teilnehmer des polnischen Aufstands von 1846 im Sitzungssaal des Zellengefängnisses von Berlin-Moabit. Zeitgenössische Darstellung

Linke Seite: eine in der Berliner Universität verteilte Flugschrift, März 1848

mit einer deutschen und polnischen Fahne zog er unter großem Beifall durch Berlin. Vom Balkon der Universität Unter den Linden richtete er an die deutschen Revolutionäre den Appell, sich mit Polen gemeinsam gegen Russland zu wenden. König Friedrich Wilhelm IV. empfing die Deputierten, darunter Libelt, zu einer Audienz. Ebenfalls am 20. März bildete sich in Posen ein »Polnisches Nationalkomitee«. Zu gleicher Zeit begannen in den mittleren und östlichen Kreisen des Großherzogtums Ausschreitungen gegen Deutsche und Juden.
Solche Vorfälle dämpften in vielen Teilen Deutschlands die Polenbegeisterung. Im Sommer 1848 wurde in der Deutschen Konstituierenden Nationalversammlung in der Paulskirche zu Frankfurt darüber verhandelt, ob die Grenze des Deutschen Bundes nach Osten verschoben werden sollte. Nur einige linke Abgeordnete betonten das historisch begründete Recht der Polen auf Unabhängigkeit. Andere verlangten das nationale Selbstbestimmungsrecht der im Großherzogtum Posen lebenden Deutschen. Zu den prodeutschen Argumenten

Wichtige Verfassungsentscheidungen konnten in der Form eines »Union« genannten Vertrages festgeschrieben werden.
In der Union von Krewo verpflichtete sich Großfürst Jagiełło am 14. August 1384, gemeinsam mit seinem Haus, dem litauischen Adel und dem Volk das römische Christentum anzunehmen. Darüber hinaus mussten an Polen alle Gefangenen ausgeliefert und eine Entschädigung gezahlt werden.
König Zygmunt August, der letzte polnische König aus dem jagiellonischen Herrscherhaus, hatte keine leiblichen Erben. Um die Kontinuität der in der Personalunion verbundenen Staatengemeinschaft von Polen und Litauen zu sichern, garantierten die auf dem Sejm (Reichstag) von Lublin 1569 versammelten polnischen und litauischen Adligen drei Jahre vor dem Tod des Königs mit der Lubliner Union den »vereinten Doppelstaat« – die Krone Polen und das Großfürstentum Litauen – unter einem König. Beide Staatsteile behielten ihre besonderen Rechte bei.
1595 wurde in Brest nach längeren Verhandlungen, in die auch der Papst in Rom eingeschaltet worden war, die Union von Brest zwischen der orthodoxen Kirche im ukrainischen Landesteil und der römischen Kirche beschlossen. An die Stelle des Moskauer Patriarchats als Kirchenoberhaupt trat für diesen Teil der orthodoxen Kirche der Papst in Rom. In der unierten (griechisch-katholischen) Kirche wurden orthodoxe Traditionen, darunter Priesterehe und Liturgie, beibehalten. Stets von der Moskauer Kirche mit Argwohn betrachtet und zeitweilig verfolgt, besteht die unierte Kirche bis in die Gegenwart, vor allem in der Ukraine.

gesellte sich bald antipolnische Gesinnung: Die *Übermacht des deutschen Stammes gegen die meisten slawischen Stämme* (Abgeordnete Jordan) wurde angesprochen und der Antrag auf Einbeziehung des Großherzogtums Posen in den Deutschen Bund mit 341 gegen 31 Stimmen angenommen. Und der Schriftsteller Ernst Moritz Arndt behauptete *mit der richtenden Weltgeschichte vorweg: Die Polen und überhaupt der ganze slawonische Stamm sind geringhaltiger als die Deutschen und die deutschen Polennarren haben weder einen politischen noch einen geistigen und sittlichen Grund, die Kinder ihres Blutes des Polacken zu gefallen aufzuopfern...* (Pommerin)

Mit der Niederlage der deutschen Revolution schied im Jahr 1851 das Großherzogtum offiziell wieder aus dem Deutschen Bund aus.

In der Preußischen Nationalversammlung hatte es im Oktober 1848 ebenfalls eine Polendebatte gegeben. Den Bewohnern wurde der Erhalt *der ihnen bei der Verbindung mit dem preußischen Staat eingeräumten besonderen Rechte* zugesichert. In der im November 1849 angenommenen Verfassung fehlen entsprechende Regelungen. In beiden Häusern des preußischen Parlaments, dem Abgeordneten- und dem Herrenhaus, gab es von nun an polnische Abgeordnete, die sich in wechselnder Zusammensetzung im so genannten Polenklub untereinander abstimmten.

Anlass für eine erneute Verhärtung der Fronten sollte ein weiterer Aufstand im russischen Teilgebiet sein.

Die »Konvention Alvensleben« Es war kein völkerrechtlich bindender Vertrag, zu dessen Abschluss Gustav von Alvensleben im Februar des Jahres 1863 in die russische Hauptstadt St. Petersburg reiste. Alvensleben war auch kein Diplomat, sondern ein Militär, der Generaladjutant des preußischen Königs Wilhelm I., und somit Bindeglied zwischen dem Monarchen und dem preußischen Generalstab. Der preußische Ministerpräsident Otto von Bismarck hatte bereits früher mit dem General aus alter brandenburgisch-preußischer Familie über politisch-militärische Fragen korrespondiert. Auf seine Mission war Alvensleben durch Bismarck mündlich und schriftlich vorbereitet worden. Zum einen sollte er in Russland die Verbindungen polnischer Aufständischer nach Preußen erkunden, zum anderen aber als wichtigere Aufgabe: *... mit dem [russischen] Kaiser eine Verständigung über die Maßregeln anzubahnen, welche von beiden Regierungen gemeinschaftlich zur Unterdrückung des gegenwärtigen Aufstandes oder*

weiterer ähnlicher Vorgänge angewandt werden können. Der König, unser allergnädigster Herr, ist von der Überzeugung durchdrungen, dass die Interessen beider benachbarter Regierungen durch die polnische Schilderhebung gleichmäßig gefährdet sind, und dass jede Emanzipation des polnischen Elements von der Autorität des Kaisers ihre Wirkungen nicht auf die Grenzen des Königreiches Polen beschränken, sondern ebensosehr die Sicherheit der benachbarten königlichen Provinzen als diejenige der westlichen Gouvernements des Kaiserreiches gefährden wird. (Jeismann, Trzeciakowski)
Grund der Reise war ein erneuter polnischer Aufstand, der am 22. Januar im östlichen Teil Polens begonnen hatte und auf das unter der Herrschaft des russischen Zaren stehende Königreich Polen beschränkt blieb. Damit war zugleich die unter Zar Alexander II. begonnene Reformpolitik gescheitert, für die sich vor allem der polenfreundliche und liberale Statthalter Prinz Konstantin, ein Bruder des Zaren, einsetzte. Unter ihm gab es eine rein polnische Zivilregierung unter dem Grafen Alexander Wielopolski, ein unabhängiges polnisches Schulwesen und polnische Gouverneure in den einzelnen Landesteilen. Doch eine solche Autonomie war nach Zeiten der Repression von der Gruppe der »Roten« – verarmten Adligen, bürgerlichen Kreisen und Kleinbürgern – eher als Schwäche, denn als Fortschritt angesehen worden. Als angesichts ihres wachsendes Widerstands Wielopolski die Auflösung von oppositionellen Organisationen sowie Rekrutenaushebungen zum vieljährigen russischen Militärdienst anordnete, kam es zum Ausbruch der Gewalt.
Am 8. Februar des Jahres 1863 traf Alvensleben in der russischen Hauptstadt St. Petersburg den russischen Staatskanzler Fürst Alexander Gortschakow zur Unterzeichnung der Vereinbarung. Sie sollte, nach dem preußischen General als »Konvention Alvensleben« benannt, in die Geschichte eingehen: *Die Befehlshaber der russischen und preußischen Einheiten sind befugt, auf das Ersuchen des kommandierenden Generals der russischen Armee ... oder des ... Oberbefehlshaber de[r]... preußischen Korps oder auf Bitte der Grenzbehörden beider Länder hin, sich gegenseitig Hilfe zu leisten und im Bedarfsfalle die Grenze zu passieren, um die Rebellen zu verfolgen...*
Eine zusätzliche geheime Klausel des Vertrages enthielt die gegenseitige Verpflichtung, dem Vertragspartner, *alle Anzeichen mitzuteilen, die auf politische Machenschaften bezüglich des Königreiches Polen oder des Großherzogtums Posen hindeuten.* (Jeismann, Trzeciakowski)

General Gustav von Alvensleben, um 1860

Der Erhebung im Januar 1863 fehlte trotz guter Organisation die aktive Unterstützung durch die Massen. Anders als im Novemberaufstand von 1830 verhielten sich die Bauern abwartend. So kam es zu keinen großen Zusammenstößen, doch sorgten die in kleinen Verbänden unerwartet auftauchenden Rebellen für Verwirrung unter den russischen Truppen.

Dem erst kurz zuvor in das Amt des preußischen Ministerpräsidenten gewechselten Otto von Bismarck ging es in dem Abkommen nicht vordergründig um eine gemeinsame Militärplanung mit Russland. Er hatte vor allem eine Auffrischung der vernachlässigten preußisch-russischen Beziehungen im Sinn, in deren Mittelpunkt das Vorgehen gegen den polnischen Widerstand stehen sollte. Die polnische Nationalbewegung, ihr Kampf gegen die Fremdherrschaft gefährdete des Status quo im östlichen Mitteleuropa und zwang die beiden Hauptteilungsmächte zum gemeinsamen Handeln. Auch wenn eine Konvention in militärischer Hinsicht infolge der jüngsten russischen Erfolge gegen die Aufständischen zunächst nicht notwendig schien, war sie doch ein politischer Erfolg.

Bemerkenswert ist, dass entgegen der preußischen Verwaltungspraxis dieser Zeit in der Konvention nicht von der »Provinz«, sondern staatsrechtlich korrekt vom »Großherzogtum« Posen die Rede ist. Die faktische Eingliederung in den preußischen Staatsverband war völkerrechtlich nicht vollzogen. Als nach der Niederschlagung des Aufstandes von 1863 die russische Seite das Gebiet des Königreichs zum »Weichsel-Gouvernement« erklärte, verschwand die Bezeichnung »Großherzogtum« endgültig. Ab 1866 hatte sich zudem infolge des preußisch-österreichischen Krieges eine andere Situation ergeben: Der Deutsche Bund wurde aufgelöst und ein neuer Bundesstaat, der Norddeutsche Bund unter preußischer Führung gebildet. Die Provinz Posen galt als integraler Bestandteil dieses neuen Staates.

Für Galizien hatte der preußische Sieg über Österreich von 1866 ebenfalls erhebliche Folgen: So wie im Gebiet östlich der Leitha im Rahmen des Ausgleichs die politische Gewalt an die Ungarn übergeben wurde, ersetzte man im österreichischen Polen nun deutsche Beamte durch Polen. Dabei engagierte sich hier vor allem der Statthalter von Galizien (1849–59, 1866–67, 1871–75) Agenor Graf Gołuchowski, der 1859/60 auch österreichischer Innenminister war.

Reichsgründung 1871: Die Auseinandersetzungen verstärken sich Unter Einbeziehung der im Krieg gegen Frankreich 1870/71 verbündeten süddeutschen Staaten bildete Bismarck aus dem Norddeutschen Bund im Januar 1871 das Deutsche Reich als deutschen Nationalstaat. In dem nun vergrößerten Reich bildeten die Polen eine im Verhältnis zum deutschen Staatsvolk kleine Minderheit. Trotzdem hegte Bismarck die Befürchtung, dass es weiterhin Schwierigkeiten mit ihr geben könne. Hatte doch der preußische militärische Erfolg gegen Österreich in Galizien zu einer deutlichen Verstärkung des polnischen Einflusses geführt: *Ich habe das Gefühl, dass auf den Gebiete unserer polnischen Provinzen der Boden unter uns, wenn er heut noch nicht wankt, doch so unterhöhlt wird, dass er einbrechen kann, sobald sich auswärts eine polnisch-katholisch österreichische Politik entwickeln kann.* So schrieb der Reichskanzler an den preußischen Innenminister Graf Eulenburg am 7. Februar 1872. In Preußen und in dem maßgeblich von ihm begründeten größeren Deutschen Reich ab 1871 bemühte sich Bismarck, ein national, politisch und auch in religiöser Hinsicht einheitlich gestaltetes Staatswesen zu schaffen und Sonderentwicklungen auszuschalten. Mit Unterstützung der national-deutsch und protestantisch, nationalliberal bis konservativ gesinnten Mehrheit sollten sich die Minderheiten zu der Staatsauffassung der Mehrheit bekehren. Als im preußischen Abgeordnetenhaus Bismarck schroff erklärte, dass die Polen im preußischen Staatsgebiet *zu keinem anderen Volke, als zu dem der Preußen* gehörten, antwortete der Sprecher der polnischen Fraktion: *Wir wollen, meine Herren, bis Gott anders über uns bestimmt hat, unter preußischer Herrschaft bleiben, aber dem Deutschen Reich wollen wir nicht einverleibt sein.*

In dem bereits zitierten Brief an den Innenminister deutete Bismarck *Vorsichtsmaßregeln, die ich gegenüber der in jedem der nächsten Jahre möglichen Eventualitäten für unabweisbar notwendig halte* an.

Zu den Schritten gehörte das preußische Schulaufsichtgesetz von 1872, mit dem der Einfluss des katholischen, in den Ostprovinzen mehrheitlich polnischen Klerus auf die Schulen zurückgedrängt werden sollte. Im Oktober des folgenden Jahres erklärte der Oberpräsident der Provinz Posen Deutsch zur alleinigen Schulsprache. Lediglich Religion konnte noch in polnischer Sprache unterrichtet werden.

Trotz wachsender Feindschaft gegen die Kirche in der Staatsverwaltung blieb der Erzbischof von Gnesen und Posen, Mieczysław Halka von Ledóchowski, zunächst loyal und stimmte sogar der weitergehenden Forderung zu, den Religionsunterricht in den oberen Klassen der Gymnasien auch in Deutsch zu halten.

Das Rathaus von Posen. Im 16. Jahrhundert umgestaltet, zählt es zu den schönsten Renaissancebauten in Mitteleuropa

Linke Seite: Otto von Bismarck eine Rede haltend. Gemälde von Anton von Werner, 1888

Als die gegen die katholische Kirche und die traditionelle Ausbildung der Geistlichkeit gerichteten so genannten Maigesetze des Jahres 1873 das Parlament passierten, ignorierten der Erzbischof wie seine deutschen Amtsbrüder im Westen diese jedoch. Geldstrafen, die Schließung des Priester- und des Pastoralseminars der Erzdiözese folgten. Ledóchowski wurde zu Geld- und schließlich auch zu einer Haftstrafe verurteilt. Als erster preußischer Bischof musste er im Februar 1874 eine zweijährigen Gefängnisstrafe antreten. Zusätzlich wurde sein persönliches Vermögen gepfändet und er schließlich für abgesetzt erklärt. Der Kulturkampf war in voller Schärfe entbrannt.

Papst Pius IX. erhob den Erzbischof während der Haftzeit im März 1875 zum Kardinal und setzte so ein Zeichen der Solidarität. Nach der Verbüßung der Strafe fand Ledóchowski im Februar 1876 an der päpstlichen Kurie in Rom ein neues Wirkungsfeld. Die preußische Staatsbürgerschaft wurde ihm entzogen. Sein Nachfolger in Posen wurde nach seinem erst 1886 erfolgten Verzicht Julius Dinder, ein aus dem ostpreußischen Ermland gebürtiger Deutscher.

Der Kulturkampf brachte den Stimmungsumschwung nicht nur in Posen, sondern auch in den anderen von katholischen Polen bewohnten Teilen des Reiches, vor allem in Oberschlesien und in Pommerellen. Man war sich nun in allen Bevölkerungsschichten in der Ablehnung Preußen-Deutschlands einig. Die deutsche Bildung, die bis dahin durchaus positiv bewertet worden war, sah man nun als Machtmittel zur Unterdrückung sowohl der Nationalität wie des Glaubens an. Der Kampf um die Sprache wurde zum Kampf um die nationale Identität und nun auch um das religiöse Bekenntnis.

Die Assimilation scheitert Die Provinz Posen wies nur einen geringen Industrialisierungsgrad auf. Eine erste Maschinenfabrik in der Provinzhauptstadt war 1857 von Hipolit Cegielski gegründet worden, doch nur wenige solcher Betriebe folgten. Erfolgreicher war man mit dem Ausbau der Verkehrswege, dem Bau von Straßen und Eisenbahnlinien. 1848 war eine erste Strecke von Posen über Kreuz nach Stettin angelegt worden. 1851–1857 folgte die Ostbahn als Verbindung zwischen Ostpreußen und Berlin, 1856 die von Posen nach Breslau, und ab 1870 gab es von Posen über Schneidemühl eine weitere Linie nach Pommern. Vor allem im letzten Jahrzehnt des 19. Jahrhunderts verdichtete sich das Verkehrsnetz. Polen aus Kongresspolen und Galizien ermöglichte die ökonomische Entwicklung in der Provinz eine bessere wirtschaftliche Existenz, sodass

Bei seinem Versuch, die politischen Kräfte im Deutschen Reich auf seine Linie zu führen, stieß der Reichskanzler und preußische Ministerpräsident Otto von Bismarck bei den katholischen »ultramontanen« Gruppierungen auf Widerstand. Nachdem er zuvor die Katholische Abteilung im preußischen Kultusministerium aufgehoben hatte, wurden mit den im Mai 1873 veröffentlichten so genannten Maigesetzen die Ausbildung und Einstellung von Geistlichen unter Staatsaufsicht gestellt und die kirchliche Disziplinargewalt eingeschränkt.
Neben weiteren gegen die kirchliche Arbeit gerichteten Gesetzen wurde 1875 die Einstellung der staatlichen Leistungen für die Kirche wie auch die Aufhebung aller nicht in der Krankenpflege tätigen Orden und Kongregationen festgelegt. Reichsgesetzliche Vorschriften wie der »Kanzelparagraph« öffneten den Behörden durch schwammige Vorschriften die Möglichkeit zum Einschreiten gegen missliebige Priester, die sich in der Kirche zu politischen Themen äußerten. Ausweisungen wurden möglich.
Die Führung der Kirche in den Rheinlanden wie in Schlesien und Posen ignorierte zunächst die Maigesetze. Erzbischof Mieczysław Halka von Ledóchowski von Gnesen wurde zu Geldstrafen, schließlich zu einer zweijährigen Gefängnisstrafe verurteilt; das Priesterseminar wurde geschlossen. Nach der Entlassung aus der Haft ging Ledóchowski nach Rom, sein Amt wurde zunächst nicht wieder besetzt.
Die gewünschte politische Disziplinierung erreichte Bismarck mit diesen Maßnahmen allerdings nicht, vielmehr verstärkte sich der Widerstand, weshalb in den neunziger Jahren viele der Kulturkampfgesetze wieder zurückgenommen wurden.

…bge-
…katho-
…Pius IX.

sich viele hier niederließen. Als die preußische Verwaltung Maßnahmen gegen den Rückgang des Anteils der deutschen Bevölkerung in der Provinz Posen erwog, stand die – rechtlich mögliche – Entfernung der ausländischen Staatsangehörigen polnischer Nationalität an erster Stelle. 1885 wurde mit der Ausweisung zugewanderter Polen begonnen. Bis 1887 wurden durch die »rugi Pruskie«, die preußischen Vertreibungen, nahezu 26 000 Menschen gezwungen, nach Russland oder Österreich zurückzukehren. Und das, obwohl es auf den großen Gütern des deutschen Reiches einen hohen Bedarf an landwirtschaftlichen Arbeitern gab. In der Erntezeit wurden neben preußischen Polen auch galizische und kongresspolnische Saisonkräfte dringend benötigt. Die Interessen der preußischen Bürokratie, unter der die Ausweisungen rigoros durchgeführt wurden, und die Forderungen der deutschen Besitzer großer Güter nach billigen Arbeitskräften aus dem Osten standen sich hier diametral gegenüber.

Parallel zu den Ausweisungen erwog man im preußischen Landwirtschaftsministerium auch die Sesshaftmachung deutscher Ansiedler. Das »Gesetz betreffend die Beförderung deutscher Ansiedelungen in den Provinzen Westpreußen und Posen« vom 26. April 1886 sah vor, *zur Stärkung des deutschen Elementes in den Provinzen Westpreußen und Posen gegen polonisierende Bestrebungen durch Ansiedelung deutscher Bauern und Arbeiter* Grundstücke zu erwerben und für Siedler vorzubereiten. Als Ankaufssumme hatte Bismarck zunächst 10 Millionen Reichsmark vorgeschlagen. Bewilligt wurden sofort 100 Millionen. Diese Summe sollte bis zum Ersten Weltkrieg auf 500 Millionen Reichsmark ansteigen. Eine besondere Ansiedlungskommission nahm ihre Arbeit auf. Die Ausgangsposition aus deutscher Sicht schien günstig zu sein: Zwischen 1848 und 1878 war der Anteil des polnischen Großgrundbesitzes (das heißt Besitzungen über 150 Hektar) in der Provinz Posen von 950 000 auf 700 000 Hektar zurückgegangen; der deutsche Anteil im gleichen Zeitraum auf 850 000 Hektar angewachsen. Bei den bäuerlichen Besitzungen lag der deutsche Anteil mit 600 000 Hektar deutlich niedriger als der polnische mit 650 000 Hektar. Das Ziel war klar: Auch im Bereich des bäuerlichen Besitzes sollten die Verhältnisse nachhaltig zu Gunsten der deutschen Seite verändert werden.

Polnische Selbsthilfeorganisationen Bereits die Sprachenfrage, dann aber vor allem der Kulturkampf hatten die polnische Landbevölkerung politisiert.

Ein preußischer Landpolizist verliest polnischen Landarbeitern einen Ausweisungsbefehl. Gemälde von Wojciech Kossak

Der Organisator des polnischen Bauernwesens, Maximilian Jackowski, konnte zwischen 1873 und 1877 über hundert lokale Bauernvereine gründen. Einen Aufschwung erlebte auch das maßgeblich durch den Geistlichen Szamarczewski nach deutschem Vorbild geschaffene Genossenschaftswesen. Allein 1873 entstanden 14 Genossenschaften. Auch in den kulturellen Bereich kam Bewegung. 1880 entstand ein Verband der Volksbibliotheken, 1893 der Verband der Sokoł-Vereine. Damit existierten bereits wesentliche Bestandteile eines polnischen Netzwerkes, bevor 1886 mit der Gründung der Ansiedlungskommission Siedlungsaktivitäten begannen. Ihnen begegnete die polnische Seite mit der Gründung einer Bank, die von den polnischen Genossenschaften als Verband getragen wurde (Bank Związku). Der polnische Adel beteiligte sich an der Gründung der ebenfalls in Posen ansässigen Bank Ziemski. Polnische Grundbesitzer verkauften ihre Güter und Parzellen nun hauptsächlich über die polnischen Banken; der Ansiedlungskommission verblieb der Ankauf und die Parzellierung des veräußerten deutschen Grundbesitzes.
In der aufgeheizten Stimmung wurden nun sogar Fragen des Alltags, die Entscheidung über den Einkauf und die Wahl der Gaststätte zur nationalen Frage.

Der deutsch gesinnte Handelsstand in den kleineren Städten verlor einen Teil der polnischen Kundschaft. Auswanderung war die Folge.
Das Ansiedelungsgesetz hatte gegen die Stimmen des katholischen Zentrums, des linksliberalen Freisinns und der Polen die parlamentarischen Hürden genommen. Wie bereits die vorangegangenen Maßnahmen des Kulturkampfes und die Sprachenverfügung führte auch das Ansiedlungsgesetz unter den Polen der anderen Teilungsgebiete zu heftigen Protesten. Aus Warschau berichtete der deutsche Generalkonsul: *Man ist hier fürchterlich ergrimmt unter den Polen. Die Russen freuen sich, dass wir zur Stunde unpopulärer sind als sie.* (Broszat)
Die Entlassung Bismarcks im Jahr 1890 und der Antritt des Reichskanzlers und preußischen Ministerpräsidenten Georg Leo Graf von Caprivi brachte eine kurze Entspannungsphase in der Nationalitätenpolitik. Sogar die vorher so kontrovers beurteilten Bestimmungen über den Gebrauch der deutschen Sprache im Religionsunterricht wurden zurückgenommen. Um so härter traf die Beteiligten der abermalige Umschwung um die Jahrhundertwende. Die neuerlichen Auseinandersetzungen begannen in der Stadt Wreschen: Von den ca. 5000 Bewohnern zählte man ca. 70 Prozent zur polnischen Bevölkerungsgruppe. Als zu Beginn des Schuljahres 1901 der zuständige Kreisschulinspektor erneut den alleinigen Gebrauch der deutschen Sprache im Religionsunterricht anordnete, verweigerten Schüler und Eltern die Disziplin, es kam zu einem Schulstreik. Als 1906 für weitere 200 Volksschulen die deutsche Sprache im Religionsunterricht verbindlich wurde, streikten ca. 48 000 Schüler an 755 Schulen. Gegen den Schulstreik, der zur Massenbewegung geworden war und nun auch Schlesien, Pommerellen und das Ermland erfasste, ging die Staatsverwaltung mit harten disziplinarischen Maßnahmen vor.
Unzufriedenheit in der Provinz machte sich allerdings nicht nur unter den Polen breit, sondern auch unter den Verfechtern einer schnellen Germanisierung. Sie organisierten sich zum Teil in dem überall im Reich vertretenen »Alldeutschen Verband« und bildeten darüber hinaus 1894 eine eigene Organisation, den »Ostmarkenverein«, der eine umfangreiche publizistische Tätigkeit entfaltete. Gründer waren die Gutsbesitzer Ferdinand von Hansemann, Hermann Kennemann und Heinrich von Tiedemann, die nach den Anfangsbuchstaben der Familiennamen auch »Hakatisten« genannt wurden. Ihnen gehörte ansehnlicher Grundbesitz: Ökonomierat Kennemann die Herrschaft Klenka im Kreis Jarotschin mit 20789 Hektar Land, Ferdinand von Hansemann das Gut Pempowo

mit 3093 Hektar, und Heinrich von Tiedemann der Mittelpunkt Seeheim mit 2092 Hektar.
Eine Klammer zwischen dem Alldeutschen Verband und dem Ostmarkenverein bildete der bei der Ansiedelungskommission in Posen tätige Alfred Hugenberg. Durch die sich daraus ergebenden guten Verbindungen zur Verwaltung und aufgrund des Wohlwollens höchster Regierungskreise vermochte die Gruppierung zeitweise einigen Einfluss auszuüben. Nach ihrer Auffassung hatte sich das Ansiedelungsgesetz längst als wenig tauglich zur Veränderung der Nationalitätenverhältnisse gezeigt. Zwischen 1896 und 1904 waren durch die Ansiedlungskommission wie auch private Siedlungstätigkeit mit großem Aufwand knapp 25 000 neue Bauernstellen (Durchschnittsgröße 9 ha) entstanden. Die polnischen Selbsthilfeorganisationen hatten im gleichen Zeitraum knapp 35 500 Stellen (Durchschnittsgröße 4,5 ha) begründen können.
Vor allem Hugenberg war als Vortragender Rat bei der Ausarbeitung neuer Vorschriften beteiligt, durch die der polnische Einfluss zurückgedrängt werden sollte. Dazu gehörte in erster Linie das Enteignungsgesetz, das unter bestimmten Umständen die Enteignung eines polnischen Grundbesitzers – gegen Entschädigung – ermöglichte. Eine Rechtsgrundlage zur Expropriation ausschließlich der polnischer Grundbesitzer wurde mit Recht als Ausnahmegesetz gesehen und bereits in der Entstehungszeit von den Konservativen, dem katholischen Zentrum und der Linken politisch bekämpft. Das Gesetz erlangte 1908 Gültigkeit, angewendet wurde es allerdings selten. Doch allein seine Existenz hat das noch auf polnischer Seite verbliebene Vertrauen in den deutschen Rechtsstaat und seine Rechtssicherheit unterhöhlt.
Bereits zuvor war es den Behörden möglich, die Neuansiedlung polnischer Kolonisten zu verhindern: aufgrund des Feuerstättengesetzes von 1904, nach dem neue Wohnhäuser nur noch mit besonderer Genehmigung errichtet werden durften. – In ganz Polen bekannt wurde damals der Bauer Michał Drzymała, als er dieses Gesetz durch eine List umging: In einem von Zigeunern erworbenen Wohnwagen lebte er auf seinem eigenen Grund und wurde so einer Art Symbol für den Widerstand gegen die Willkür der preußischen Verwaltung.
Als einen Angriff auf ihre nationale Identität empfanden die Polen auch die Umbenennung der Stadt Inowrocław in »Hohensalza« und die Äußerungen Kaiser Wilhelm II., der mehrfach Posen besuchte und sich in der Stadt eine repräsentative Residenz errichten ließ. Anlässlich seines Besuches im Jahre 1902

Die preußische Mustersiedlung Neu-Zabikowo in der Provinz Posen. Das Vereinshaus des Vaterländischen Frauenvereins, 1910

Werbepostkarte des Deutschen Ostmarkenvereins, um 1900

Die führenden Persönlichkeiten des Ostmarkenvereins, die so genannten Hakatisten:
Hermann Kennemann
Ferdinand von Hansemann
Heinrich von Tiedemann

Ansicht der Residenz Kaiser Wilhelm II. in Posen. Die so genannte Pfalz, errichtet nach Plänen von Fritz Schwechten, wurde im August 1910 eingeweiht

»Geht nur ins Kohlengebiet – da ist Platz für euch alle. Hier wird jetzt germanisiert!« Karikatur aus »Der wahre Jacob«, 1912

bemerkte der Publizist Maximilian Harden, dessen Bruder Richard Witting Oberbürgermeister von Posen war: *Parade, Zapfenstreich, Denkmalsenthüllungen, Museumsweihe, Diners, Einzug und Auszug, von früh bis spät konnte sich die Schaulust weiden ... Am dritten Tag sagte er: wir befinden uns hier in einer treuen deutschen Stadt. Dass die Stadt Posen viel mehr polnisch als deutsch ist, konnte während der Festtage das schärfste Augen nicht merken ... Und dieselben Beamten, die wochenlang mit der Inszenierung des Manöverfestes beschäftigt waren, werden wieder vor die Aufgabe gestellt, ihre Volksgenossen gegen die wachsende Kraft der jungen polnischen Bourgeoisie zu schützen.* (Pommerin/Uhlmann)

Letztendlich blieben aber alle deutschen Aktivitäten erfolglos. Der Anteil der Deutschen an der Gesamtbevölkerung in der Provinz Posen sank weiterhin, da die von der Ansiedlungskommission ausgewählten Neusiedler zum überwiegenden Teil selbst aus der Provinz kamen.

Der 1900 erschienene Roman Henryk Sienkiewiczs »Krzyżacy« (»Kreuzritter«) mit der glorifizierenden Darstellung der polnischen Geschichte des Mittelalters

Achtung! Achtung!
Bergarbeiterstreik!
In dem hiesigen Revier befinden sich die Berg- und Fabrikarbeiter in einem Lohnkampf!
Kameraden, Arbeitsbrüder! Fallt den kämpfenden Bergarbeitern nicht in den Rücken!! Nehmt keine Arbeit auf!!
Uebt Solidarität, Gerechtigkeit und Brüderlichkeit!

Baczność! Baczność!
Strejk górników!
W tutejszym rewirze znajdują się górnicy i robotnicy fabryczni we walce zarobkowej.
Robotnicy! Nie zdradzajcie walczących o lepszy byt górników! Nie przyjmujcie pracy kopalnianej! Trzymajcie się solidarności, sprawiedliwości i braterstwa!

Flugblatt in Deutsch und Polnisch. Senftenberg 1897

und der Karikierung der Ordensritter als verschlagene Deutsche, traf die patriotische Stimmung in der Provinz nachhaltig. Die Schlacht bei Grunwald von 1410, in der die Ritter des Deutschen Ordens den vereinten polnischen und litauischen Truppen unterlegen waren, wurde zum Symbol des Widerstands gegen Deutschland. 1910 zogen vor allem junge Polen nach Ostpreußen, um bei Grunwald der Schlacht zu gedenken. Allerdings stieß ihre Aktion dort auf wenig Gegenliebe. Die Einheimischen, polnisch sprechende Masuren evangelischer Konfession, fühlten sich den protestantischen Preußen offenbar stärker verbunden als den polnischen Patrioten und sprengten die Versammlung durch das Singen preußisch-patriotischer Lieder. Auf mehr Resonanz stießen solche Feiern im österreichischen Teilungsgebiet.
Die Auseinandersetzungen zwischen der deutschen Verwaltung und den Polen in der Provinz Posen während der Zeit des Kulturkampfes prägten das politische Verständnis der folgenden Generation und ihrer Protagonisten wie Roman Dmowski und Józef Piłsudski. Vor allem Dmowski, der in Warschau lebende Führer der bürgerlichen Nationaldemokratischen Partei, sah in Deutschland den Hauptfeind. In seinem 1908 erschienenen Buch: »Deutschland, Russland und die polnische Frage« führte er aus: *Aus dem Niedergang Polens erwuchs die Macht Preußens, um das sich herum das heutige Deutschland gruppierte – die Erneuerung Polens jedoch … wäre ein Damm gegen die deutsche Eroberung im Osten und würde die führende Rolle beschneiden, die die Preußen im Deutschen Reich spielen. Infolgedessen ist sich die preußische Politik bewusst, dass es zwischen ihr und den Polen keinen Kompromiss gibt…* (Beder/Boradzije) Und er stellt weiterhin fest: *In den zu Preußen gehörenden Gebieten ist das geistige Niveau der Massen des polnischen Volkstums höher als irgend sonst und die nationale Energie hat dort ihren höchsten Grad erreicht … Das lange Ringen mit einem zivilisatorisch überlegenen Gegner hat die Polen dieser Provinz zu hohen Anstrengungen gezwungen … Der Germanismus hat heute aufgehört Fortschritte zu machen und sogar angefangen, zurückzugehen.* (Broszat)
Die Armut der Landbevölkerung, die sich durch eine Agrarkrise Ende der siebziger Jahre noch verstärkt hatte, zwang viele Landarbeiter dazu, ihre Heimat zu verlassen. Betroffen waren davon sowohl Deutsche als auch Polen. Zunächst zog es vor allem die deutsche Bevölkerung der agrarischen Provinzen in die neuen Industriegebiete an Rhein, Ruhr, in Oberschlesien oder nach Berlin, wo sie in den Kohlegruben und Fabriken Arbeit fanden. Die Polen versuchten

zunächst noch im Land unterzukommen – als Arbeiter, die sich eher in christlichen Verbänden als in sozialistischen Gewerkschaften organisierten, waren sie bei zahlreichen Arbeitgebern, darunter der Königlich Preußischen Eisenbahnverwaltung, besonders gern gesehen. Auch durch den Ausbau der Verkehrswege gab es in der Provinz noch zahlreiche Beschäftigungsmöglichkeiten. Als sich die wirtschaftliche Lage auf dem Land jedoch weiter verschlechterte, sahen sich auch viele der Polen zur Auswanderung gezwungen: Bis 1914 waren es mehr als 3,6 Millionen. Die meisten emigrierten in die USA (2,6 Millionen). Nach Südamerika gingen 200 000, in andere europäische Ländern 100 000, nach Russland 300 000 und in das mittlere und westliche Deutschland ca. 400 000.

Der Erste Weltkrieg Als im August 1914 der Erste Weltkrieg ausbrach, standen sich die einstmals vertraglich verbundenen Teilungsmächte als Feinde gegenüber: Das mit Österreich-Ungarn verbündete Deutsche Reich kämpfte gegen das zaristische Russland. Der polnische Raum wurde zum Schauplatz militärischer Auseinandersetzungen. Angesichts der Tatsache, dass nach mehr als 130 Jahren der Teilung die Allianz der negativen Polenpolitik zerbrochen war, stellten sich die politischen Führer der polnischen Nationalbewegung, Dmowski und Piłsudski, die Frage nach künftigen Bündnispartnern. Ihre Antworten fielen höchst unterschiedlich aus. Schon in seinem 1908 erschienenen Buch vertrat Dmowski die Auffassung, dass der Schlüssel zur Lösung der polnischen Frage in russischer Hand läge und von dort aus der Wiederaufbau der Staatlichkeit erfolgen sollte. Ein enger Vertrauter Piłsudskis, Witold Jodko-Narkiewicz, hatte hingegen im gleichen Jahr geschrieben: *In Russland werden unsere Nationalität, unsere Kultur und unser Gewissen auf die schärfste, rücksichtsloseste und barbarische Art und Weise unterdrückt ... Ein Sieg Österreichs würde für unsere Nationalität, unsere Kultur und unser Freiheitsstreben Voraussetzungen schaffen, die unendlich günstiger wären, als die derzeitigen.*
Weniger wahrscheinlich ist es, dass das Königreich oder ein bedeutender Teil davon unter deutsche Herrschaft gerät. Sollte dies aber eintreten, würde dies in bedeutendem Maße die Lebensbedingungen unserer Landsleute im preußischen Teilungsgebiet verbessern. Piłsudski war mit der 1892 in Paris gegründeten polnischen Arbeiterpartei (PPS) verbunden und registrierte aufmerksam die Fortschritte, die gerade in Galizien beim Ausgleich zwischen den Völkerschaften und deren

Linke Seite: Polnische Soldaten während des Ersten Weltkriegs nach dem Einmarsch in Posen. Das Hotel »Bazar« war ein traditioneller Treffpunkt der Polen im preußischen Posen. Gemälde von Leon Wróblewski

Józef Piłsudski befehligte im Ersten Weltkrieg die polnischen Truppen auf Seiten der Mittelmächte, wurde aber später von den Deutschen inhaftiert und erst im November 1918 wieder frei gelassen. Gemälde von Jacek Malczewski

politischer Repräsentanz im beginnenden 20. Jahrhundert erreicht worden waren. Für eine kurze Zeit gehörte Rosa Luxemburg dieser Partei an.

Unter der Versicherung, die Interessen der polnischen Nation zu vertreten, bemühten sich die kriegführenden Mächte, die Polen jeweils auf ihre Seite zu ziehen. Zehn Tage nach Kriegsausbruch, am 14. August, verkündete Großfürst Nikolaj als Oberbefehlshaber der russischen Armee Polens Wiedergeburt *frei in seinem Glauben, seiner Sprache und Selbstverwaltung*. Die verbündete deutsche und österreichische Militärführung verhieß bereits wenige Tage zuvor die *Befreiung vom moskowitischen Joch*, ferner *Unabhängigkeit, Glaubensfreiheit und Achtung vor der Religion, die von den Russen so grausam unterdrückt worden ist*. Beide Seiten blieben konkrete Vorschläge jedoch schuldig. Die neuen Grenzen sollten jeweils auf Kosten des Gegners gezogen werden. Das Polen Dmowskis sollte daher weit nach Westen unter Einbeziehung großer Teile der östlichen preußischen Provinzen reichen. Im Oktober 1918 präzisierte Dmowski das von ihm gewünschte Territorium: Im Westen sollten die Provinzen Westpreußen und Posen, Teile Ostpreußens und Oberschlesien einschließlich Teilen des österreichischen Schlesien dazugehören. Diese Variante erhielt später im Andenken an die frühmittelalterlichen Herrscher von Polen die Bezeichnung »piastisches« Polen. Piłsudski hielt hingegen einen weiten Streifen im Osten für unverzichtbar. Während Dmowski von einem ethnisch eindeutig polnischen Staat ausging, siedelten im »jagellionischen« Staat, den Piłsudski erträumte, viele weitere ethnische Gruppen wie Litauer, Weißrussen Ukrainer und Russen.

Pläne für ein Polen der Zukunft Schon Ende August 1914 wurden die nach Ostpreußen eingedrungenen russischen Einheiten von der deutschen Armee vernichtend geschlagen. Obwohl die Kämpfe vorwiegend bei Hohenstein stattfanden, wählte Erich Ludendorff vom Generalstab des kaiserlichen Generals Hindenburg den geschichtsträchtigen Namen Tannenberg als Bezeichnung für das weiträumige Schlachtfeld – eine Name, der wohl auch als ein Kommentar zur polnischen Nationalbewegung verstanden wurde.

Weniger erfolgreich verliefen zunächst die österreichischen Militäraktionen in Galizien, auf die Piłsudski hoffte. Auch sein Versuch, einen Aufstand im russischen Teil anzufachen, missglückte. Die Österreicher verloren noch 1914 Lemberg. Angesichts der österreichischen Schwäche gewannen die von Piłsudski aufgestellten militärischen Verbände für die Kriegführung an Bedeutung. Im Sommer 1915 konnten die russischen Linien durchbrochen und das russische Polen besetzt werden. Im August 1915 wurde ein deutsches Generalgouvernement in Warschau unter der Leitung des Generals von Beseler und im Oktober ein österreichisches Militärgouvernement in Lublin eingerichtet. Dmowski sah sich daraufhin gezwungen, gemeinsam mit den russischen Truppen Warschau zu verlassen. Über St. Petersburg, Finnland und Schweden gelangte er in die Schweiz.

Im November 1915 öffnete die deutsche Militärverwaltung die Warschauer Universität, erlaubte im Generalgouvernement den Gebrauch der polnischen Sprache und gewährte den Schulen eine gewisse Selbstverwaltung. Dabei blieb es vorerst. Erst am 5. November 1916 wurde in einer deutsch-österreichischen Proklamation die Wiederherstellung eines polnischen Staates als erbliche Monarchie mit eigener Verfassung zugesichert. Auch eine eigene Armee war vorgesehen. Piłsudski, der eine polnische Miliz geschaffen hatte, wurde als Referent für Militärfragen in den Provisorischen Staatsrat berufen. Als er jedoch die von

deutscher Seite geforderte polnische Waffenhilfe von politischen Zugeständnissen abhängig machte, wurde er verhaftet und bis zum Ende des Krieges in der Festung Magdeburg festgehalten.
Trotz aller Zweideutigkeit und nur vager Versprechungen seitens der deutschen Militäradministration wurden mit der unter einem dreiköpfigen Regentschaftsrat arbeitenden polnischen Verwaltung Grundlagen für die spätere Staatlichkeit gelegt. Die deutsche Militärverwaltung hatte ihre Glaubwürdigkeit allerdings eingebüßt.
Den Polen blieb die Anlehnung an die westlichen Alliierten. In den Vereinigten Staaten, die 1917 in den Krieg eintraten, gelang es dem international bekannten Musiker Ignacy Paderewski, mit Präsident Wilson Kontakt aufzunehmen. Am 8. Januar 1918 fixierte Wilson die Kriegsziele der USA in den »Vierzehn Punkten«; in Punkt dreizehn forderte er die Errichtung eines Staates mit unbestreitbar polnischer Bevölkerung und dem Zugang zum Meer.
Zu diesem Zeitpunkt hatten sich Verhältnisse im Osten infolge der Russischen Oktoberrevolution grundlegend geändert. Zu den Friedensverhandlungen von Brest-Litowsk im Januar 1918 waren auf sowjetischen Wunsch jedoch keine polnischen Vertreter geladen, da das »Königreich Polen« von den Bolschewisten nicht anerkannt wurde. Das in Warschau gebildete Kabinett hatte ebenfalls im Januar den österreichischen Kaiser Karl zum König von Polen wählen lassen.
Von wesentlich größerer Bedeutung für die Zukunft Polens wurde allerdings das 1917 von Dmowski in Lausanne gegründete und in Paris ansässige polnische Nationalkomitee.
Einen Tag vor der deutschen Kapitulation, am 8. November 1918, wurde Piłsudski aus der Magdeburger Haft entlassen und unter der Begleitung des Diplomaten Harry Graf Kessler nach Warschau gebracht.

Die Entwaffnung der Deutschen vor dem Gebäude des Militär-Oberkommandos auf dem Sächsischen Platz in Warschau am 11. November 1918. Gemälde von Stanisław Bagieński, 1939

III

FEINDSCHAFT, FANATISMUS, VERNICHTUNG

Aufstand in der Apokalypse

Die deutsche Niederlage *Deutschland erkennt wie die alliierten und assoziierten Mächte es bereits getan haben, die völlige Unabhängigkeit Polens an und verzichtet zugunsten Polens auf alle Rechte und Ansprüche auf das Gebiet ... Soweit die Grenzen durch den gegenwärtigen Vertrag nicht festgelegt sind, werden sie von den alliierten und assoziierten Hauptmächten später bestimmt. Ein aus sieben Mitgliedern zusammengesetzter Ausschuss, von denen fünf durch die alliierten und assoziierten Hauptmächte, eines von Deutschland und eines von Polen ernannt werden, tritt zwei Wochen nach Inkrafttreten des gegenwärtigen Vertrages zusammen, um an Ort und Stelle die Grenzen zwischen Polen und Deutschland festzulegen...* (Pommerin/Uhlmann), heißt es im Abschnitt VII, Artikel 87 des Versailler Vertrages, der als Friedensvertrag vom Deutschen Reich angenommen und am 16. Juli 1919 im Reichsgesetzblatt als deutsches Gesetz publiziert wurde. Die völkerrechtlich verbindliche Anerkennung des polnischen Staates und seiner Grenzen gehörten zu den Bedingungen des Friedensschlusses.

Die Jahre 1917 und 1918 wurden zu Schicksalsjahren der Teilungsmächte Russland, Österreich und des Deutschen Reiches. Ihr Verlust der polnischen Landesteile ging einher mit einer grundsätzlichen Veränderung des Staatswesens und der gesamten politischen Landschaft in Europa. In ihm wird es den neu erstehenden polnischen Staat wenig mehr als zwei Jahrzehnte geben.

Im Gegensatz zu den sich vom westlichen Kriegsschauplatz zurückziehenden Truppen schienen die von der Obersten Heeresleitung Ost (Oberost) geführten Truppen des Deutschen Reiches im Jahre 1918, dem letzten Jahr des Ersten Weltkriegs, noch in einer günstigen Lage zu sein. Begünstigt durch die russische Niederlage und die sich anschließende bolschewistische Revolution im Oktober (eigentlich November) 1917, hatte die deutsche Seite ihre Forderungen in großem Umfang durchsetzen können. Bei den Friedensverhandlungen von Brest-Litowsk im Januar 1918 waren allerdings – auf Wunsch der sowjetischen Seite – keine polnischen Vertreter anwesend, da das »Königreich Polen« von ihr nicht anerkannt wurde. Das Vorgehen der Sowjets gegen die polnische Oberschicht in den von ihnen beherrschten Gebieten und die dadurch verursachte Ablehnung des russischen Weges schien für die deutsche Besatzungsmacht Garantie dafür zu sein, dass Polen ihr eng verbündet blieb.

Der Warschauer Regentschaftsrat (Fürst Zedisław Lubomirski, Erzbischof Kakowski von Warschau, Graf Józef Ostrowski) hatte weitere Schritte zur eigenen Staatlichkeit unternommen: Es wurde ein Kabinett mit einem Ministerpräsidenten und Ministern berufen. Ohne Rücksprache mit den Deutschen wurde im Januar 1918 von Kabinett und Regentschaftsrat der Beschluss zur Wahl des österreichischen Kaisers Karl zum König von Polen gefasst. Das Einvernehmen mit den Mittelmächten endete, als im Friedensvertrag des Deutschen Reiches und Österreich-Ungarns mit der Ukraine vom 9. Februar 1918 das von Polen beanspruchte Gebiet von Cholm der Ukraine zugeschlagen wurde.

Die westlichen Alliierten hatten sich inzwischen – anders als die Mittelmächte – vorbehaltlos für einen zukünftigen polnischen Staat ausgesprochen. Mit ihnen hielt das 1917 von Roman Dmowski in Lausanne gegründete und in Paris ansässige polnische Nationalkomitee Kontakt. Einem Teil der polnischen Streitkräfte unter Oberst Haller gelang über Murmansk der Übergang von den Mittelmächten an die Seite der Westalliierten.

Im Lande selbst proklamierte der Regentschaftsrat in Warschau am 7. Oktober 1918 die Schaffung eines politisch und wirtschaftlich unabhängigen polnischen Staates, er begann mit der Vorbereitung der Ausarbeitung einer Verfassung und einer auf demokratischen Prinzipien beruhenden Wahlordnung.

Die Kriegslage hatte sich mittlerweile für die deutsch-österreichische Seite dramatisch verschlechtert. Aus Furcht vor unkontrollierten Aufständen hatte die deutsche Seite dem Warschauer Regentschaftsrat einen großen Freiraum zugestanden. Als nach dem Zusammenbruch des österreichischen Verbündeten am 6. November 1918 Oberst Edward Rydz-Śmigły einen Putsch inszenieren konnte, der mit der Ernennung einer provisorischen Volksregierung endete, verharrte der Regentschaftsrat in Ablehnung. So wurde die dringende Forderung des Rates, den schon im Oktober zum Kriegsminister ernannten und noch

Wojciech Korfanty (Mitte), polnischer Abstimmungskommissar für Oberschlesien

immer in Magdeburger Festungshaft befindlichen Józef Piłsudski zum Amtsantritt nach Warschau reisen zu lassen, nach etlichem Zögern doch erfüllt: Einen Tag vor der deutschen Kapitulation, am 8. November 1918, wurde Piłsudski aus der Magdeburger Haft entlassen und in Begleitung des Diplomaten Harry Graf Kessler nach Berlin gebracht. Am 10. November traf Piłsudski in einem Sonderzug in Warschau ein, übernahm am folgenden Tag, dem 11. November, den Oberbefehl über die polnischen Truppen und regelte den deutschen Abzug. Der 11. November ist noch heute einer der beiden Nationalfeiertage in Polen.

Nach der am 9. November in Deutschland ausgebrochenen Revolution hatten sich nun auch in den im Osten stationierten deutschen Armeen revolutionäre Soldatenräte gebildet. Ihnen übertrug General von Beseler die Befehlsgewalt; er verließ mit seinem Stab – auf einem Schiff, das ihm Piłsudski zur Verfügung gestellt hatte – die polnische Hauptstadt. Die deutsche Militärmacht war zusammengebrochen. Der an die Stelle von Oberost getretene Oberste Soldatenrat war nicht an Herrschaftsausübung, sondern an der geordneten Zurückführung der deutschen Truppen in die Heimat interessiert. Die Macht im Lande war an den Regentschaftsrat übergangen. Am 14. November 1918 gab dieser

Linke Seite, oben: Roman Dmowski. Mit seiner Vorstellung von einem polnischen Nationalstaat war er ein politischer Gegenspieler Piłsudskis

Linke Seite, unten: Józef Piłsudski bei seiner Ankunft in Warschau

seinerseits die Macht im Lande an Piłsudski weiter und löste sich auf. Als man Piłsudski auch in Lublin anerkannte, war eine breite Basis für die Regierung im neuen Polen geschaffen.
Die Erosion der vorher scheinbar so fest gefügten preußisch-deutschen Machtstellung ergriff nun auch die Provinz Posen. Die vereinigten polnischen Fraktionen des Reichstages und des Preußischen Landtags bildeten am 14. November 1918 einen Obersten Volksrat, in dem der schlesische Reichstagsabgeordnete Wojciech Korfanty bald zur führenden Kraft wurde. Der Volksrat arbeitete in den östlichen Landesteilen Preußens mit den örtlichen, oft aus Polen gebildeten Arbeiter- und Soldatenräten zusammen. In Posen war er von den nationaldemokratischen, zu Dmowski hinneigenden Abgeordneten (Wojciech Korfanty, Wojciech Trąmpczyński, Marian Seyda) dominiert. Vom 3. bis 5. November 1918 hatte in Posen ein oberster Volksrat getagt. Das von diesem Volksrat gebildete Kommissariat hatte weitgehende Exekutivgewalt. Die deutsche Verwaltung in Posen unter Oberpräsident von Eisenhart-Rothe bemühte sich vor allem, den militärischen Rückzug der Deutschen sicherzustellen. Als der sowohl als Musikvirtuose wie als Staatsmann bedeutende Ignacy Paderewski am 27. Dezember 1918 Posen besuchte, brach ein polnischer Aufstand aus. Er wurde von den Anhängern Piłsudskis und der von diesem geführten POW (Polska Organizacja Wojskowa: Polnische Militärorganisation) getragen. Der Oberste Volksrat übertrug Wojciech Trąmpczyński die Aufgaben eines Ober- und Regierungspräsidenten. Damit endete in Posen die preußische Zeit. Angesichts der polnischen Gebietsansprüche rief die Berliner Reichsregierung am 7. Januar 1919 zur Bildung von Grenzschutzeinheiten auf. Als nach kurzen Kämpfen im Februar 1919 eine Demarkationslinie festgelegt wurde, stand der größte Teil der Provinz unter polnischer Hoheit.

Polen ist wiedererstanden Als erste auswärtige Macht nahm am 14. November 1918 das zu diesem Zeitpunkt vom Rat der Volksbeauftragten regierte Deutsche Reich mit dem neuen Staat Polen diplomatische Beziehungen auf und ernannte Harry Graf Kessler zum ersten Gesandten in Warschau. Wenn auch die ersten außenpolitischen Beziehungen zwischen den Nachbarn bald wieder abgebrochen wurden, erkannten nun andere Staaten Polen an, so am 30. Januar 1919 die Vereinigten Staaten von Amerika. Doch hatte der nun definitiv wiedererstandene polnische Staat noch keine verbindlich festgelegten Außengrenzen.

Ignacy Paderewski, weltberühmter Pianist und polnischer Politiker, mit seiner Frau und seiner Sekretärin

Das jüdische Viertel in Wilna in den zwanziger Jahren

Daher war es möglich, dass in manchen ehemalig preußischen Gebieten während des Jahres 1919 sowohl Wahlen zur Deutschen Verfassungsgebenden Nationalversammlung wie auch zum sich konstituierenden Sejm stattfanden. Noch im November 1918 hatten in Wilna litauische und in Lemberg ukrainische Nationalisten die Macht übernommen, bevor Truppen Sowjetrusslands auch dort weite Gebiete eroberten. Im Februar 1919 wurde eine »Sozialistische Sowjetrepublik Litauen und Weißrussland« proklamiert. Die litauischen Nationalisten lehnten die polnischen Vorschläge einer Föderation mit Polen scharf ab und beanspruchten ihrerseits polnisches Gebiet. Zur gleichen Zeit rückten polnische Truppen zeitweise bis Kiew vor, bevor auch sie von der Roten Armee zurückgeworfen wurden. Der sowjetische Vorstoß konnte jedoch an der Weichsel aufgehalten werden.

Nach erneuten polnischen Geländegewinnen wurde im August 1920 eine Linie im mehrheitlich ukrainisch und weißrussisch besiedelten Gebiet, jedoch westlich der Ostgrenze des polnischen Königreiches von 1772 festgelegt. Auch Wilna konnte am 9. Oktober 1920 genommen werden. Die zuvor im Rahmen der Versailler Verträge vom britischen Außenminister Lord Curzon erbrachten

Im Verlauf einer Woche, vom 16. bis 25. August 1920, gelang es den von Piłsudski befehligten polnischen Truppen, die vor Warschau stehende Rote Armee zu schlagen. Der Angriff hatte einen nach Tag Mariä Himmelfahrt begonnen, und bis heute glauben viele Polen, dass ihr Land dieses Wunder an der Weichsel der Fürsprache der Gottesmutter Maria zu verdanken habe – im Juli 1920 hatten sich die von den revolutionären russischen Truppen bedrohten polnischen Bischöfe in Jasna Góra versammelt, um dort für einen Sieg zu beten.
Der katholische Glauben hatte für das polnische Volk immer einen hohen Stellenwert. So übernahm der Erzbischof von Gnesen, seit dem 15. Jahrhundert Primas von Polen und Litauen, von 1573 an auch das Amt des Interrex und damit die Funktionen des weltlichen Herrschers in der Zeit nach dessen Tod bis zum Amtsantritt des gewählten neuen Königs.
Von besonderer Bedeutung ist seit dem Mittelalter die Verehrung der Gottesmutter Maria, deren geistlicher Mittelpunkt das Kloster Jasna Góra bei Częstochawa (Tschenstochau) wurde. Im Jahre 1655 war es auf die Fürsprache Marias hin nach einer vierzigtägigen Belagerung durch die Schweden im Ersten Nordischen Krieg (»Krieg der blutigen Sintflut«) gerettet worden. Im darauffolgenden Jahr erklärte König Jan Kazimierz Maria zur »Königin der Krone Polens« – über den Herrschenden stehend und Schutzherrin der Polen bis heute.
Das Kloster in Częstochawa, wo sich das Bild der Schwarzen Madonna befindet, ist noch immer Wallfahrtsort für die polnischen Katholiken; Papst Johannes Paul II. besuchte ihn zum letzten Mal im August 2002.

Vorschläge die Ostgrenze Polens betreffend, waren nicht akzeptiert worden. Probleme gab es auch um das zuvor im österreichischen Schlesien gelegene Teschener Gebiet, das sowohl von Polen wie auch von der entstehenden tschechoslowakischen Republik beansprucht wurde. Der Konflikt zwischen den beiden neu entstandenen Staaten wurde durch eine Kompromissentscheidung im Juli 1921 beigelegt: Das Flüsschen Olsa bildete nun die Grenze zwischen beiden Staaten, die Stadt Teschen wurde geteilt.
In den Verhandlungen über einen Frieden mit den besiegten Mittelmächten – dem Deutschen Reich und den Nachfolgestaaten Österreich-Ungarns –, die im siegreichen Frankreich stattfanden, wurden die polnischen Interessen von Roman Dmowski vertreten. Er leitete die am 12. Januar 1919 gebildete polnische Delegation. Im Gegensatz zu Piłsudski, der die Idee eines weit nach Osten ausgreifenden Staatenbundes mit Litauern, Weißrussen und Ukrainern vertrat, hatte Dmowski stets einen polnischen Nationalstaat gefordert, den er wesentlich auf dem Gebiet und auf Kosten der preußischen Ostgebiete schaffen wollte. Der Gegensatz dieser beiden Konzeptionen für das zukünftige Polen war durch den Ausgang des Ersten Weltkriegs und die sich danach eröffnenden Möglichkeiten überdeckt worden. Zwischen Dmowski und Piłsudski ist es sogar zu einer Art Arbeitsteilung gekommen: Piłsudski bemühte sich von Warschau aus, soviel wie möglich von den »jagiellonischen« östlichen Gebieten durch militärische Gewalt in den neuen Staat einzubeziehen, während Dmowski als Diplomat die Chancen zur Verwirklichung seiner Konzeption am Verhandlungstisch wahrzunehmen suchte. Er forderte die Abtretung von ganz Oberschlesien und angrenzender schlesischer Landesteile, die Provinzen Posen und Westpreußen mit Danzig sowie das südliche Ostpreußen und die östlichen Teile Pommerns. Neben den Siedlungsgebieten der Polen in der ehemaligen Provinz Posen und Westpreußen sowie den polnischsprachigen Masuren in Ostpreußen, waren auch die Räume der in Oberschlesien Wasserpolnisch, in Ostpommern Kaschubisch sprechenden Bewohner als polnisch bezeichnet und beansprucht worden. Insgesamt umfasste das Gebiet mit rund 84 000 Quadratkilometern auch angrenzende deutsch besiedelte Landesteile, deren Eindeutschung »rückgängig« gemacht werden sollte. Gleichzeitig mit dem Recht auf die Eingliederung eingedeutschter Landesteile wurde für das von Piłsudski eroberte Gebiet umgekehrt die Polonisierung der Litauer, Weißrussen und Ukrainer von polnischer Seite als Argument gebraucht. Die Doppelzüngigkeit der polnischen Argumentation kostete Polen

Der Pole

ist arbeitsam,

ist freiheitsliebend und tapfer gegen seine Unterdrücker und Blutsauger,

ist edelmütig, denn er beläßt uns sogar Berlin,

sodaß die schönsten Hoffnungen für dieses wieder aufblühende, geeinte Volk berechtigt sind.

vor allem in England Sympathien und lieferte im Deutschen Reich Argumente für die revanchistische Propaganda.

Ergebnis des Versailler Vertrags Die Sympathie, die vor allem die Siegermacht Frankreich Polen gegenüber zeigte, hatte zwar nicht zur Folge, dass Polen alle seine territorialen Vorstellungen realisieren konnte, doch erhielt es auf Kosten des Deutschen Reiches alle mehrheitlich polnisch besiedelten Gebiete und wichtigen Städte – auch wenn in ihnen deutsche Mehrheiten lebten – und Zugang zur Ostsee. Widerstand gegen die Erfüllung aller polnischen Wünsche kam vor allem von englischer Seite, während Frankreich die polnischen Aspirationen unterstützte. Der britische Premierminister Lloyd George hatte am 19. März 1919 eindringlich davor gewarnt, mit dem Bestehen auf Maximalforderungen eine deutsche Gegenbewegung hervorzurufen und damit die *Saat eines künftigen Krieges* zu legen. Die Ergebnisse der Grenzziehung schließlich, wie sie im Versailler Vertrag vom 28. Juni festgelegt wurden, befriedigten weder die polnische noch die deutsche Seite: Polen erhielt 43 000 Quadratkilometer, die mehrheitlich polnischen Kreise der Provinzen Posen und Westpreußen und einen Teil Oberschlesiens zugesprochen. Für Danzig wurde der Status einer Freien Stadt unter der Aufsicht des nun eingerichteten Völkerbundes errichtet. Der Zugang zur Ostsee wurde Polen durch einen breiten Landstreifen entlang der Weichsel, den »Korridor«, ermöglicht. Zugleich trennte dieser Korridor das bei Deutschland verbliebene Ostpreußen vom übrigen Deutschen Reich.
Sowohl Polen als auch Deutschland waren mit dem erzielten Ergebnis unzufrieden: Paderewski, der Polen auf den Friedensverhandlungen vertrat, nannte den Spruch *einen grausamen Schlag*. Die deutsche Seite erregte sich über den das Land spaltenden Korridor und die Trennung der überwiegend deutschen Stadt Danzig vom Staatsgebiet des Deutschen Reiches.
Zu der von polnischer Seite geforderten Einbeziehung Danzigs war es nun nicht gekommen, doch blieb die gebildete Freie Stadt Danzig mit den Stadtkreisen Danzig und Zoppot sowie drei Landkreisen mit insgesamt knapp 400 000 Einwohnern auf einer Fläche von knapp 2000 Quadratkilometern für sich kaum lebensfähig. Unter der Aufsicht des Völkerbundes, der einen Hohen Kommissar in den Freistaat entsandte, wurden eine Verfassung ausgearbeitet sowie Parlament (der Volkstag) und Regierung (der Senat) installiert. Die Vertretung des Freistaates nach außen war Polen vorbehalten. Ein im Oktober 1921 von Polen

Die Karikaturen, 1919 veröffentlicht in der deutschen satirischen Zeitschrift »Kladderadatsch«, verweisen auf die Vorurteile der Deutschen gegenüber den Polen

mit Danzig geschlossenes Abkommen regelte die Einbeziehung des Freistaates in das polnische Zollgebiet, besondere Rechte Polens am Hafen sowie die Zulassung der polnischen Post neben der des Freistaates. Das Polen zugestandene Munitionslager auf der Halbinsel Westerplatte wurde 1924 eingerichtet.
Der Danziger Hafen, Grund für die Sonderstellung der Stadt, wurde nur kurze Zeit intensiv von Polen genutzt. 1923 begann die Regierung Sikorski mit dem Ausbau eines am Ausgang des Korridors zur Ostsee, westlich von Danzig gelegenen neuen Hafens in dem vormaligen Fischerdorf Gdingen. Als Grund für den Ausbau wurde der Streik der Danziger Hafenarbeiter während des polnisch-sowjetischen Krieges 1920 genannt, der die polnische Kohleausfuhr gelähmt hatte. Das nicht an einer Binnenwasserstraße gelegene Gdingen erhielt 1933 eine Eisenbahnverbindung, die »Kohlenmagistrale«. Die Errichtung sowohl des Hafens als auch der Eisenbahnverbindung war durch erhebliche französische Finanzhilfen ermöglicht geworden. Der Güterumschlag betrug schon 1928 zwei Millionen Tonnen und überflügelte 1933 den Güterumschlag Danzigs. Der neue Hafen wurde zu einer eigenen Stadt, sie zählte1930 bereits 35 000 Einwohner.

Optanten und Minderheitenrechte In den nun polnisch gewordenen Gebieten der ehemaligen preußischen Provinzen Westpreußen (ohne Danzig) und Posen lebten bei Kriegsende rund 1,1 Millionen Deutsche. Ihre Zahl ging in der Folgezeit um zwei Drittel zurück. Damit war der Anteil der Deutschen an der Gesamtbevölkerung von 42,5 Prozent auf nunmehr 12,5 Prozent gefallen. Die Gründe dafür waren vielfältig. Bereits bei der polnischen Inbesitznahme hatten viele Deutsche, Angehörige des sehr umfangreichen Militärapparates, Beamte und andere öffentlich Bedienstete das polnisch gewordene Land panikartig verlassen. Für eine weitere Bevölkerungsgruppe, die vornehmlich in den größeren Städten ansässig war und für Militär und Beamtenschaft Dienstleistungen erbracht hatte, blieb aus wirtschaftlichen Gründen kein anderer Weg, als für Deutschland zu optieren und dorthin auszuwandern. Das dem Versailler Vertrag folgende Minderheitenschutzabkommen sah die Möglichkeit vor, sich für den einen oder anderen Staat zu entscheiden, für ihn zu optieren. Wer für die deutsche Staatsbürgerschaft optierte, aber in Polen blieb, stand in Polen unter Ausländerrecht. Die in Polen bestehende Militärpflicht, die Konfiskation des preußischen Domänenbesitzes, eine Landreform, die nun polnischerseits deutsche Besitzer benachteiligte, und Unklarheit über den im letzten Jahrzehnt deutscher

Oben: Der polnische Hafen Gdingen wurde in den zwanziger Jahren errichtet, bereits 1930 übertrafen seine Umschlagzahlen die des Danziger Hafens. Aufnahme von 1935

Unten: Eingang zum polnischen Postgebäude in der Freien Stadt Danzig

Rechte Seite, oben: Deutsche Kinder vor einer Wohlfahrtsstelle

Rechte Seite, unten: Jüdische Händler auf dem Markt von Lodz

Herrschaft erworbenen Land- und Hausbesitz sowie die – freilich im Reich ebenfalls existierende – unsichere Wirtschaftslage taten ein Übriges. Die polnische Seite verstärkte den Druck auf die Angehörigen des ehemaligen Staatsvolkes, das nun in eine Minderheitensituation geraten war. Insgesamt verließen rund 600 000 Deutsche die ehemalige preußische Provinz, vor allem wanderte die städtische Bevölkerung ab. In der Provinzhauptstadt Posen betrug der deutsche Bevölkerungsanteil unter preußischer Herrschaft 41 Prozent; 1931 lag er nur noch bei rund drei Prozent. Ab auch aus den ländlichen Gebieten Westpreußens, die jetzt an Polen gefallen waren, aus Pommerellen, wanderten bis zum Jahr 1926 ca. 260 000 Deutsche ab. Der Anteil der Deutschen betrug dort noch 12,5 Prozent.

Der rasche Rückgang der deutschen Bevölkerung in Polen ist freilich nicht allein auf polnische Zwangsmaßnahmen zurückzuführen. Die Ostmarkenpolitik mit ihren massiven Subventionen hatte manchen in die Ostprovinzen gelockt, der für sich in Polen nun keine Perspektive mehr sah und lediglich auf die für die Optanten für Deutschland in Aussicht gestellten Entschädigungen hoffen konnte. Die Optanten erhielten die Möglichkeit, ihre bewegliche Habe wie auch Immobilien und Grundbesitz zu verkaufen.

Die verbliebenen Deutschen fanden sich jetzt im Kreis anderer Minderheiten: der Weißrussen, der Ukrainer und der ebenfalls dazu zählenden jüdischen Bevölkerung. Dennoch war dies nicht die von Piłsudski verfolgte Vision eines übernationalen Staatenverbandes. Laut einer Statistik von 1931 dominierten die Polen als weitaus größte Bevölkerungsgruppe mit knapp 22 Millionen Einwohnern oder 70 Prozent. Die Ukrainer bildeten zu diesem Zeitpunkt mit 4,8 Millionen (15 Prozent) die zahlenmäßig stärkste Minderheit, gefolgt von den Juden, zu denen 2,7 Millionen Einwohner (8,5 Prozent) zählten, und den Weißrussen mit 1,5 Millionen (4,7 Prozent). Mit 700 000 Einwohnern lag der Anteil der Deutschen nunmehr bei nur 2,2 Prozent der Gesamtbevölkerung.

Diese Minderheiten waren sowohl hinsichtlich ihrer Geschichte wie auch der sozialen Zusammensetzung zu verschiedenartig, um eine gemeinsame Interessenpolitik zu verfolgen. Die Polen waren jetzt nicht länger eine Minderheit, sondern die Mehrheit in einem Nationalstaat. Und sie ließen dies die anderen Bevölkerungsgruppen deutlich spüren, obwohl die Regelungen des Minderheitenschutzvertrages in die polnische Verfassung vom März 1921 eingegangen waren. Das Recht auf Pflege der Nationalität, Sprache und Konfession war zuge-

Schlesier!

Die **Deutsche Wahlgemeinschaft** hat ein ehrliches Wahlprogramm vorgelegt.

Nur das Sprachrohr der Sanacja, die „Polska Zachodnia", begeifert **unser Programm.** Sie bezichtigt uns des Landesverrats, **weil wir die Rechte des schlesischen Volkes gesetzlich klar festlegen** wollen.

Wer so spricht ist ein Feind des Volkes.

Schlesien lebt in einer schweren Wirtschaftskrise. Der **Pole leidet darunter wie der Deutsche.** Die Not wächst von Tag zu Tag. Die Zahl **der Arbeitslosen** nimmt erschreckend zu. Die Versorgung der **aus dem Ausland** arbeitslos **Zurückkehrenden** entbehrt der gesetzlichen Regelung. Tausende **von Familien stehen** vor Hunger und Elend. Wir Deutsche erkennen die **Not,** weil wir selbst in **Not** sind.

Wer in dieser ernsten Zeit nationale Leidenschaften aufpeitscht und Haß predigt, **sündigt schwer am Volke.**

Helfen kann nur ein **Sejm aus verantwortungsbewußten und verantwortungsfreudigen Abgeordneten.**

Nur friedliche Zusammenarbeit aller, denen das Wohl Schlesiens und seiner Bevölkerung am Herzen liegt, kann aus der gegenwärtigen Lage herausführen.

Wir Deutsche haben nur ein Ziel:

Die Wohlfahrt der arbeitenden Bevölkerung Schlesiens!

Darum wählt:

Deutsche Wahlgemeinschaft!

Wahlkreis Teschen:	Wahlkreis Kattowitz:	Wahlkreis Königshütte:
10	11	11

Herausgeber: Deutsche Wahlgemeinschaft Druck [illegible]

WALTER RIEMER-PLAKAT 1920
WIEDERGABE DINSE & ECKERT · INH. OTTO DINSE · BERLIN · SO · 16

Oben: Deutsches Plakat zur Volksabstimmung

Links: Deutscher Wahlaufruf

Oben: Es droht der Tod, wenn Oberschlesien Deutsch bleibt – polnisches Plakat zur Volksabstimmung

Rechts: Aufruf zum Eintritt in die Deutsche Schützendivision

1931 dominierten die Polen als weitaus größte Bevölkerungsgruppe mit knapp 22 Millionen Einwohnern (70 Prozent) den neuen Staat. Die Ukrainer bildeten zu diesem Zeitpunkt mit 4,8 Millionen (15 Prozent) die zahlenmäßig stärkste Minderheit, gefolgt von den ebenfalls als Minderheit gezählten Juden, zu denen 2,7 Millionen der Einwohner (8,5 Prozent) gehörten, und den Weißrussen mit 1, 5 Millionen (4,7 Prozent). Mit 700 000 Einwohnern in Polen lag der Anteil der Deutschen bei nur 2,2 Prozent; der Anteil der Russen betrug 0,3, der der Tschechen 0,1 Prozent.
In den vom Deutschen Reich abgetrennten Gebieten fiel der Anteil der Deutschen an der Gesamtbevölkerung von 42,5 Prozent auf 12,5 Prozent.
Das dem Versailler Vertrag folgende Minderheitenschutzabkommen sah die Möglichkeit vor, sich für die deutsche, österreichische oder polnische Staatsangehörigkeit zu entscheiden. Wer für eine andere als die polnische Staatsbürgerschaft optierte, für den galt in Polen das Ausländerrecht.
Minderheitenrechte hatten in Polen seit März 1921 Verfassungsrang. Dazu gehörte das Recht der Pflege von Nationalität, Sprache und Konfession. Doch bestanden in der Realität erhebliche Spannungen zwischen der polnischen Mehrheit und den Minderheiten. Auch wurden Minderheitenrechte ausgehöhlt.

sichert. Vor allem Organisationen der jüdischen Minderheit, die mit der deutschen die meisten Übereinstimmungen besaß, hatten sich für die Verankerung dieser Punkte in der Verfassung eingesetzt.
Die Organisationen der verbliebenen deutschen Minderheit, zum Beispiel der 1924 in Łódź gegründete »Deutsche Volksbund für Polen«, konnten sich während der gesamten Zeit der Weimarer Republik der offenen und versteckten Hilfe der Reichsregierung sicher sein. Konflikte wurden vor allem auf dem Gebiet des Schulwesens ausgefochten. So ging die Zahl der im ehemaligen Kongresspolen vorhandenen deutschen Schulen von 1919 bis 1937 von 564 auf 57 zurück. Mit der Aufnahme des Deutschen Reiches in den Völkerbund kam es dort wiederholt zu deutsch-polnischen Auseinandersetzungen in der Schulfrage. Gustav Stresemann vertrat 1929 im Völkerbunds vehement die deutsche Auffassung über das Minderheitenrecht. Im Reich wurden sowohl die das Deutschtum im Osten behandelnde Publizistik als auch wissenschaftliche Einrichtungen – wie zum Beispiel die Leipziger »Stiftung für Volks- und Kulturbodenforschung« – finanziell unterstützt. Ziel blieb die Revision der durch die Versailler Verträge geschaffenen Grenzziehungen.
Das zentrale Problem, das Polen in der Zwischenkriegszeit in eine moralisch und politisch schwierige Situation in der Minderheitenfrage brachte, umschrieb der deutsche Historiker Martin Broszat treffend: *Es bildete sich hier ein ähnliches Dilemma heraus, wie es sich nach 1815 im preußischen Osten ergeben hatte. Der Anteil und die Bedeutung der fremdnationalen Gebiete und ihrer Bevölkerung waren zu gering für eine übernationale föderative Staatsgestaltung, aber groß genug, um einer einheitlichen nationalstaatlichen Entwicklung im Wege zu stehen.*
1922 wurden in den mehr als 400 Volksvertreter umfassenden Sejm 17 deutsche Abgeordnete gewählt. Im Senat gab es zunächst fünf deutsche Senatoren. Die deutschen Repräsentanten schlossen sich zwar in einer »Vereinigung der deutschen Abgeordneten in Sejm und Senat« zusammen, doch begründeten sie keine eigene Partei.

Aufstände in Oberschlesien Um die Grenzziehung in Schlesien wurde wegen der wirtschaftlichen Bedeutung des Gebietes sowohl von der deutschen als auch von der polnischen Seite besonders heftig gestritten, erbitterte Auseinandersetzungen wurden geführt. Gemäß den Vereinbarungen von Versailles hatte das Deutsche Reich bereits kleinere Teile des Regierungsbezirkes Breslau abgetreten:

510 Quadratkilometer mit ca. 25 000 Einwohnern an Polen und 310 Quadratkilometer mit 50 000 Einwohnern an die Tschechoslowakei. Über die staatliche Zukunft des wichtigeren Oberschlesien sollte eine Volksabstimmung entscheiden, zu deren Vorbereitung das Gebiet unter die militärische Kontrolle der Siegermächte, vor allem Frankreichs, gestellt wurde.
Mit 22 Prozent der gesamten Kohlenförderung und den bei den Kohlengruben entstandenen Hüttenwerken und Energieerzeugern, die im Verbund arbeiteten, war Oberschlesien eines der wichtigsten Industriereviere des Deutschen Reiches. Wegen der dort entstandenen wirtschaftlichen Verbände gab es keine sinnvolle Teilungsmöglichkeit. Beide Seiten hofften deshalb, das Industrierevier als Ganzes zu erhalten.
Noch vor der Abstimmung versuchten polnische Aufständische, Fakten zu schaffen. Eine erste polnische Erhebung hatte im August 1919 stattgefunden, war aber erfolglos geblieben. Im Februar 1920 waren nach dem Abzug des deutschen

Oben: Französische Soldaten in Oppeln

Linke Seite: Deutsche Soldaten, vermutlich Angehörige des Freikorps, vor Schützengräben, die Polen in der oberschlesischen Stadt ausgehoben haben, 1921

Heeres alliierte Verbände unter französischem Oberbefehl in Oberschlesien eingerückt. Sie sollten die Abstimmung leiten und sichern. Eine »Interalliierte Regierungs- und Plebiszitkommission« übernahm die Macht im Lande. In diese Kommission entsandte Polen den ehemaligen Reichstagsabgeordneten Korfanty, der im oberschlesischen Beuthen residierte, als Abstimmungskommissar.

Deutsche Demonstrationen dienten als Vorwand für eine zweite Erhebung im August 1920 – zu dieser Zeit wurde Warschau von sowjetischen Truppen bedroht –, die die polnische Militärorganisation POW vorbereitet hatte. Auch dieser Aufstand verfehlte sein Ziel; auf Druck der Alliierten musste er abgebrochen werden. Die Abstimmung konnte regulär durchgeführt werden – wenn auch in völkisch-aufgeheizter Atmosphäre. Es entschieden 710 000 Oberschlesier für Deutschland (60 Prozent); rund 480 000 für Polen (40 Prozent). Der deutschsprachigen Bevölkerung von rund 410 000 Einwohnern hätte einem Anteil von rund 35 Prozent der Stimmen entsprochen. Über ein Drittel der oberschlesischen Bevölkerung, die nicht zu den Deutsch sprechenden zählte, hatten also für Deutschland votiert.

Einem dritten polnischen Aufstand nach der Abstimmung im März 1921 setzte der französische Vorsitzende der Abstimmungskommission keinen Widerstand entgegen, sodass es erneut zu militärischen Auseinandersetzungen kam. Den Aufständischen standen deutsche Grenzschutz- und Freikorpsverbände gegenüber, in denen konservativ-revisionistische mit völkisch-nationalen Elementen verschmolzen. Im Frühjahr und Sommer 1921 fanden heftige Kämpfe statt, in deren Verlauf die polnischen Aufständischen am Annaberg bei Groß Strehlitz die entscheidende Niederlage erlitten. Damit waren die polnischen Pläne, vor der Entscheidung der Großmächte Fakten zu schaffen, in drei Anläufen gescheitert.

Die zur Umsetzung der Abstimmungsergebnisse einberufene Botschafterkonferenz konnte sich über die endgültige Grenzziehung nicht einigen und bat den Völkerbundsrat um Vermittlung. Dieser faßte am 21. Oktober 1921 den Beschluss zur Teilung Oberschlesiens. Ein Viertel des Abstimmungsgebietes mit 42 Prozent der Bevölkerung, aber 85 Prozent der Kohle- und über 90 Prozent der Erzförderstätten kam an Polen.

Die Grenzziehung war ein Kompromiss, der dem Deutschen Reich immerhin den größeren und bevölkerungsreicheren Teil Oberschlesiens beließ, doch lieferte er aufgrund der ungleichen Verteilung der Bodenschätze weiteren Stoff für die Propaganda gegen den Versailler Vertrag und seine Folgen.

Die Einheit des oberschlesischen Wirtschaftsgebietes war zerbrochen, und die neue Grenzziehung brachte für beide Seiten wirtschaftliche Nachteile. Die polnischen Exportgüter mussten zunächst durch das Reichsgebiet transportiert werden. Dazu waren für Ostpreußen 1919/21 und Oberschlesien 1922/23 Vertragsgrundlagen geschaffen worden. In dem Bewusstsein der eigenen Stärke versuchte die deutsche Seite nach dem Ablauf der Abnahmeverpflichtungen für die polnisch-oberschlesische Kohle im Jahr 1925, durch Boykottmaßnahmen die polnische Steinkohlenproduktion zu beeinflussen und verweigerte einen neuen Vertrag. Doch fanden sich Abnehmer für die polnische Kohle vor allem im skandinavischen Raum. Schaden nahmen durch diese Auseinandersetzungen sowohl die deutsche als auch die polnische Volkswirtschaft.
Am 11. Juli 1920 hatten in den festgelegten Abstimmungsgebieten, in Teilen Westpreußens und des südlichen Ostpreußens, die Plebiszite um die Zuordnung dieser Landesteile zum Deutschen Reich oder zu Polen stattgefunden. Sie endeten in einem überwältigenden Bekenntnis zum Verbleib im Deutschen Reich. Im ostpreußischen Abstimmungsgebiet, das in Teilen von Polnisch sprechenden Masuren bewohnt war, stimmten nur 2,2 Prozent, in Westpreußen 7,6 Prozent für Polen. Die Abstimmungsgebiete blieben somit, von unbedeutenden Grenzkorrekturen abgesehen, beim Deutschen Reich.

Der polnische Staat konsolidiert sich Der polnische Staat zeigte sich mit seiner am 17. März 1921 angenommenen Verfassung als eine nach Westen orientierte parlamentarische Demokratie. Die außenpolitische Grundlage bildete der Bündnisvertrag mit Frankreich vom 21. Februar 1921, dem eine geheime Militärkonvention und ein Handelsabkommen folgten. Mit Rumänien, dessen Staat sich infolge des Ersten Weltkriegs ebenfalls umgebildet hatte, schloss man ein weiteres Defensivbündnis. Auch mit Estland und Lettland konnten 1922 Verträge geschlossen werden, jedoch scheiterte der Plan einer von Polen dominierten Baltischen Liga an den fortdauernden Auseinandersetzungen mit Litauen um die Zuordnung Wilnas sowie an der fehlenden Bereitschaft des finnischen Reichstages, die Verträge zu ratifizieren.
Als am 16. April 1922 in Rapallo die Sowjetunion und Deutschland – zu jener Zeit beide Außenseiter in der politischen Landschaft Europas – einen Vertrag zur Normalisierung ihrer Beziehung schlossen, schreckte man in Polen auf. Schließlich waren beide Vertragspartner und Nachbarn an der Revision ihrer jeweiligen

Das monumentale Denkmal am Annaberg bei Groß Strehlitz erinnert an die schlesischen Aufstände. Aufnahme von 1996

Rechte Seite: Beratung über einen Friedensvertrag zwischen Russland und Polen 1921 in Warschau: Piłsudski (2. v.l.) mit dem französischen und dem englischen Staatschef, Aristide Briand (3. v.l.) und Sir Austen Chamberlain (4. v.l.)

polnischen Grenzen interessiert. Auch der 1925 in Locarno geschlossene deutsch-französische Vertrag, der den Weg Deutschlands in den Völkerbund ebnete, bedeutete für Polen eine Bedrohung, da darin nur die deutsche Westgrenze als verbindlich anerkannt worden war. Das am gleichen Tag, dem 16. Oktober 1925, zwischen Polen und Frankreich geschlossene Garantieabkommen bot angesichts der deutsch-französischen Vertragswirklichkeit nur einen geringen Schutz. Und schon im darauffolgenden Jahr, weckte das deutsch-sowjetische Neutralitätsabkommen vom April 1926 in der polnischen Öffentlichkeit erneut Bedrohungsängste.

Das Gefühl eigener Schwäche war zudem durch den raschen Wechsel der Staatsregierungen in Warschau verstärkt worden. Zwar begegnete man ab 1924 erfolgreich der Inflation, es gelang jedoch nicht, die parlamentarische Demokratie zu stabilisieren. Ab 1923 hatte sich Józef Piłsudski aus dem politischen Leben weitgehend zurückgezogen. Durch wirtschaftliche Schwierigkeiten und den Versuch der Rechtsparteien, die PPS von der Regierungsbildung fernzuhalten, sah sich Piłsudski jedoch veranlasst, mit militärischen Mitteln einzugreifen. Dies geschah am 12. Mai 1926. Nach einer Verfassungsänderung im August 1927 und der neuerlichen Übernahme des Amtes des Ministerpräsidenten im Oktober 1927 begann die von ihm politisch dominierte Zeit der »Sanacja« (»Heilung«), in der er allerdings nur für zwei Perioden selbst das Amt des Ministerpräsidenten bekleidete. Erst unmittelbar vor seinem Tod, im April des Jahres 1935, hatte er die seinem autoritären Regierungsstil entsprechende Verfassung durchsetzen können, die dem Sejm das Recht auf die Regierungsbildung völlig entzog. Minderheitenrechte besaßen nicht länger Verfassungsrang.

Die Anfänge der Revision Die Grundzüge der polnischen Außenpolitik bestimmte Piłsudski selbst. Wohl sah er in der Sowjetunion die größte Bedrohung des polnischen Staates, dennoch suchte er auch mit dem östlichen Nachbarn nach diplomatisch gangbarer Wegen. Im Februar 1929 unterschrieb Polen in Moskau das Litwinow-Protokoll gemeinsam mit der Sowjetunion, den drei baltischen Staaten, der Türkei und dem Iran. Darin verpflichteten sich die Unterzeichner auf Gewalt als Mittel der Politik zu verzichten. Ein im Juli 1932 geschlossener und auf drei Jahre befristeter Nichtangriffsvertrag mit der Sowjetunion wurde im Mai 1934 bis in das Jahr 1945 verlängert. Doch lehnte Polen noch 1933 einen von der Sowjetunion gewünschten und von Frankreich unterstützten Ostpakt ab.

Als Piłsudski im November 1932 seinen Vertrauten, den Offizier Józef Beck, zum Außenminister berief, stand bereits die Sorge um die zukünftige deutsche Politik im Vordergrund. Den am 30. Januar 1933 in Deutschland an die Macht gelangten Reichskanzler Adolf Hitler gedachte Piłsudski mit alliierter Hilfe in einem Präventivschlag, der Besetzung Oberschlesiens und Ostpreußens, auszuschalten. Als er hierzu nicht die erforderliche Unterstützung erhielt, versuchte er im März 1933, durch verstärkte militärische Präsenz auf der Westerplatte vor Danzig nachdrücklich an die Einhaltung der Rüstungsbeschränkungen zu erinnern. Nach dem Austritt des Deutschen Reiches aus dem Völkerbund im Jahre 1934 sondierte Beck in Frankreich noch einmal die Möglichkeiten eines Präventivschlages. Wiederum wurden seine Vorstellungen nicht geteilt. Hitler hingegen zeigte sich daraufhin außerordentlich zugänglich, und im Januar 1934 konnte eine auf zehn Jahre befristete Erklärung über gegenseitigen Gewaltverzicht und gegenseitige Nichteinmischung in innere Fragen unterzeichnet

Oben: Einweihung des deutschen Tannenberg-Nationaldenkmals bei Hohenstein am 18. September 1927

Unten: Hermann Göring während eines Warschaubesuchs im Gespräch mit dem polnischen Außenminister Józef Beck

Adolf Hitler während des Requiems für den am 12. Mai 1935 verstorbenen Józef Piłsudski in der Berliner Hedwigskathedrale

werden. Gemäß dieser Erklärung fanden nun Verhandlungen über den seit zehn Jahren schwelenden Handelsstreit und weitere beide Nachbarn interessierende Fragen statt. Man verpflichtete sich nunmehr zur *Begründung eines gutnachbarlichen Verhältnisses*. Durch die einseitige Kündigung des Minderheitenschutzabkommens im September 1934 trug schließlich auch Polen zur Schwächung des Völkerbundes bei; die Minderheiten in Polen konnten sich nun nicht mehr an diese übernationale Organisation wenden. Äußerlich gestaltete sich das Verhältnis zu Deutschland positiv. Sichtbares Zeichen dafür waren die Jagden, die Reichsmarschall Hermann Göring in den Wäldern von Białowięcza hielt. Als Piłsudskis am 12. Mai 1935 starb, wurde in der Berliner Kathedrale St. Hedwig in einem Staatsakt in Anwesenheit Hitlers eine Gedenkmesse abgehalten. Die Liturgie leitete der später durch NS-Haft zu Tode gekommene Dompropst Bernhard Lichtenberg.
Nach dem Tode Piłsudskis bestimmte ein neuer Oberbefehlshaber, Edward Rydz-Śmigły, mit einer kleinen Politiker-Gruppe die Geschicke Polens. Die Politik der Vertragsabschlüsse wurde durch ein Wirtschaftsabkommen mit dem gerade entstandenen Großdeutschen Reich am 1. Juli 1938 fortgesetzt. Nachdem am 29. September 1938 das Münchener Abkommen die Eingliederung des Sudetenlandes in das Großdeutsche Reich besiegelt hatte, bemühte sich Polen, den der Tschechoslowakei in Versailles zugesprochenen Teil des Teschener Landes an sich zu ziehen (mit Erfolg), und nahm damit aktiv an der Revision der nach dem Ersten Weltkrieg entstandenen Grenzen teil. Der Lohn waren 1000 Quadratkilometer mit 200 000 Einwohnern, die nun von der Tschechoslowakei zu Polen wechselten.

Edward Rydz-Śmigły wurde nach dem Tod Piłsudskis zum Generalinspekteur der Streitkräfte und 1936 zum Marschall ernannt

Der Blitzkrieg Den immer unverhohlener gezeigten Expansionsabsichten Hitlers stellte sich jetzt auch die britische Führung unter Arthur Neville Chamberlain entgegen, die sich im Münchener Abkommen noch nachsichtig gezeigt hatte. Sie verkündete am 31. März 1939 für Polen die Garantie der nationalen Integrität im Falle eines Angriffs; die einseitige Erklärung wurde am 25. August 1939 in einen zweiseitigen Beistandsvertrag überführt. Am 19. Mai folgte eine französisch-polnische Militärkonvention, die Frankreich verpflichtete, Deutschland spätestens am 15. Tag nach der Mobilmachung anzugreifen. Die Westmächte umwarben nun auch die zuvor als politischen Außenseiter betrachtete Sowjetunion. Ein englisch-französisches Bündnis war in greifbare Nähe

Oben: Josef W. Stalin und Joachim von Ribbentrop nach der Unterzeichnung des deutsch-sowjetischen Nichtangriffspakts am 23. August 1939 im Moskauer Kreml

Unten: Propagandaveranstaltung in Danzig am 17. Juni 1939 anlässlich eines Besuchs von Joseph Goebbels

gerückt, als Stalin seinen Außenminister Maxim M. Litwinow durch Wjatscheslaw M. Molotow ersetzte. Dieser kritisierte die Verhandlungen seines Amtsvorgängers mit den Westmächten und schloss mit seinem deutschen Amtskollegen Joachim von Ribbentrop einen Nichtangriffspakt, der ein geheimes Zusatzprotokoll folgenden Wortlauts enthielt: *Aus Anlass der Unterzeichnung des Nichtangriffspaktes zwischen dem Deutschen Reich und der Union der Sozialistischen Sowjetrepubliken haben die unterzeichneten Bevollmächtigten der beiden Teile in streng vertraulicher Aussprache die Frage der Abgrenzung der beiderseitigen Interessensphären in Osteuropa erörtert. Die Aussprache hat zu folgendem Ergebnis geführt: ...*
2. Für den Fall einer territorialen, politischen Umgestaltung der zum polnischen Staate gehörenden Gebiete werden die Interessensphären Deutschlands und der UdSSR ungefähr durch die Linie der Flüsse Narew, Weichsel und San abgegrenzt. Die Frage, ob die beiderseitigen Interessen die Erhaltung eines unabhängigen polnischen Staates erwünscht erscheinen lassen und wie dieser Staat abzugrenzen wäre, kann endgültig erst im Laufe der weiteren politischen Entwicklung geklärt werden...

Im Gegensatz zu den westlichen Verhandlungspartnern kannte die nationalsozialistische Führung keine Skrupel, gewährte der Sowjetunion, was sie wollte, und ließ jede von den Sowjets gewünschte Formulierung zu. So wurden die Verhandlungen um den Pakt rasch zu einem Ende geführt.
Als auf diese Weise die vierte Teilung Polens zwischen der Sowjetunion und dem Deutschen Reich bereits beschlossene Sache war, lehnte man in Polen – sich auf die Westalliierten stützend – Hitlers neuerliches Verhandlungsangebot zur Regelung der Danzigfrage und des Korridorproblems ohne Diskussion ab. Die schon zuvor, im Oktober 1938, übermittelten Vorschläge zur Eingliederung Danzigs in das Großdeutsche Reich und die Duldung exterritorialer Eisenbahn- und Autoverbindungen durch den Korridor waren bereits im Januar 1939 in den Besprechungen zwischen Beck und Hitler auf dem Obersalzberg bei Berchtesgaden und den sich anschließenden Verhandlungen mit Außenminister Ribbentrop in Warschau zurückgewiesen worden. Hitler hatte dies zum Anlass genommen, den deutsch-polnischen Nichtangriffspakt von 1934 einseitig zu kündigen und schürte nun im Einvernehmen mit der nationalsozialistischen Regierung der Freien Stadt Danzig Auseinandersetzungen über die Tätigkeit polnischer Zöllner an der Grenze Danzigs zum Deutschen Reich. Zudem wurden Konflikte

Mittagsblatt

Illustrierte Zeitung für Politik·Sport

Von Shanghai bis St. Pauli

10 Pfg. auswärts 15 Pfg.

Nr. 145 1. Jahrgang · Hamburg, Freitag, 1. September 1939

Mittagsblatt bringt heute: Mit der Kamera durch Hamburg: Von Krise keine Spur

Die Welt zum deutschen Angebot

Polnische Angriffe auf Oberschlesien abgewehrt

Molotow: Friede mit Deutschland

Treuekundgebung für den Führer

Drahtmeldung für das „Mittagsblatt"

Berlin, 1. Sept. — Das großzügige Angebot des Führers an Polen zur Erhaltung und Festigung des Friedens (Wortlaut siehe Seite 4) und die praktische Ablehnung durch die polnische Regierung wurden um 21 Uhr durch eine Sondermeldung und in den Abendnachrichten um 22 Uhr bekanntgegeben. Sofort danach belebten sich die Straßen der Reichshauptstadt, und zahlreiche Berliner ließen es sich nicht nehmen, noch zu später Nachtstunde nach dem Wilhelmplatz zu ziehen, um in dieser Stunde des Ernstes dem Führer ihre Treue zu bekunden. Durch die Lautsprecher am Platz wurde die Bevölkerung über die politische Lage unterrichtet, und die weit über dem Platz hallenden Nachrichten lockten immer mehr Berliner an. Besonders gegenüber dem Einfahrttor zur Neuen Reichskanzlei drängte sich die Bevölkerung, um von hier aus die An- und Abfahrten der Politiker zu beobachten.

Ueberfall auf Sender Gleiwitz

Die polnischen Eindringlinge von der Polizei überwältigt — Ein Toter

Breslau, 1. September. — Etwa um 20 Uhr wurde gestern der Sender Gleiwitz durch einen polnischen Ueberfall besetzt. Die Polen drangen mit Gewalt in den Senderaum ein. Es gelang ihnen, einen polnischen Aufruf in polnischer und zum Teil in deutscher Sprache zu verlesen. Sie wurden aber schon nach wenigen Minuten von der Polizei überwältigt, die von Gleiwitzer Rundfunkhörern alarmiert worden war. Die Polizei mußte von der Waffe Gebrauch machen, wobei es auf Seiten der Eindringlinge einen Toten gegeben hat.

Zu diesem unerhörten heimtückischen Ueberfall polnischer Aufständischer erfahren wir vom Polizeipräsidium in Gleiwitz die ersten Ergebnisse der sofort aufgenommenen Ermittlungen. Danach ist eine Gruppe von polnischen Insurgenten kurz nach 20 Uhr in das Gebäude des Senders Gleiwitz eingedrungen. Zu dieser Zeit befand sich in dem Hause nur die übliche kleine Nachtwache, zumal da der Sender Gleiwitz gestern abend kein eigenes Sendeprogramm mehr durchführte, sondern die Sendungen des Reichssenders Breslau übernahm. Die polnischen Aufständischen müssen eine ausgezeichnete Ortskenntnis des gesamten Sendegebäudes gehabt haben. Sie schlugen die Wache nieder und stürmten sofort in den Senderaum. Auch das hier anwesende geringe Sendepersonal wurde mit Stahlruten und Totschlägern zu Boden geschlagen. Dann schalteten sie den Sender Breslau aus und lasen über ein mitgebrachtes Handmikrophon über den Sender Gleiwitz einen vorbereiteten Aufruf in polnischer und zum Teil auch deutscher Sprache vor. Die polnischen Insurgenten meldeten sich am Mikrophon als der „polnische Sender Gleiwitz" und sprachen im Namen des „polnischen Freiwilligenkorps oberschlesischer Aufständischer". Sie erklärten, daß sich Stadt und Sender Gleiwitz in polnischen Händen befänden. Sie schlossen gemeinste Schmähreden auf Deutschland an und sprachen von einem polnischen Breslau und einem polnischen Danzig. Der Aufruf war gezeichnet von dem Kommandanten des polnischen Freiwilligenkorps.

Die völlig überraschten Rundfunkhörer in Gleiwitz alarmierten sofort die Gleiwitzer Polizei. Diese war nach wenigen Augenblicken zur Stelle, riegelte das Gebäude ab, drang in den Senderaum ein und schaltete den Sender ab. Die Aufständischen eröffneten auf die Polizei das Feuer. Nach kurzer Gegenwehr gelang es der Polizei, alle Aufständischen gefangenzunehmen, wobei ein polnischer Insurgent getötet wurde.

Bei den verhafteten polnischen Aufständischen wurde ein Manuskript des bereits zum Teil in polnischer und deutscher Sprache verlesenen Aufrufes gefunden. Vor dem Gebäude wurde ein polnischer Insurgent, der als Posten dort zurückgelassen worden war, festgenommen. Die Vernehmungen dauern an.

Ratifiziert!

Berlin, 1. September. — Nach der Rede des russischen Außenkommissars Molotow (siehe Seite 2) hat der Oberste Sowjet den deutsch-russischen Nichtangriffs- und Konsultationspakt gestern abend ratifiziert.

Zur gleichen Zeit wurde in Berlin die Ratifikation dieses Vertrages durch die deutsche Reichsregierung vorgenommen.

Britische Lügen enthüllt

Gewaltiger Eindruck des deutschen Planes – Das englische Volk bisher getäuscht

Von unserem Korrespondenten

H.W. Kopenhagen, 1. September. — Die Veröffentlichung des deutschen Planes für die Lösung des polnischen Problems hat in London unbeschreibliches Aufsehen erregt und zweifellos einen um so stärkeren Eindruck hervorgerufen, als die Oeffentlichkeit der „demokratischen" Länder systematisch im dunkeln gehalten und in falscher Richtung über die deutschen Forderungen orientiert wurde. Die Bekanntgabe des Planes zeigte der Welt, daß die deutsche Marschlinie absolut festliegt, und daß sie bei größter Mäßigung in den erhobenen Forderungen mit der ganzen unbeugsamen Entschlossenheit unserer Staatsführung und unseres Volkes verfochten werden wird.

Diese Aufklärung bedeutet ein schlagendes Dementi gegenüber den Versuchen der gegnerischen Propaganda, Deutschlands Ziele zu verfälschen, Machenschaften, die sich in den letzten Tagen und Stunden auf das deutlichste in ihren Motiven und Absichten abzeichnen. Sprachen doch englische Blätter vom Range der „Times" von einer deutschen Absicht, ein ähnliches „Diktat" aufzurichten, wie es Versailles für Deutschland gebracht habe, sucht doch vollends die polnische Propaganda jede sachliche Erörterung der deutschen Forderungen von vornherein zu durchkreuzen.

Das Zusammentreffen der Bekanntgabe des deutschen Planes mit der Molotow-Rede bedeutet für die Polen und ihre Verbündeten eine weitere bittere Enttäuschung, hatte doch die Londoner Presse im Verein mit der Warschauer und Pariser große Hoffnungen auf eine angebliche „Verzögerung" der Ratifizierung des deutsch-russischen Paktes gesetzt. Die sofortige Ratifizierung des deutsch-russischen Paktes stellt die beste Antwort auf die neuen Quertreibereien der „Friedensfreunde" dar, die von Molotow treffend gekennzeichnet wurden. Nach Ansicht hiesiger politischer Kreise kann daher für das englische Volk keine Unklarheit mehr darüber bestehen, daß es bisher getäuscht wurde. Die Rückwirkungen aus der verfehlten und unsinnigen Taktik fallen auf die Schuldigen zurück.

Reichsdeutsche Ortschaften angegriffen

Polnische Aufständische überschreiten die Grenze — Tote auf beiden Seiten

Oppeln, 1. September. — Der Ueberfall auf den Sender Gleiwitz war offensichtlich das Signal zu einem allgemeinen Angriff polnischer Freischärler auf deutsches Gebiet. Etwa zur gleichen Zeit haben polnische Aufständische, wie bisher festgestellt werden konnte, an zwei weiteren Stellen die deutsche Grenze überschritten. Es handelt sich wieder um schwer bewaffnete Abteilungen, die von regulären polnischen Truppenteilen unterstützt werden. Abteilungen der im Grenzschutz stehenden Sicherheitspolizei haben sich den Eindringlingen entgegengestellt.

Bisher konnte einwandfrei festgestellt werden, daß ein Angriff auf Pitschen in der Nähe von Kreuzburg erfolgt ist. Ein weiterer Angriff auf Hochlinden (nordöstlich Ratibor) hält zur Zeit noch an. Insbesondere bei dem Angriff auf Hochlinden, der wohl der Verbindungsstraße Gleiwitz—Ratibor gilt, scheint einwandfrei festzustehen, daß es sich um polnische Truppenteile handelt.

In Hochlinden wurde u. a. das neue Zollhaus von polnischen Aufständischen und Soldaten gestürmt. Nach anderthalbstündigem Gefecht gelang es der Grenzpolizei, das Zollhaus wieder zu besetzen. Infolge der Dunkelheit konnte die Zahl der Toten und Verwundeten noch nicht genau festgestellt werden. Acht polnische Insurgenten und sechs polnische Soldaten wurden gefangengenommen.

Zu dem Angriff auf Pitschen erfahren wir noch folgende Einzelheiten: Gegen 20.30 Uhr stieß eine Patrouille der Grenzpolizei in der Gegend des Schlüsselwaldes bei Pitschen — etwa zwei Kilometer von der Grenze entfernt, auf deutschem Reichsgebiet — auf eine polnische aus Insurgen-

Erste Seite des »Mittagsblatts«, erschienen am Tag des deutschen Überfalls auf Polen

um die deutsche Minderheit in Polen immer wieder durch gelenkte Provokationen erzwungen.
Am 23. Mai 1939 hielt Hitler vor der anlässlich eines Staatsbegräbnisses versammelten Führung der Wehrmacht eine geheime Ansprache, in der er zukünftige Schritte darlegte. Nach einem von Hitlers Wehrmachtsadjutanten überlieferten Gedächtnisprotokoll führte er aus, dass nun die *nationalpolitische Einigung der Deutschen ... außer kleinen Ausnahmen* erfolgt sei. *Weitere Erfolge könnten ohne Blutvergießen nicht mehr errungen werden. Die Grenzziehung ist von militärischer Wichtigkeit. Der Pole ist kein zusätzlicher Feind. Polen wird immer auf der Seite unserer Gegner stehen. Trotz Freundschaftsabkommen hat in Polen immer die Absicht bestanden, jede Gelegenheit gegen uns auszunutzen.*
Dann kam Hitler zur wesentlichen Aussage:
Danzig ist nicht das Objekt, um das es geht. Es handelt sich für uns um die Erweiterung des Lebensraumes im Osten und um die Sicherstellung der Ernährung sowie die Lösung des Baltikum-Problems. Lebensmittelversorgung ist nur dort möglich, wo geringe Besiedlung herrscht. Neben der Fruchtbarkeit wird die deutsche gründliche Bewirtschaftung die Überschüsse gewaltig steigern.
In Europa ist keine andere Möglichkeit zu sehen. (Domarus)
Die bereits in dieser Rede enthaltenen Konsequenzen wurden mörderisch weitergedacht. Noch vor dem Beginn des Zweiten Weltkriegs, am Tag der Bekanntgabe der Verhandlungsaufnahme mit der Sowjetunion, dem 22. August 1939, versammelte Hitler die Oberbefehlshaber aller drei Waffengattungen der Wehrmacht auf dem Obersalzberg. Auch die dort gehaltenen Reden sind nur in den Gedächtnisprotokollen mehrerer Zuhörer überliefert. Vormittags informierte Hitler die Militärführer über den Stand der Entwicklung und den bevorstehenden Abschluss des Nichtangriffspaktes mit der Sowjetunion. Hitler sagte voraus, dass die Einwirkungen auf Polen *ungeheuer* sein werden. Er bemühte sich, die Gegnerschaft Großbritanniens und Frankreichs herunterzuspielen. In der Hochstimmung über den gelungenen Coup des gegen Polen gerichteten Abkommens machte Hitler den Militärs nach dem Mittagessen dann eindringlich klar, welche Art von Krieg er nun zu führen gedachte: *Denn es kann ja auch anders kommen bezügl. England und Frankreich ...* Bei dem dann einsetzenden *Kampf auf Leben und Tod* stünde die *Vernichtung Polens im Vordergrund. Ziel ist die Beseitigung der lebendigen Kräfte, nicht die Erreichung einer bestimmten Linie.* Dazu aber sei es nötig, dass man das *Herz verschließe[n] gegen Mitleid.* Hitler for-

derte *brutales Vorgehen*, denn *80 Millionen Menschen müssen ihr Recht bekommen. Ihre Existenz muss gesichert werden. Der Stärkere hat das Recht. Größte Härte.* Hitler versicherte seinen Zuhörern, dass er den *propagandistischen Anlass zur Auslösung des Krieges* geben werde, gleichgültig, ob glaubhaft. *Der Sieger wird später nicht danach gefragt, ob er die Wahrheit gesagt hat oder nicht. Bei Beginn und Führung des Krieges kommt es nicht auf das Recht an, sondern den Sieg.*
Aus den hier zitierten Reden geht eindeutig hervor, dass Hitler sich bereits im Frühjahr für einen Militärschlag gegen Polen entschieden hatte. Danzig und die Regelungen von Versailles dienten Hitler nur als Vorwand, weitergehende Kriegsziele als die Revision jenes Vertrages zu verfolgen. Es ging ihm um die Umgestaltung des östlich des Reiches gelegenen Gebietes. Der Zeitpunkt des Beginns der militärischen Auseinandersetzungen lag ebenfalls bereits fest. Polen war in den Augen der deutschen Führung nurmehr Objekt.
Die am 25. August 1939 in einen förmlichen Vertrag zwischen Großbritannien und Polen umgewandelte britische Garantie veranlasste Hitler noch einmal, den Angriffsbefehl zurückzuziehen. Doch am 29. August wurde Polen – und damit auch England – ein Ultimatum gestellt, das am 31. August ablief. Am 1. September 1939 richtete das zu einem »Freundschaftsbesuch« im Danziger Hafen befindliche Panzerschiff »Schleswig-Holstein« seine Rohre auf das polnische Depot auf der Westerplatte.
Einen propagandistisch wirksamen Kriegsgrund lieferte Hitler, wie versprochen, mit dem von SS-Angehörigen in polnischen Uniformen fingierten Überfall auf den deutschen Rundfunksender Gleiwitz, ein oberschlesisches Forsthaus und ein Zollamt. Als Opfer der Aktion figurierten in Uniformen gesteckte tote KZ Häftlinge.
Der polnische Oberbefehlshaber Rydz-Śmigły hatte seine militärischen Erfahrungen lediglich in den Jahren kurz nach dem Ersten Weltkrieg gesammelt. Durch den nun erfolgten konzentrierten Angriff moderner motorisierter Armeen mit Luftwaffenunterstützung und den Einsatz von Panzerverbänden waren die polnischen Linien bald durchbrochen; die polnische Hauptstadt eingeschlossen. Die Hoffnung auf einen Angriff von französischer Seite, wie mit Polen vertraglich vereinbart, erfüllte sich nicht. Doch waren Großbritannien und Frankreich, wenn auch zunächst nur passiv, ihrer Bündnispflicht gemäß in den Krieg eingetreten. Die Sowjetunion als Vertragspartner des Reiches wurde von Deutschland förmlich dazu eingeladen, bis zu der ihr vertraglich zugestan-

Deutsche Soldaten demontieren einen Schlagbaum an der deutsch-polnischen Grenze

Oben: Angriff der SS-Heimwehr Danzig am 1. September 1939 auf die polnische Post

Unten: Beschuss der Westerplatte durch das deutsche Linienschiff »Schleswig-Holstein«

Rechte Seite: Das bombardierte Warschau im September 1939, aufgenommen im Auftrag des NS-Propagandaministeriums

Nach der Kapitulation Warschaus am 27. September 1939 ging der Kampf polnischer Truppen dennoch weiter: In Frankreich sammelten sich 85 000 aus der Internierung in Rumänien und Ungarn entlasse Soldaten. Aus der polnischen Kapartenarmee wurden im französischen Syrien neue Verbände zusammengestellt. Nach der französischen Niederlage gelang einem Drittel der in Frankreich kämpfenden Soldaten die Flucht nach England. Wie die nach England geflohenen Luftwaffenverbände kämpften sie auf alliierter Seite. Der Anteil der polnischen Jagdflieger in der Royal Air Force betrug im Herbst 1940 ca. 20 Prozent; polnische Mathematiker waren wesentlich bei der Entschlüsselung des deutschen Geheimcodes »Enigma« beteiligt.
Auf abenteuerlichen Wegen war ein weiterer Teil der polnischen Armee nach Russland unter General Anders 1942 nach Persien gelangt und griff auf britischer Seite in die Kämpfe ein, etwa gegen das deutsche Afrikakorps bei Tobruk und später bei den Kämpfen um Monte Cassino in Italien.
Auf westlicher Seite kämpften sie in der Normandie 1944 (Falaise), auf sowjetischer Seite beim Vorstoß zur Weichsel bis zur Einnahme Berlins.

Rechte Seite:
Links: »Enigma«-Chiffriermaschine

Mitte: Der deutsche General Heinz Guderian (Mitte) und der sowjetische Brigadegeneral S. M. Kriwoschein (rechts) bei der Übergabe der von der Wehrmacht eroberten Festung Brest-Litowsk an die Rote Armee am 22. September 1939

Rechts: Władysław Sikorski, Vositzender der polnischen Exilregierung in London

denen Linie in Ostpolen vorzurücken; sie tat dies ab dem 17. September. Warschau kapitulierte am 27. September nach heftigen Luft- und Artillerieangriffen. Am 6. Oktober endete der letzte Widerstand. 700 000 Polen wurden in deutsche, 200 000 in sowjetische Kriegsgefangenschaft überführt, weitere 100 000 Soldaten in Rumänien und 30 000 in Litauen interniert. Der polnische Staatspräsident Mościcki wurde in Rumänien festgesetzt, er gab sein Amt an den in Paris lebenden ehemaligen Woiwoden von Pommerellen und Senatspräsidenten Raczkiewicz ab. Dieser übertrug General Sikorski das höchste Regierungsamt. So entstand eine erste polnische Exilregierung.

Der Versuch zur Vernichtung der polnischen Identität Zu der bereits kurz geschilderten zweiten Hitlerrede vom 22. August 1939 heißt es in einer anderen mündlichen Überlieferung: *So habe ich ... meine Totenkopfverbände bereitgestellt mit dem Befehl, unbarmherzig und mitleidlos Mann, Weib und Kind polnischer Abstammung und Sprache in den Tod zu schicken. Nur so gewinnen wir Lebensraum, den wir brauchen. Wer redet heute noch von der Vernichtung der Armenier?* Für Polen hatte Hitler nie eine ihm willfährige Zivilregierung vorgesehen, wie sie später in anderen besetzten Ländern installiert wurde. Polen sollte »einge-

Oben: Von den Deutschen als Geiseln genommene Polen der Stadt Bromberg, darunter Dekan Stepczynski, warten auf ihre Hinrichtung. September 1939

Rechte Seite: Mit drastischen Strafen reagieren die deutschen Besatzer auf jede Form des Widerstands

deutscht« werden. Am 8. Oktober wurden neben den ehemals preußischen Gebieten weitere Teile Polens in das Deutsche Reich als »Reichsgaue« (»Danzig-Westpreußen« und »Wartheland«) eingegliedert. Andere Verwaltungsgebiete (Ostpreußen, Oberschlesien) wurden vergrößert. Insgesamt 10,5 Millionen mehrheitlich polnische Einwohner lebten zu diesem Zeitpunkt in diesen Gebieten. An die Spitze der beiden neuen Verwaltungseinheiten wurden verdiente Funktionäre der NSDAP berufen: Forster, der Gauleiter von Danzig, für Danzig-

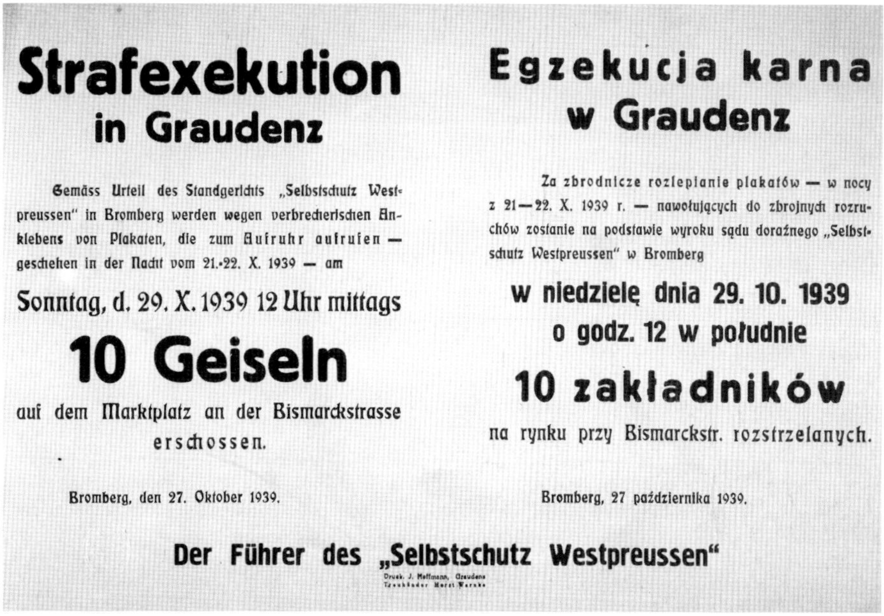
Strafexekution
in Graudenz

Gemäss Urteil des Standgerichts „Selbstschutz Westpreussen" in Bromberg werden wegen verbrecherischen Anklebens von Plakaten, die zum Aufruhr aufrufen — geschehen in der Nacht vom 21.-22. X. 1939 — am

Sonntag, d. 29. X. 1939 12 Uhr mittags

10 Geiseln

auf dem Marktplatz an der Bismarckstrasse erschossen.

Bromberg, den 27. Oktober 1939.

Egzekucja karna
w Graudenz

Za zbrodnicze rozlepianie plakatów — w nocy z 21—22. X. 1939 r. — nawołujących do zbrojnych rozruchów zostanie na podstawie wyroku sądu doraźnego „Selbstschutz Westpreussen" w Bromberg

w niedzielę dnia 29. 10. 1939
o godz. 12 w południe

10 zakładników

na rynku przy Bismarckstr. rozstrzelanych.

Bromberg, 27 października 1939.

Der Führer des „Selbstschutz Westpreussen"

Westpreußen und Senatspräsident Greiser, der Danziger NSDAP-Vorsitzende, für das Wartheland. Von den 63 einzusetzenden Landräten beider Gebiete waren 40 Parteifunktionäre ohne Verwaltungserfahrung. Eine Polizeigrenze trennte auch weiterhin die alten und neuen Teile des Reiches.

Außerhalb des engeren Reichsgebietes lag das zum »Generalgouvernement« gewordene Gebiet. Es reichte bis zur deutsch-sowjetischen Demarkationslinie. Dort lebten 11,5 Millionen Menschen. Es sollte auch nicht lange unter Militärverwaltung verbleiben, bereits am 26. Oktober 1939 wurde Hans Frank »Generalgouverneur für die besetzten Gebiete« mit Sitz in Krakau. Der Generalgouverneur nahm seinen Amtssitz auf dem Wawel, der alten Königsburg.

Den propagandistischen Anlass für das von Hitler vorgesehene *mitleidlose* Vorgehen gegen das besiegte polnische Volk boten Ereignisse wie der »Bromberger Blutsonntag«. In der westpreußischen Stadt Bromberg war es nach dem Überfall auf Polen am 3. September zu pogromartigen Überfällen gekommen, bei denen Angehörige der deutschen Minderheit ermordet wurden. In zahlreichen weiteren Orten, wie Graudenz, kam es ebenfalls zu blutigen, antideutschen Gewalt-

Der Inhaber dieses Ausweises ist in die
Deutsche Volksliste
unter Nr. 28992 aufgenommen worden.

Name: Szczepaniak
bei Frauen Geburtsname:
rname: Franz
b. am: 9.8.1922
Kattowitz-Süd
eruf: Lohnbuchhalter
Wohnort: Kattowitz-Süd
Straße: Lönsweg 7

Kattowitz, den 9.2.1943

Die Zweigstelle
der Deutschen Volksliste
i. A.

Gauhauptstadt Kattowitz

Mei.

Inhaber besitzt die deutsche
Staatsangehörigkeit auf Widerruf

Nur gültig mit Lichtbild

Gauhauptstadt Kattowitz

(Eigenhändige Unterschrift)

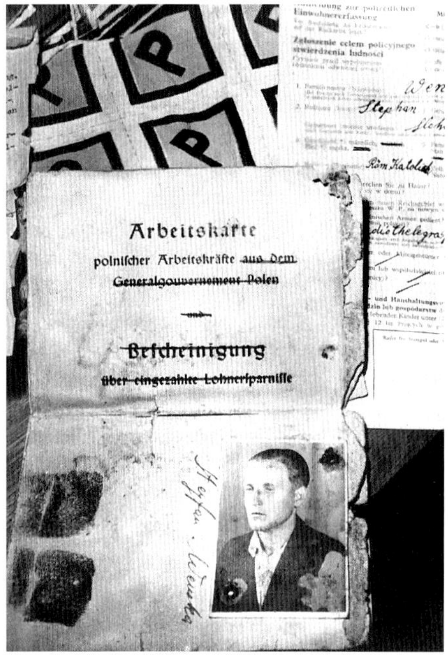

akten. Die Gesamtzahl der im Umkreis der Auseinandersetzungen umgekommenen Deutschen wurde von einer deutschen Kommission auf 6000 geschätzt. In öffentlichen Verlautbarungen verzehnfachte die NS-Propaganda diese Zahl sogleich, um eigene Vergeltungsmaßnamen zu rechtfertigen. Hitler ordnete nicht nur für Bromberg harte Vergeltungsschläge und Geiselerschießungen an. Die Polen waren nun rechtlos, ihr Vermögen jederzeit der Beschlagnahme ausgeliefert.

Erste organisierte Vertreibungen der polnischen Bevölkerung fanden unmittelbar nach den Kampfhandlungen im polnischen Hafen Gdingen statt. In den Reichsgauen wurde sofort organisiert und gezielt gegen die polnische besitzende Oberschicht vorgegangen. Innerhalb von 17 Tagen wurden 90 000 Polen in das Generalgouvernement deportiert. Zwischen 1939 und 1944 mussten insgesamt ca. 840 000 Polen ihre Heimat in den Reichsgauen verlassen.

Mit den von Hitler angesprochenen Totenkopfverbänden war zugleich die Stellung ihres obersten Vorgesetzten, des »Reichsführers SS« Heinrich Himmler,

Links: Ausweis der Deutschen Volksliste

Rechts: Papiere eines Polen, der in das KZ Dachau eingeliefert wurde; das Quadrat mit dem P in der Mitte mussten polnische Arbeitskräfte an ihrer Kleidung befestigen

Rechte Seite, links: Schwarzenau bei Gnesen. Aus ihrer Heimat vertriebene Polen müssen das Land verlassen

Rechte Seite, rechts: NS-Propaganda. »Aussiedlung« in Polen. Die von Deutschland annektierten Gebiete sollten »ethnisch gesäubert« werden

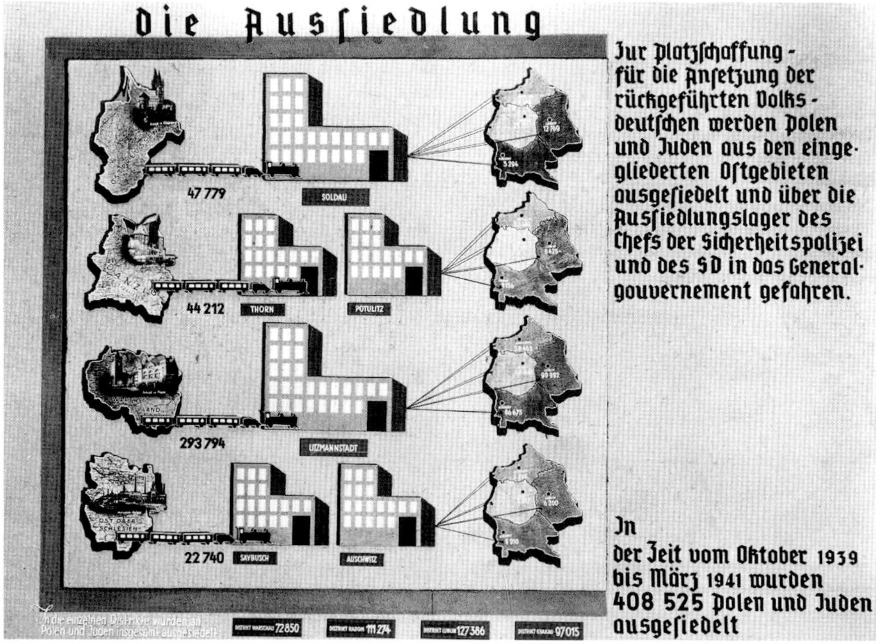

berührt worden. Ihm wurde von Hitler am 7. Oktober 1939 eine neu geschaffene Aufgabe übertragen, die des »Reichskommissars zur Festigung des deutschen Volkstums«. In dieser Eigenschaft leitete er die Ansiedlung der 70 000 deutschstämmigen Umsiedler aus den baltischen Ländern sowie die der 135 000 Volksdeutschen aus Wolhynien, Galizien und dem Narew-Gebiet in den Reichsgauen. Später kamen über 200 000 weitere Umsiedler aus Rumänien hinzu. Den Vorgang der Ansiedlung schilderte einer der Beteiligten: *Das* [polnische, zur Ansiedlung vorgesehene] *Dorf wurde umzingelt, und kurz vor Mitternacht wurden die Leute aus den Betten herausgejagt. Dann kam der Befehl, binnen einer halben oder dreiviertel Stunde mit einem Gepäck von 30 Kilogramm reisefertig zu sein. Es wurde dort furchtbar gehaust. Heiligenbilder, Kruzifixe wurden zerbrochen ... Die Polen mussten ihren eignen Wagen in die Kreisstadt fahren und kamen dort hinter Stacheldraht. In der Kreisstadt warteten bereits Volksdeutsche ... Diese Volksdeutschen wurden dann auf die gleichen Wagen geladen, in denen die polnischen Familien gekommen waren ...* (Broszat)

Für den Tod eines deutschen Polizisten wurden diese polnischen Bauern eines Dorfes im Distrikt Wolsztyn gehängt

Verhaftete polnische Kinder, die in das Lager im Distrikt Zamość deportiert wurden, 1942

Doch all diese Zwangsmaßnahmen reichten nicht aus, die *volkstumspolitischen* Ziele der deutschen Führung durchzusetzen. Es gab einfach zu wenig Deutsche. Deshalb stellte man eine in vier Stufen eingeteilte »Deutsche Volksliste« auf, die zur Klassifizierung der Angehörigen der neuen Herrenrasse diente. Sie reichte von *Volksdeutschen mit Verdiensten im Volkstumskampf* (I) über weniger aktive (II) und solche, die – z. B. durch Mischehe eines Elternteils – mit dem Polentum verbunden waren, jedoch, wie man hoffte, *vollwertige Mitglieder der deutschen Volksgemeinschaft* werden könnten (III), bis zu denen, die für *eindeutschungsfähig* gehalten wurden (IV). So wurden mitunter Polen zu Deutschen erklärt. Die Vorteile bei der Versorgung und in der Rechtsstellung konnten die Nachteile – den Zorn und den Hass der früheren Landsleute auf die dem polnischen Volkstum Abtrünnigen – nicht aufwiegen. Zudem musste der Übertritt zum Deutschtum teilweise auch erzwungen werden. Für die Festlegung der nationalen Zugehörigkeit hat die Deutsche Volksliste über 1945 hinaus Bedeutung behalten.
An verschiedenen Orten im Reich wurde – mitunter gegeneinander – an »wissenschaftlich begründeten« Generalplänen zur Germanisierung des weiten polnischen Landes gearbeitet. Ziel war ein »Generalplan Ost«.
Im Generalgouvernement begann man mit Gewalt die systematische Auslöschung der polnischen intellektuellen Führungsschicht durchzusetzen. Die Professorenschaft der Universität Krakau, die nach den Kampfhandlungen ihre Hochschule wieder öffnen wollte, wurde am 6. November 1939 nach einer von der SS einberufenen Versammlung in Konzentrationslager überführt. Das gleiche Schicksal erlitten zahlreiche weitere Intellektuelle, die in Vernichtungslager deportiert oder als Arbeitskräfte verschleppt wurden. Infolge der ansteigenden Rüstungsproduktion und der Tatsache, dass viele deutsche Männer Soldat werden mussten, hatte das Reich, das so vehement *Lebensraum im Osten* forderte, einen enormen Bedarf an Arbeitskräften im Kerngebiet. Von 1939 bis 1942 mussten rund zwei Millionen Polen ihre Heimat verlassen, um in Deutschland zu arbeiten. Einige von ihnen wurden mit später dann keineswegs eingehaltenen Versprechungen angeworben, der größte Teil jedoch gezwungen. Je länger der Krieg dauerte, desto schwieriger wurde die Rekrutierung von Arbeitskräften. Das führte schließlich dazu, dass die deutschen Besatzer immer rücksichtsloser und unmenschlicher vorgingen. Sie griffen Menschen auf der Straße auf, umstellten Versammlungsorte, Kirchen, Kinos und deportierten sofort alle Arbeitsfähigen ins Reich.

Besonderen Repressalien war auch die zur Führungsschicht gehörende Geistlichkeit ausgesetzt. In der Erzdiözese Posen-Gnesen, obwohl in einem Reichsgau gelegen, missachtete man die völkerrechtlichen Verträge des Reiches, wie das 1934 geschlossene Konkordat mit der römischen Kurie. Nach einer Aufstellung des Jahres 1941 hatten von den 1939 in Posen-Gnesen tätigen 681 Priestern 22 keine Erlaubnis mehr, die Seelsorge auszuüben, 120 waren ins Generalgouvernement deportiert worden, 74 waren erschossen worden oder starben im Konzentrationslager, 12 waren vermisst, 451 befanden sich in Konzentrationslagern und Gefängnissen. Von 431 öffentlichen Kirchen und 74 Kapellen blieben noch 30 Kirchen und eine Kapelle geöffnet. In anderen Diözesen, z. B. Pelplin, sah es nicht anders aus. Das Konzept zur Ausschaltung der Kirchen war in den neuen Reichsteilen bereits weitgehend verwirklicht worden.

Wie in den Reichsgauen war die Ausschaltung der intellektuellen Führungsschicht im Generalgouvernement vordringliches Ziel der Besatzungsmacht. Neben der Verfolgung der kirchlichen Organisationen ging man daran, die Wissenschaftselite des Landes zu vernichten. Die Professoren der Krakauer Universität wurden schon im November 1939 in das KZ Sachsenhausen deportiert und dort ermordet. Die Warschauer Hochschulen blieben grundsätzlich geschlossen. Eine Schulbildung sollte es nur auf dem geringsten Niveau geben, die Schulpflicht galt nur noch bis zum 12. Lebensjahr.

Noch schlechter sahen die Bildungsaussichten für Polen in den dem Reich angeschlossenen Gebieten aus. Im Ostteil des »Warthelandes«, in dem im April 1940 in »Litzmannstadt« umbenannten Lodz, wurde der Schulunterricht für polnische Kinder grundsätzlich verboten.

Zu Himmlers bevorzugten Plänen gehörte die Verwandlung des Gebietes um Zamość im Generalgouvernement zu einer SS-Siedellandschaft. Zunächst sollten 27 000, später weitere 70 000 Deutsche dort angesiedelt werden. Doch verlief nicht alles so, wie geplant: Als im November 1942 in über 60 Dörfern eine Großaktion zur Umsiedlung von 15 000 Polen gestartet wurde, erfasste man nur 5600 Personen. Die übrigen waren geflohen. Später wurden noch ca. 40 000 Polen aus dem Raum um Zamość in Konzentrationslager verbracht oder zum Arbeitseinsatz deportiert. Kinder aus diesem Gebiet wurden unter unsäglichen Bedingungen in Heime gebracht und zur Adoption durch hitlertreue Ehepaare freigegeben. In ähnlicher Weise wie Zamość war das Lubliner Gebiet dazu ausersehen, deutsch zu werden.

Ein Transport mit jüdischen Frauen und Angehörige der jüdischen Ghettopolizei auf dem Verladebahnhof in Lodz, 1943

Rechte Seite: Anschlagzettel aus Tschenstochau, 1942

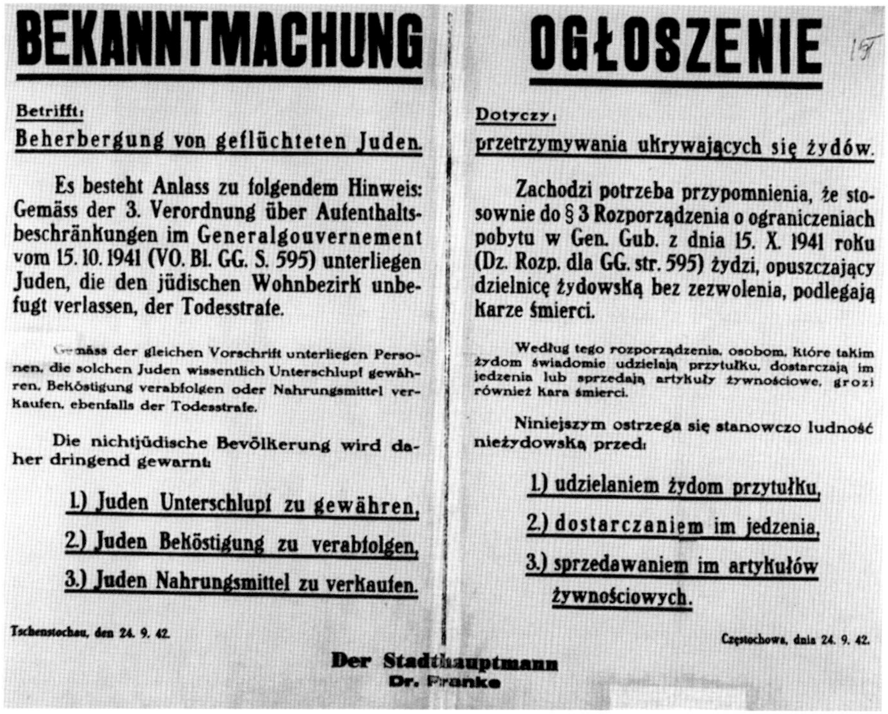

BEKANNTMACHUNG

Betrifft:
Beherbergung von geflüchteten Juden.

Es besteht Anlass zu folgendem Hinweis: Gemäss der 3. Verordnung über Aufenthaltsbeschränkungen im Generalgouvernement vom 15. 10. 1941 (VO. Bl. GG. S. 595) unterliegen Juden, die den jüdischen Wohnbezirk unbefugt verlassen, der Todesstrafe.

Gemäss der gleichen Vorschrift unterliegen Personen, die solchen Juden wissentlich Unterschlupf gewähren, Beköstigung verabfolgen oder Nahrungsmittel verkaufen, ebenfalls der Todesstrafe.

Die nichtjüdische Bevölkerung wird daher dringend gewarnt:

1.) Juden Unterschlupf zu gewähren,

2.) Juden Beköstigung zu verabfolgen,

3.) Juden Nahrungsmittel zu verkaufen.

Tschenstochau, den 24. 9. 42.

OGŁOSZENIE

Dotyczy:
przetrzymywania ukrywających się żydów.

Zachodzi potrzeba przypomnienia, że stosownie do § 3 Rozporządzenia o ograniczeniach pobytu w Gen. Gub. z dnia 15. X. 1941 roku (Dz. Rozp. dla GG. str. 595) żydzi, opuszczający dzielnicę żydowską bez zezwolenia, podlegają karze śmierci.

Według tego rozporządzenia, osobom, które takim żydom świadomie udzielają przytułku, dostarczają im jedzenia lub sprzedają artykuły żywnościowe, grozi również kara śmierci.

Niniejszym ostrzega się stanowczo ludność nieżydowską przed:

1.) udzielaniem żydom przytułku,

2.) dostarczaniem im jedzenia,

3.) sprzedawaniem im artykułów żywnościowych.

Częstochowa, dnia 24. 9. 42.

Der Stadthauptmann
Dr. Franke

Dem politischen Interesse, die polnische Identität zu verdrängen und zu vernichten, stand allerdings das wirtschaftliche Interesse entgegen, die besetzten Gebiete möglichst effektiv auszubeuten. In den Reichsgauen hatten dennoch, mit gewissen Unterschieden in den einzelnen Gebieten, Verdrängung und Vernichtung Vorrang; im Generalgouvernement änderten sich die Prioritäten mehrfach.

Das nationalsozialistische Unrecht und der Terror stieß auch bei Angehörigen der deutschen Volksgruppe auf Protest. Einige von ihnen, die sich polnischen Organisationen angeschlossen hatten, wurden als »Abtrünnige« besonders verfolgt. Nur wenige fanden den Weg zum deutschen Widerstand. Zu ihnen gehörte Ulrich-Wilhelm Graf Schwerin von Schwanenfeld, der als Landwirt 1926 auf ererbten Besitzungen in Polen ansässig geworden war und seitdem aktiv in Organisationen der deutschen Minderheit mitarbeitete. Vor dem nationalsozialistischen Volksgerichtshof nannte er die *vielen Morde* als einen Grund für seine Teilnahme an der Verschwörung des 20. Juli 1944.

Aufstand im Warschauer Ghetto Vom ersten Tag der Besatzung an war das Leid unter den Juden besonders groß. In noch viel stärkerem Maße als die übrige polnische Bevölkerung waren sie ohne jedes eigene Recht der Willkür, den Repressalien und den Übergriffen der Besatzer ausgeliefert. Mit der Deportation der in den Reichsgauen ansässigen Juden in gesonderte Wohngebiete und in das Generalgouvernement wurde nach dem Einmarsch der Deutschen sofort begonnen. Überall wurden die Juden in besondere, abgeschlossene Wohnviertel umgesiedelt. Auf das Verlassen dieser Quartiere stand die Todesstrafe. Hilfe und Unterstützung der jüdischen Bevölkerung stand für Polen unter schwerer Strafe. Außerdem versuchten die Besatzungsbehörden – teilweise erfolgreich –, Denunzianten unter der polnischen Bevölkerung zu gewinnen, die versteckte Juden gegen Belohnung verrieten. Und sie waren bemüht, unter Polen bereits vorhandene Vorurteile zu aktivieren, ihre Abneigung und ihren Hass gegenüber den Juden anzustacheln, sodass es auch von Seiten der polnischen Bevölkerung zu Ausschreitungen kam, und in Einzelfällen (wie vor kurzem bekannt geworden, im ostpolnischen Jedwabne) Polen jüdische Mitbewohner ihres Ortes ermordeten.
Die vollständige Erfassung der jüdischen Bevölkerung in Polen, ihre Ausschaltung aus dem Wirtschaftsleben und Ausbeutung durch Zwangsarbeit waren bereits gut organisiert, als nach dem Überfall auf die Sowjetunion am 22. Juni 1941 ein neuer Abschnitt der Judenverfolgung, die »Endlösung der Judenfrage«, begann. Oft unter blutigem Gemetzel wurden die kleineren Wohnviertel aufgelöst und die verbliebenen Juden in die Ghettos größerer Städte deportiert. In Lodz bestand ein derartiges Ghetto von 1941 bis 1944.
Gleiches geschah in den östlicher gelegenen eroberten Gebieten, etwa in Białystok. Von den Ghettos aus gingen die Transporte, wie auch die der inzwischen aus dem Deutschen Reich und den im Westen eroberten Ländern in das Generalgouvernement verbrachten Juden, in die ebenfalls auf dem Gebiet der Reichsgaue und des Generalgouvernements gelegenen Vernichtungslager: nach Kulmhof, Bełżec und Sobibór, nach Auschwitz-Birkenau und Treblinka.
Ein besonderes Schicksal hatte das zu einem Ghetto umgebildete innerstädtische Warschauer Wohngebiet. Am 19. April 1943 hatte die Jüdische Kampforgani-

Die Warschauer Ghettomauer, 1941

Rechte Seite: Überlebende des Warschauer Ghetto-Aufstandes werden von der SS zum Transport in ein Konzentrationslager abgeführt

sation ŻOB (Żydowska Organizacja Bojowa) unter Mordechaj Anielewicz den bewaffneten Aufstand im Warschauer Ghetto ausgelöst.
Das Ghetto mit einer Fläche von ca. 400 Hektar war – unter dem Vorwand der Seuchengefahr – schon im Frühjahr 1940 von den nichtjüdischen Wohnbezirken abgetrennt und mit einer drei Meter hohen Mauer umgeben worden. Juden durften es nur mit besonderem Passierschein zur Arbeit außerhalb des Ghettos verlassen.
Damit das Ghetto errichtet werden konnte, hatten 113 000 Polen und 130 000 Juden innerhalb Warschaus ihren Wohnsitz wechseln müssen. Immer neue Transporte aus inzwischen aufgelösten weiteren jüdischen Wohnplätzen füllten das bereits hoffnungslos übervölkerte Gebiet. Eine Wohnung war durchschnittlich mit 15 Personen, ein Raum mit sechs bis sieben Menschen belegt. Außerdem befand sich eine Vielzahl von Arbeitsstätten in dem Gebiet. Eine absolut unzureichende Lebensmittelversorgung, Seuchen und vor allem die Transporte in die Vernichtungslager, davon 310 000 nach Treblinka, ließen die zusammengepferchte Bevölkerung von nahezu 400 000 Menschen immer mehr schrumpfen. Zu den im Vernichtungslager Treblinka Ermordeten gehörte der Arzt, Pädagoge und Schriftsteller Janusz Korczak, der mit den 200 ihm anvertrauten Zöglingen seines Waisenhauses im August 1942 in den Tod ging. (Er erhielt 1972 postum den Friedenspreis des Deutschen Buchhandels.) Zu all dem waren zahlreiche Bewohner, vor allem Kinder, im strengen Winter 1941/42 erfroren.
Der Widerstand dauerte trotz der ungenügenden Bewaffnung der Kämpfer im Ghetto bis zum 16. Mai 1943. 56 000 Menschen wurden in das Vernichtungslager Treblinka deportiert. Im September 1943 begannen die Deutschen, die letzten Reste der noch stehenden Gebäude, darunter die große Warschauer Synagoge und Ghettomauern zu sprengen.
Nur Wenige hatten unter unvorstellbaren Bedingungen in unterirdischen Verstecken überlebt. Einige von ihnen wurden von polnischen Familien versteckt. Zu ihnen gehörte der Literaturkritiker und Goethe-Preisträger Marcel Reich-Ranicki, der dies in seiner Autobiographie eindrucksvoll geschildert hat. Anderen aus dem Ghetto Entkommenen gelang es, sich Partisanengruppen anzuschließen, sie kämpften später im Warschauer Aufstand von 1944 mit – der Ghettoaufstand war für die sich erhebenden Polen ein Fanal des Widerstands.

Oben: Beginn des Warschauer Aufstands im August 1944, Barrikadenbau

Rechts: Gefangen genommene polnische Kollaborateure. Sie wurden von den Aufständischen mit dem Hakenkreuz gekennzeichnet und später erschossen

Der Warschauer Aufstand *Wir führen seit fünf Wochen den Kampf um Warschau. Ich habe als Kommandeur dort den SS-Obergruppenführer von dem Bach eingesetzt. Der Kampf ist der härteste, den wir seit Kriegsbeginn durchgeführt haben. Er ist vergleichbar mit dem Häuserkampf in Stalingrad. Ebenso schwer ist er. Der General Bor wurde betrogen von den Russen.* (Smith) Dies berichtete am 21. September 1944 der Reichsführer SS Heinrich Himmler vor Wehrkreisbefehlshabern und Schulkommandeuren vom Warschauer Aufstand.

Der Aufstand war am 1. August 1944 durch den Befehl »Burza« (Gewitter) ausgelöst wurden. Der Plan sah vor, mit einer Truppe von 30 bis 40 000 Soldaten der polnischen »Armia Krajowa« (AK: Heimatarmee) die zentralen Teile der Hauptstadt innerhalb von 48 Stunden zu besetzen.

Die Ausrüstung der Kämpfer war schlecht: Man verfügte über keinerlei schwere Waffen. Lediglich vier Tage offensiven Kampfes waren mit den vorhandenen Waffen und der Munitionierung denkbar. Bis dahin – so hoffte man – würden

Kampf um die Telefonzentrale PAST in Warschau

Mitglieder der polnischen Heimatarmee (AK)
vor der Telefonzentrale PAST

feindliche Depots eingenommen sein. Auch substanzielle Unterstützung durch die Westalliierten, der Abwurf von Waffen und Munition, waren Teil des Planes. Zusagen indes lagen nicht vor. Mit der Lebensmittelversorgung sah es ähnlich schlecht aus. Voraussetzung für ein Gelingen war mithin die schnelle Vereinigung mit den vorrückenden sowjetischen Truppen..

Den tatsächlich zur Verfügung stehenden ca. 20 000 Kämpfern der AK standen in Warschau zunächst 13 000 Deutsche, Wehrmacht und Polizei, gegenüber. Sie waren allerdings weit besser ausgerüstet und kampferfahrener als die polnischen Soldaten.

Nicht militärische Überlegungen, sondern politisches Kalkül hatte die Aufstandsplanung und -vorbereitung bestimmt.

Für die Deutschen hatte sich die militärische Lage innerhalb eines kurzen Zeitraums weiter verschlechtert: Am 22. Juni 1944 begann der Hauptangriff der überlegenen sowjetischen Truppen auf die zwischen den Pripjetsümpfen und der Düna befindliche Heeresgruppe Mitte. Wie zu Beginn des Russland-

Oben: Verwundet und erschöpft – polnische Widerstandskämpfer nach dem Zusammenbruch des Warschauer Aufstands

Linke Seite, links: Nach der Niederschlagung des Warschauer Aufstands verhandeln polnische Unterhändler von General Bór mit deutschen Offizieren über die Kapitulationsbedingungen

Linke Seite, rechts: General Tadeusz Bór-Komorowski, Befehlshaber der polnischen Heimatarmee nach der Unterzeichnung der Kapitulationsbedingungen am 4. Oktober 1944

feldzuges die Deutschen, vernichtete nun die Rote Armee den deutschen Gegner in Kesselschlachten. Bald waren 25 von ursprünglich 40 Divisionen der Heeresgruppe Mitte vernichtet. Am 2. Juli ging Minsk verloren, am 13. Juli erreichten die Sowjets Wilna, am 16. Juli Grodno und am 18. Juli Białystok; am 1. August nahmen sie Kowno ein. Die deutsche Heeresgruppe Nordukraine war bereits ab dem 14. Juli 1944 Angriffen ausgesetzt, aus Lemberg mussten sich die Deutschen am 27. Juli zurückziehen, am folgenden Tag aus Brest-Litowsk. Sowjetische Truppen standen nun an San und Weichsel und rückten auf Warschau vor.

Die in London residierende polnische Exilregierung hatte mit Besorgnis registriert, dass die Frage der zukünftigen polnischen Grenzen auch in den Verhandlungen von Teheran nicht vollständig geklärt worden war. In den befreiten Gebieten wurde die Zusammenarbeit mit der London verantwortlichen AK nicht gesucht, sondern man unterstützte den am 8. Mai 1943 gegründeten, der kommunistischen Partei und Moskau nahe stehenden »Związek Patriotów Polskich« (ZPP: Verband polnischer Patrioten). Am 15. Juli 1943, dem Jahrestag der Schlacht von Tannenberg/Grunwald, hatten die unter General Zygmunt Berling, einem ZPP-Präsidiumsmitglied, in der Sowjetunion aufgestellten polnischen Truppen (die Kościuszko-Division) ihren Fahneneid abgelegt. Sie bewährten sich in den folgenden verlustreichen Kämpfen bis hin zur Schlacht um Berlin.

Am 27. Juli 1944 reiste der polnische Ministerpräsident Stanisław Mikołaiczyk von London nach Moskau, um die strittigen Fragen zu lösen. Er musste warten; erst am 31. Juli empfing ihn Außenminister Molotow; am 3. August konnte er mit Stalin sprechen. Stalin hatte allein Interesse daran, dass die Londoner Regierung das in Cholm unter sowjetischer Aufsicht im Juli zusammengestellte und kurze Zeit später nach Lublin umgesiedelte »Polski Komitet Wyzwolenia Narodowego« (PKWN: Polnisches Komitee der nationalen Befreiung; [Lubliner Komitee]) offiziell anerkannte. Dies tat Mikołaiczyk. Er wusste allerdings zu diesem Zeitpunkt nicht, dass der für Ostpolen geltende Befehl, die AK zu entwaffnen, während seines Aufenthaltes auf das gesamte Land ausgedehnt worden war. Die bewaffneten polnischen Kräfte im Lande selbst unterstanden ab diesem Zeitpunkt nur noch Stalin. Eine Zusicherung für die Unterstützung der Aufständischen in Warschau erhielt Mikołaiczyk nicht.

Die sowjetischen Stellungen Trotz beachtlicher Anfangserfolge und Geländegewinne gelang es den Aufständischen nicht, strategisch wichtige Punkte, vor

Bereits kurz nach der Besetzung Polens durch deutsche und sowjetische Truppen entstanden Untergrundorganisationen, die aus Offizierskreisen, aus Vertretern politischer Parteien und Gewerkschaften oder auch der Pfadfinder gebildet wurden. Auf dieser Basis wurde der polnische Untergrundstaat aufgebaut. Er umfasste die Heimatarmee (Armia Krajowa, abgekürzt: AK), die Vorstufe eines Parlaments, die Politische Vertretung des Landes (Krajowa Reprezentacja Polityczna), aus der am 9. Januar 1944 der Rat der nationalen Einheit (Rada Jedności Narodowej) hervorging, sowie die Vertretung der Regierung der Polnischen Republik im Lande (Delegatura Rządu Rzeczypospolitej Polskiej na Kraj) – die Exekutive, die die polnische Regierung im Londoner Exil vertrat. Weiterhin gab es eine provisorische Verwaltung, die für die Administration nach der Befreiung vorgesehen war, ein geheimes Schul- und Hochschulwesen, und eine Untergrundpolizei. Der Spionageapparat versorgte die Alliierten mit wichtigen Informationen und störte durch Sabotageakte den deutschen Nachschub in den Osten.

In der Untergrundpresse wurden verbindliche politische Verhaltensregeln gegenüber den Okkupanten propagiert; wer gegen sie verstieß, musste mit Boykott oder Strafen bis hin zur Todesstrafe rechnen.
Es gab Hilfseinrichtungen wie z. B. den Rat zur Unterstützung der Juden (Żegota). Ziel des Untergrundstaates war die Unabhängigkeit Polens, die durch einen großen nationalen Aufstand erreicht werden sollte, wie er am 1. August 1944 in Warschau ausgerufen wurde.

Links: Angehörige eines Frauenbataillons der polnischen Heimatarmee auf dem Weg in die Gefangenschaft

Rechts: Stanisław Mikołaiczyk, Ministerpräsident der polnischen Exilregierung in London

allem nicht die Weichselbrücken oder einen der Warschauer Flugplätze einzunehmen. Die polnische Fahne, die auf einigen weithin sichtbaren Gebäuden im Stadtzentrum und in der Altstadt gehisst werden konnte, gab den Aufständischen einige Zuversicht. Aber am 4. August verstärkten weitere Kampfeinheiten die deutschen Besatzungskräfte. Dies waren vor allem die als SS-Kommando aus Russen gebildete Einheit RONA und die aus Kriminellen – Himmler sprach gern von *Wilderern* – zusammengestellte SS-Brigade des Oskar Dirlewanger. Sie verübten jede Art von Verbrechen gegen die Zivilbevölkerung.
Eine Gegenoffensive begann.

Die Aufständischen konnten allein aus der Luft unterstützt werden. Am 5. und 11. August starteten in Italien britische und amerikanische Versorgungsflieger. Nach der Einnahme der östlichen Vorstadt Praga durch die Rote Armee am

In einem Wald bei Smolensk in Weißrussland wurde 1943 mit beträchtlichem, vom deutschen Propagandaminister Joseph Goebbels gesteuerten Propagandaaufwand ein Massengrab mit ca. viertausend Toten der internationalen (d. h. neutralen) Presse vorgeführt. Die Opfer waren durch Genickschüsse getötet worden. Es ist sicher, dass sie zu den ca. 15 000 polnischen Offizieren gehörten, die nach der Niederlage Polens 1939 die deutsch-russische Demarkationslinie überschritten hatten, um nicht in deutsche Kriegsgefangenschaft zu geraten. Ihre Spur verlor sich nach ihrer Trennung von den Mannschaften im Frühjahr 1940 im sowjetischen Machtbereich. Die Offiziere waren Angehörige der gebildeten Mittel- und Oberschicht, und ein großer Teil besaß eine akademische Ausbildung. Stalin war wie auch Hitler am Fortbestand einer polnischen Elite nicht interessiert.

Von sowjetischer Seite ist während und nach dem Krieg die Täterschaft bestritten, und das Verbrechen an den Offizieren den Deutschen zugewiesen worden. Der sowjetische Versuch, die Tat zu einem Anklagepunkt gegen die deutschen Angeklagten des Nürnberger Prozesses im Jahr 1946 zu machen, misslang. Heute steht die sowjetische Täterschaft fest. Die von Moskau lange geleugnete Tat bildete für lange Zeit ein Hindernis bei der Ausbildung nachbarlicher Beziehungen Polens mit Russland.

Nach der Niederlage des Warschauer Aufstands mussten alle Bewohner die Stadt verlassen. Auf Befehl Hitlers wurde Warschau dem Erdboden gleichgemacht. Aufnahme vom November 1944

13./14. September gab es auch einige Versorgungsflüge der Sowjets. Die Landung auf sowjetischen, wesentlich näher gelegenen Flugplätzen wurde den Westalliierten nicht gestattet.
Himmler bezeichnete das Verhalten der Sowjets gegenüber dem Kommandeur des Aufstands, General Bór-Komorowski, als *Betrug*. Diese Einschätzung wird bis heute von vielen Polen geteilt, doch entspricht dies nicht den vorliegenden Fakten. Ein grundsätzlicher Fehler der polnischen Seite lag gewiss in der Absicht, durch die Auslösung des Aufstandes die sowjetische Armee zum Handeln zu zwingen und damit zugleich die eigene, die polnische Stärke und Initiative deutlich zu machen. Die so erstrebte Stärkung der Verhandlungsposition der Londoner Exilregierung hätte allerdings das Eingehen der sowjetischen Seite auf diesen Plan vorausgesetzt. Doch dies war nicht geschehen. Das Vorgehen widersprach den Intentionen Stalins. Auch die militärischen Voraussetzungen waren nicht gegeben. Ein von General Model vorgetragener deutscher Panzerangriff stoppte den Vormarsch und endete mit einem Verlust von über 50 Prozent der Schlagkraft der 2. Sowjetischen Panzerarmee bis zum 2. August. Damit war die schnelle Einnahme Warschaus nicht mehr möglich. Zudem hatte der raumgreifende Vorstoß Versorgungsprobleme aufgeworfen; auf sie hatte der Oberbefehlshaber der Ersten Weißrussischen Front, Konstantin Rokossowski, nachdrücklich hingewiesen. Eine Konzentration der Offensive auf Warschau hätte die Änderung der gesamten sowjetischen Planung des Feldzuges bedeutet. Der östlich der Weichsel gelegene Warschauer Stadtteil Praga mit ca. 200 000 Einwohnern wurde erst am 13. September eingenommen. Beteiligt waren daran auch die neu aufgestellten, von General Berling kommandierten polnischen Truppen. Doch gelang es nicht, über die Weichsel eine dauerhafte Verbindung herzustellen. Die Versuche kosteten über 2000 Soldaten das Leben.

Das Scheitern und die Vernichtung Eine reichliche Woche nach Himmlers Ausführungen, am 2. Oktober 1944, mussten die Warschauer Aufständischen aufgeben. Über zwei Monate hatte man den weitaus besser ausgerüsteten und versorgten Besatzungsstreitkräften Widerstand leisten können. Im Ergebnis der Kapitulationsverhandlungen wurden die Kombattantenrechte nicht nur für die Mitglieder der AK, sondern auch für die kommunistischen, am Aufstand Beteiligten und die sie unterstützenden Zivilbehörden vereinbart. 12 000 Kämpfer, zu denen in den folgenden Tagen noch 5000 Verwundete aus den Krankenhäusern überführt wurden, gingen in Gefangenschaft. Ein harter Kern entzog sich der Verhaftung und verblieb im Untergrund.

Die Gefangennahme und Behandlung der Kämpfer nach der Haager Landkriegsordnung hatte die deutsche Seite zunächst keineswegs vorgesehen. Erst die Kriegslage und die vage Hoffnung, die von der Sowjetunion im Stich Gelassenen in eine antikommunistische Front einbeziehen zu können, hatten einen Wandel bewirkt. Himmler hatte in der Rede vom 21. September hinzugefügt, was er Hitler beim Ausbruch des Aufstandes gesagt haben wollte: *Mein Führer, der Zeitpunkt ist unsympathisch. Geschichtlich gesehen ist es ein Segen, dass die Polen das machen. Über fünf, sechs Wochen kommen wir hinweg. Dann aber ist Warschau, die Hauptstadt, der Kopf, die Intelligenz dieses ehemaligen 16-, 17-Millionenvolkes der Polen ausgelöscht, dieses Volkes, das uns seit 700 Jahren den Osten blockiert und uns seit der ersten Schlacht um Tannenberg immer wieder im Wege liegt. Dann wird das polnische Problem geschichtlich für unsere Kinder und für alle, die nach uns kommen, ja schon für uns, kein großes Problem mehr sein.* (Smith) Mit den letzten Worten wird der an den SS-Obergruppenführer Erich von dem Bach-Zelewski gegebene Auftrag deutlich: die Auslöschung des polnischen Warschaus. Während eines Verhörs bei der polnischen Staatsanwaltschaft 1946 in Warschau präzisierte dies von dem Bach: *1. Alle Aufständischen sollten nach der Gefangennahme erschossen werden, ohne Unterschied, ob die Kampfhandlungen dem Haager Abkommen entsprechen oder nicht.*

Der nichtkämpfende Teil der Bevölkerung wäre ohne Unterschiede niederzumachen. Die ganze Stadt sei dem Erdboden gleichzumachen, d. h. alle Häuser, Straßen und alles, was sich in der Stadt befindet, soll zerstört werden. (Borodziej)

Massaker unter der Zivilbevölkerung fanden in den Ortsteilen Wola und Ochota bereits in den ersten Tagen statt. In Wola, wo 41 Orte von Massenerschießungen rekonstruiert werden konnten, wird die Zahl der Opfer auf 40 000 geschätzt. Bereits durch andere »Osteinsätze« berüchtigte Kampfgruppen waren nach Warschau beordert waren wie die RONA unter Oskar Dirlewanger. Sie verübten jede Art von Verbrechen gegen die Zivilbevölkerung. Gerade von dem Bach beendete die schlimmsten Exzesse – und rettete damit nach dem Krieg das eigene Leben. Für die Zivilbevölkerung gab es – auch wenn man die Erhebung als sinnlos ansah – keinen Ausweg. Denn die Flucht der Zivilisten aus dem Kampfgebiet war gleichbedeutend mit Tod und Verschleppung. Zahlreiche Ein-

Polnische Soldaten im eroberten Berlin.
Mai 1945

wohner und Flüchtlinge aus anderen Stadtteilen blieben trotz aller Gefahren und der im Lauf der Zeit immer größer werdenden Hungersnot im Kampfgebiet. In der Hauptstadt hatten vor dem Krieg um 1,6 Millionen Einwohner gelebt. Zum Zeitpunkt des Aufstandes lebten in den westlich der Weichsel gelegenen Stadtteilen noch ca. 720 000 Menschen, östlich der Weichsel, in Praga, 200 000. Die polnischen Zivilisten waren durch Kapitulationsvereinbarungen nicht geschützt. Über die Vertreibung der polnischen Wohnbevölkerung aus den Warschauer Innenstadtbereichen hinaus gab es Deportationen in Konzentrationslager und zum Arbeitseinsatz nach Deutschland. In der nun weitgehend menschenleeren Innenstadt begannen SS-Kommandos, die bedeutenden Gebäude, darunter Schlösser wie das Sächsische Palais, Bibliotheken und Archive sowie die Wohnhäuser zu sprengen.
Durch den Aufstand wurden die erhofften Ziele nicht erreicht. Er hatte unzählige Opfer gekostet. Die Verhandlungsposition der Londoner Exilregierung war nicht gestärkt worden, vielmehr war ihre militärische Organisation im Lande nahezu zerschlagen. Eine Befreiung aus eigener Kraft war nicht möglich gewesen. Das entscheidende militärische Gewicht blieb bei der Sowjetunion, die nun mit verstärkter Kraft ihre Vorstellungen von einer Nachkriegsordnung in Polen verfolgen konnte – Vorstellungen, die die polnischen Grenzen weit mehr als nach dem Ersten Weltkrieg verändern sollten.
Am 12. Januar 1945 begann die 1. Ukrainische Front unter Marschall Konew bei Baranow an der Weichsel die lange erwartete Offensive. Die deutschen Truppen hatten das in Trümmern liegende Warschau verlassen, als es am 18. Januar von Truppen der Roten Armee eingenommen werden konnte. In raschem Vormarsch wurde am 25. Januar die Oder bei Glogau erreicht. Noch einmal sollte an der Oder eine Zeit der Auffüllung der Reserven und Sicherung der Verbindungslinien stattfinden, bis im April der letzte Abschnitt des Krieges der Angriff auf die Reichhauptstadt Berlin begann. Polen war nun ganz von der deutschen Besatzung befreit.

Warschau nach dem Ende des
Zweiten Weltkriegs

IV

VERTREIBUNG, ERSTARRUNG, VERSÖHNUNG

Von der Feindschaft zur Partnerschaft

Das Kriegsende *Polen erlitt die höchsten demographischen Verluste ... unter den Ländern, die vom Zweiten Weltkrieg betroffen waren ... nach neuesten Schätzungen ... belief sich die Zahl der Toten auf etwa 5,5 bis 6 Millionen von 35,1 Millionen Menschen, die im Vorkriegspolen gelebt hatten. Der Großteil dieser Opfer ist der deutschen Besatzungspolitik anzulasten, der Rest der Sowjetunion und anderen Parteien. Die überwältigende Mehrheit von ihnen starb als Zivilisten. Etwa die Hälfte aller Opfer waren Juden...*
Demnach betrugen Polens Verluste pro tausend Einwohner 157 bis 171 Tote (entsprechend 15,7–17,1%). Im Vergleich dazu hatte die UdSSR 124 Tote, Jugoslawien 108, ... die Tschechoslowakei 21, ... Frankreich 13 ... Tote je tausend Einwohner zu beklagen...
Die Menschenverluste trafen alle Schichten der polnischen Gesellschaft, die relativ größten verzeichnete jedoch die Intelligenz. Von den insgesamt etwa 83 000 Personen mit akademischer Ausbildung kamen unter deutscher Besatzung etwa 33% um. (Borodziej/Ziemer)

So lautete die Bilanz der nationalsozialistischen Politik für Polen. Der britische Historiker Norman Davies beschrieb die psychologische Wirkung dieser Bilanz folgendermaßen: *Anderen Ländern, die im Zweiten Weltkrieg Millionen verloren hatten, half ein Bewusstsein eindeutiger moralischer Erklärungen, die Qual zu ertragen. Die Russen betrauerten ihre Kriegstoten in dem sicheren Wissen, dass ihre Opfer die Sowjetunion zu einer der Supermächte der Welt gemacht hatten. Die Briten und Amerikaner, deren Demokratien den Krieg unversehrt überstanden hatten, konnten glauben, dass die bei der Verteidigung der Freiheit gefallenen Männer*

und Frauen nicht vergeblich gestorben waren... Polens Tote waren ehrenhaft umgekommen, aber für keinen erkennbar lohnenden Zweck. (Davies)
Neben dieser menschlichen Tragödie hatte das Land kaum zu beziffernde materielle Verluste zu verkraften: zerstörte Häuser und Wohnungen, vernichtete Industrien, eine danieder liegende Landwirtschaft, geplünderte und verbrannte Archive, Museen und Bibliotheken. Und es musste mit den Folgen der deutschen (und sowjetischen) Besatzung umgehen, die im Bewusstsein vieler Polen ihre Spuren hinterließen:
Auf der einen Seite engagierten sich idealistisch und patriotisch eingestellte Personen im Widerstand gegen deutsche und sowjetische Besatzer, was hohe Verluste zur Folge hatte. Auf der anderen Seite führten Krieg und Besatzung zur Verrohung und Demoralisierung von relativ breiten Kreisen der Gesellschaft. Krieg, Verarmung und der Werteverfall trieben viele Menschen in die Kriminalität. (Borodziej/Ziemer)
Vor diesem Hintergrund vollzog sich die Ausdehnung Polens in die deutschen Gebiete jenseits von Oder und Neiße im Jahre 1945. In den auf der Potsdamer Konferenz von den Siegermächten getroffenen Entscheidungen wurde Polen die Verwaltung des Gebietes östlich der Oder und der Lausitzer Neiße übertragen; ein kurz darauf, am 16. August 1945, geschlossener und zunächst geheim gehaltener sowjetisch-polnischer Grenzvertrag regelte die territorialen Bedingungen für das wiedererstandene Polen.
Der Ausdehnung im Westen entsprach eine Verkleinerung des Gebietes im Osten, denn schon auf der Konferenz von Jalta im Februar 1945 war von den Westmächten die so genannte Curzon-Linie im wesentlichen als Westgrenze der Sowjetunion akzeptiert worden. Damit hatte Polen gegenüber der Vorkriegszeit ca. 180 000 Quadratkilometer verloren. In Hinblick auf die Gebietsveränderungen war zwischen der Sowjetunion und Polen im Juli ein Bevölkerungsaustausch vereinbart worden, der mehrere Millionen Menschen betreffen sollte.
Sozusagen als Gegenleistung für das Entgegenkommen der westlichen Alliierten in der territorialen Frage hatte Stalin sich verpflichtet, eine Koalitionsregierung mit nichtkommunistischen Kräften sowie freie Wahlen in Polen zuzulassen. Allerdings sah die Realität anders aus. Nach und nach wurde auch in Polen das sowjetische Herrschaftsmodell eingeführt. Damit entstand ein neues Polen, das geographisch, wirtschaftlich und politisch kaum noch mit Vorkriegspolen vergleichbar war, zudem wurde aus dem einstigen Vielvölkerstaat ein fast einheitlicher Nationalstaat.

Deutsche Flüchtlinge ziehen im großen Treck westwärts. Winter 1945

Rechte Seite: Anordnung der polnischen Behörde. April 1945

An

die Bevoelkerung Niederschlesiens

u. der Brandenburger-Südgebiete!

Die urslavischen von Polen durch den germanischen, imperialistischen Drang abgerissenen Gebiete sind dank dem siegreichen Vordringen der verbündeten Roten Armee sowie der heldenhaften Polnischen Armee für die Heimat zurückgewonnen.

Auf Grund einer Bestimmung des Ministerrats der Republik Polen übernehme ich die Staatsverwaltung auf diesen reinslavischen, zurückeroberten Gebieten.

Ich fordere die Bevölkerung zur loyalen und restlosen Unterordnung allen Verfügungen der polnischen Verwaltung sowie zur strikten Befolgung und Ausführung sämtlicher Anordnungen auf.

Jeder aktive sowie passive Widerstand wird mit Gewalt gebrochen und die Schuldigen werden nach den Bestimmungen des Kriegsrechts bestraft.

Die mit Gewalt u. Hinterlist germanisierte slavische Bevölkerung wird von mir betreut und ihr die Möglichkeit gegeben, zum Polentum zurückzukehren, für das die besten Töchter und Söhne dieser urslavischer Gebiete geblutet haben.

Der Beauftragte der Republik Polen
für das Verwaltungsgebiet Niederschlesien

Im April 1945.

Mgr. STANISLAW PIASKOWSKI

Curzonlinie

Die Festlegung der polnischen Ostgrenze nach dem Ersten Weltkrieg gestaltete sich schwierig, da in einem weiten Bereich im Osten die Polen in enger Verzahnung mit Litauern, Ukrainern und Weißrussen lebten. Für den Friedensschluss mit Litauen sah man in Paris eine Linie westlich der Eisenbahn Grodno-Wilna-Dünaburg (Dyneberg) vor. Unter Berücksichtigung dieser Grenzziehungen im Norden favorisierte die russische Regierung für den sich südlich anschließenden Raum eine von Norden nach Süden gradlinig verlaufende Grenze von Polock an der Düna bis Mogilev Podol'sk; der britische Außenminister Lord Curzon machte sie zur Grundlage von Waffenstillstandsverhandlungen. Die 1920 von Piłsudski geführte Offensive, die das ganze Ostgalizien in polnische Hand brachte, ließ diese Überlegungen dann aber überholt erscheinen.
Die nun nach Georg Nathaniel Curzon (1859–1925) »Curzonlinie« benannte Grenze markiert den Ostrand des geschlossenen polnischen Siedlungsgebietes. Allerdings lebten mehr als eine Million Polen östlich davon. Die im Frieden von Riga im März 1921 endgültig festgelegte Ostgrenze Polens lag ca.100-200 Kilometer östlich dieser Linie und schloss neben ukrainischen, litauischen und weißrussischen Siedlungsgebieten auch Wolhynien mit einer deutschen Minderheit ein.
Mit einigen kleineren Veränderungen zugunsten Russlands wurde die Curzonlinie zur Grundlage der im Ribbentrop-Molotow-Pakt vereinbarten Demarkationslinie und der auf der Potsdamer Konferenz im August 1945 beschlossenen Grenze des wiederhergestellten Polen.

Warschau 1946. Über dem provisorischen Geschäft das »Dreimal-Ja« des Juni-Referendums

Die Sowjetisierung Polens Die am 1. Januar 1945 aus dem Lubliner Komitee hervorgegangene prokommunistische Provisorische Regierung Polens ließ den Anhängern der Londoner Exilregierung praktisch keinen Raum. Die Entwaffnung der AK ging weiter. Der letzte Befehlshaber der Heimatarmee, General Okulicki, wurde im März 1945 mit anderen hohen Offizieren in die Sowjetunion verschleppt, wo ihnen im Juni desselben Jahres ein Schauprozess gemacht wurde. Alle Angeklagten erhielten langjährige Haftstrafen. Viele Anhänger der Londoner Regierung gingen aufgrund dieser Entwicklung in den Untergrund.
Dennoch stimmte der Führer der westlich orientierten Bauernpartei, Stanisław Mikołajczyk, der Bildung einer Regierung der Nationalen Einheit zu, die von den Alliierten anerkannt wurde. Mikołajczyk, der ehemalige Premierminister der Londoner Exilregierung, wurde stellvertretender Ministerpräsident, seine Partei erhielt fünf weitere Ressorts. Deren politisches Wirken wurde jedoch durch Repressionen immer weiter eingeengt. Bereits bei der Volksabstimmung

im Juni 1946 über die Abschaffung des Senats, die Nationalisierung der Grundstoffindustrie, eine Agrarreform und die Anerkennung der Oder-Neiße-Grenze gab es Wahlfälschungen. Während die Kommunisten und die mit ihnen verbündeten Parteien für ein dreimaliges Ja plädierten, empfahl die Bauernpartei; die Frage nach der Abschaffung des Senats zu verneinen. Trotz aller Behinderungen und Verfälschungen stimmten 32 Prozent gegen die Abschaffung des Senats. Die Wahlen zum verfassunggebenden Sejm im Januar 1947 fälschten die Kommunisten ebenfalls. Der Bauernpartei, die wahrscheinlich die Mehrheit der Stimmen erhielt, wurden offiziell nur zehn Prozent zugebilligt. An der Regierung unter Józef Cyrankiewicz wurde die Bauernpartei nicht mehr beteiligt. Mikołajczyk sah sich im Oktober 1947 zur Flucht gezwungen.
Die Westalliierten beließen es bei Protesten, und Polen wurde nach sowjetischem Vorbild umgestaltet. Die katholische Kirche blieb die einzige weiterhin existierende Macht außerhalb der kommunistischen Strukturen. Bei der Eingliederung der ehemaligen deutschen Gebiete war die Regierung bis zu einem gewissen Grad auf ihre Mitwirkung angewiesen.

Josef W. Stalin, Harry S. Truman und Winston Churchill (v. l.) während der Potsdamer Konferenz im Sommer 1945

Die Vertreibung der Deutschen Die gesetzlichen Grundlagen für die Vertreibung der Deutschen wurden auf der Potsdamer Konferenz verabschiedet, die vom 17. Juli bis zum 2. August im Potsdamer Schloss Cecilienhof stattfand. Vorgespräche dafür hatte es bereits auf den Konferenzen in Teheran und Jalta gegeben, auf denen sich die »großen Drei«, Josef W. Stalin, Franklin D. Roosevelt und Winston Churchill, auf die groben Linien einer Nachkriegspolitik geeinigt hatten. Die Westverschiebung Polens und ein Bevölkerungsaustausch waren von ihnen dort bereits ins Auge gefasst worden. In Potsdam nun entschieden Stalin, Harry S. Truman (Nachfolger des im April verstorbenen Roosevelt) und Churchill über die Zukunft Deutschlands.
Unabhängig davon hatte die Rote Armee jedoch schon Deutsche, die nicht aus den Ostgebieten geflohen waren, in die Sowjetunion deportiert, und in einigen Orten war es zu so genannten wilden Vertreibungen durch polnische Behörden gekommen. Trotz solcher Aktionen lebten zum Zeitpunkt der Potsdamer Konferenz noch ca. 4,4 Millionen Deutsche östlich von Oder und Neiße.
Nachdem bereits auf den alliierten Konferenzen während des Krieges die grundsätzliche Westverschiebung Polens geplant worden war, legte man auf der Potsdamer Konferenz die Grenzlinien fest: Die Gebiete östlich von Oder und Neiße

(mit Ausnahme des nördlichen Ostpreußens, das an die UdSSR fiel) wurden polnischer Verwaltung unterstellt. Eine endgültige Regelung sollte zwar einem Friedensvertrag vorbehalten bleiben, doch wurde zugleich festgestellt, dass die Umsiedlung der deutschen Bevölkerung nach Deutschland *durchgeführt werden muss,* und zwar *in ordnungsgemäßer und humaner Weise.*

Dafür fehlten jedoch sämtliche Voraussetzungen. Materiell war das kriegszerstörte Polen gar nicht in der Lage, die Mittel dafür bereitzustellen, und nach den Schrecken der nationalsozialistischen Besatzungszeit war auch nicht zu

erwarten, dass Rachegefühle auf Seiten der polnischen Behörden und der polnischen Bevölkerung keine Rolle spielen würden.
Auch in Polen wurde das ganze Ausmaß des Grauens der Nationalsozialisten erst durch die Befreiung der Häftlinge aus den Konzentrationslagern deutlich. Soweit man noch der Lagerkommandanten oder anderer Kriegsverbrecher habhaft werden konnte, wurden sie zum Tode verurteilt und die Hinrichtungen teilweise öffentlich vollzogen, ein Verfahren, das jedoch in Polen bald auf Kritik stieß.
Zu den Opfern der Nachkriegszeit gehörten allerdings auch wieder zahlreiche Juden. Das Pogrom von Kielce, bei dem am 4. Juli 1946 42 aus der Sowjetunion zurückkehrende Juden ermordet wurden, blieb kein Einzelfall. Die meisten Juden verließen Polen bald danach.
Deutsche Juden, die von den Nazis aus Städten wie Breslau vertrieben worden waren, wurden nun wie Deutsche behandelt. Und diese wurden systematisch ausgesiedelt – allerdings gab es hierbei Unterschiede. In Ermland und Masuren, wo zumindest der dort gesprochene Dialekt Polnisch bestimmt war, bemühten sich die polnischen Behörden um die Einheimischen, die »Autochthonen«, deren Germanisierung wieder rückgängig gemacht werden sollte. Für die aus Ost- und Zentralpolen Eingewanderten galten sie jedoch als »szwaby«, als Deutsche, besonders wenn sie Protestanten waren.
Deutsche wurden als Zwangsarbeiter zum Wiederaufbau des zerstörten Landes eingesetzt, wurden in Lager wie Lamsdorf/Lambinowice oder Schwientochlowitz/Świętochlowice gebracht und waren dort Hunger, Krankheiten ausgesetzt, wurden misshandelt oder ermordet. Die Vertreibungen verliefen in vielen Fällen menschenunwürdig. Ein Priester aus Grünberg berichtete:
Polnisches Militär rückte ein, und was jetzt an Rohheit und Brutalität geschah, spottet jeder Beschreibung. Mit Schüssen, Gewehrkolben und Peitschen wurden die Deutschen in ihrer ärmlichen Kleidung beraubt und ausgeplündert, auf die Straße getrieben und in Kolonnen in Marsch gesetzt. (Borodziej)
Die Polen, die aus dem sowjetisch gewordenen Ostpolen in die ehemaligen deutschen Ostgebiete kamen, hatten ähnliches erlebt: *Ziemlich lange standen wir am Schlagbaum in Medyka, dort befand sich jetzt die polnisch-russische Grenze. Es hieß, die Russen suchten in den Wagen nach Waffen. Gelegentlich raubten sie alles, angefangen bei Wertgegenständen – falls es jemand gelungen war, diese bei sich zu behalten – bis hin zu sämtlichen Dokumenten.* (Borodziej)

Oben: Der polnische Historiker Edmund Nowak veröffentlichte in diesem Buch eine Aufsehen erregende Untersuchung über die Verbrechen in Lamsdorf, einem Notaufnahmelager für Vertriebene

Rechte Seite, links: Gedenkstein für die Opfer des Judenpogroms vom Sommer 1946 in Kielce

Rechte Seite, rechts: Im Frühjahr/Sommer 1945 müssen mehr als eine Million Polen ihre Heimat in Ostpolen verlassen. »Repatrianten« auf dem Bahnhof Kattowitz-Ellguth im Juli 1945

Einige Polen, die zur Aussiedlung aus den ostpolnischen Gebieten gezwungen waren, erkannten auch die Analogie ihres Schicksals mit dem der Deutschen, die sie in den neuen Westgebieten, den so genannten wiedergewonnenen Gebieten antrafen, und denen die Ausweisung noch bevorstand.
So erinnert sich Michał Sobków, der sich selbst entsprechend der damaligen polnischen Sprachregelung als Repatriant bezeichnet, über ein erstes Zusammentreffen mit den einheimischen Deutschen:
Ich erriet, dass ihr Gemeinwesen im Zusammenhang mit der Umsiedlung wohl nicht die beste Meinung von den Repatrianten hatte. Aus dem weiteren Gespräch ergab sich, dass sie sich mit dem Schicksal ihres Volkes abfanden, aber schließlich – so sagten sie – konnten nicht alle Deutschen für die Verbrechen Hitlers büßen. Mir wurde bewusst, dass uns in gewissem Grade ein gemeinsames unglückliches Schicksal verband. (Becher/Borodziej)
Allgemein jedoch war das Bild, das die Polen und die Deutsche in den ersten Jahren nach 1945 voneinander hatten, durch den Terror der deutschen Besatzung

Links: Aufklärung. Ein in den westlichen Besatzungszonen Deutschlands verbreitetes Plakat

Unten: Flüchtlingslager in einer der Westzonen Deutschlands. In solchen Lagern lebten viele der Vertriebenen über mehrere Jahre

Rechte Seite, oben: Władysław Gomułka, 1945

Rechte Seite, unten: Bolesław Bierut

während des Zweiten Weltkriegs auf der einen Seite, und durch die entwürdigende Behandlung bei der Zwangsumsiedlung auf der anderen Seite geprägt.

Polen und die DDR als Teil des sozialistischen Lagers Ein gemeinsames Schicksal – so sollte sich bald zeigen – verband auch Polen und Deutsche, die in der sowjetischen Besatzungszone (SBZ) und später in der DDR lebten. Während der Stalinzeit war die Bevölkerung in beiden Staaten vergleichbaren Bedingungen ausgesetzt: Beider Außen- und Innenpolitik war von der sowjetischen Regierung in Moskau abhängig, die Kommunisten beherrschten mit Hilfe eines weit ausgebauten Sicherheitsapparates das Land. Oppositionelle Bewegungen wurden unterdrückt, in Polen in den ersten Jahren auch durch Gewalt. Der Kampf, den die Anhänger der Londoner Exilregierung sowie die UPA im Südosten gegen die kommunistische Diktatur führten, wurde mit militärischen Mitteln niedergeschlagen; 1947 erfolgte in der Aktion »Wisła« die Zwangsumsiedlung aller Ukrainer aus ihren Heimatorten in die Nord- und Westgebiete.
An der Spitze der kommunistischen Polnischen Arbeiterpartei (PPR) stand Władysław Gomułka, der als Vizepremier der provisorischen Regierung ab Juni 1945 zugleich als Minister für die wiedergewonnenen Gebiete zuständig war. Er gehörte zu der Gruppe in der Parteiführung, die während des Krieges in Polen geblieben war. Im Gegensatz zu den aus der Sowjetunion zurückgekehrten Funktionären wie Bolesław Bierut oder Jakub Berman wandte sich Gomułka gegen die Verfolgung einfacher AK-Mitglieder und eine vorschnelle Kollektivierung der polnischen Landwirtschaft. Er wurde daher 1948 wegen *nationalistischer und rechter Abweichung* von der Parteilinie von seinem Posten abberufen, 1951 verhaftet und aus der inzwischen aus Kommunisten und Linkssozialisten entstandenen PZPR (Polnische Vereinigte Arbeiterpartei) ausgeschlossen. Unter Gomułkas Nachfolger Bierut wurde die Sowjetisierung Polens verstärkt fortgesetzt, die Wirtschaft weitgehend verstaatlicht, das Kulturleben eingeengt, der sozialistische Realismus in der Kunst zur verpflichtenden Richtschnur erklärt. Der im Zuckerbäckerstil errichtete Warschauer Kulturpalast, ein Geschenk der Sowjetunion an Polen, ist das steingewordene Symbol dieser Zeit.
Dennoch musste das herrschende kommunistische System, anders als in der sowjetischen Besatzungszone und später in der DDR, immer mit einem starken gesellschaftlichen Gegner rechnen, ja teilweise sogar kooperieren: der katholischen Kirche, der weit über 90 Prozent der Bevölkerung angehörten. Gerade bei

der Integration der ehemaligen deutschen Ostgebiete war die katholische Kirche ein notwendiger Partner – und die katholische Kirche stellte dieses nationale Ziel über die Solidarität mit deutschen katholischen Priestern und Laien. Nach den bitteren Kriegserfahrungen, die gerade der katholische Klerus in der deutschen Besatzungszeit machen musste, ist verständlich, dass nationalkatholisches Denken (und Handeln) im Vordergrund stand.
In einem Abkommen, das Kirche und Staat im Jahr 1950 abschlossen hieß es: *Der Episkopat Polens stellt fest, dass sowohl die ökonomischen, geschichtlichen und religiösen Gesetze als auch die historische Gerechtigkeit verlangen, dass die wiedergewonnenen Westgebiete für immer bei Polen bleiben. Davon ausgehend, dass die wiedergewonnenen Westgebiete ein untrennbarer Bestandteil der Volksrepublik Polen sind, wird sich der Episkopat an den Heiligen Stuhl mit der Bitte wenden, die Kirchenverwaltungen unter Zubilligung der Rechte von Residenzialbischöfen in ständige bischöfliche Ordinariate zu verwandeln.*
Der Episkopat wird innerhalb der ihm zugänglichen Grenzen einer gegen Polen gerichteten feindlichen Tätigkeit widersetzen, namentlich den antipolnischen und revisionistischen Stellungnahmen eines Teils des deutschen Klerus. (Stehle)
Trotz solcher Übereinstimmung mit der offiziellen Politik war die Kirche Verfolgungen ausgesetzt, gegen Priester wurden Schauprozesse inszeniert und der Versuch unternommen, die Kirche zu spalten. Der Primas der katholischen Kirche, Kardinal Stefan Wyszyński, wurde 1953 sogar verhaftet und interniert, weil er sich geweigert hatte, dem Staat ein Recht auf Einmischung in innerkirchliche Angelegenheiten zuzugestehen.

Kardinal Wyszyński in der Heiligen-Kreuz-Kirche in Warschau, wo er seine erste Messe nach seiner Freilassung aus der Haft am 28. Oktober 1956 zelebriert

Rechte Seite: der Warschauer Kulturpalast, ein Geschenk der Sowjetunion an den kommunistischen Staat in Polen

Polen – DDR – BRD und der Kalte Krieg Mit der Gründung der Bundesrepublik Deutschland und der DDR im Jahr 1949 traten die deutsch-polnischen Beziehungen in eine neue Phase ein, denn Polen hatte nun ein sozialistisches »Bruderland« an seiner westlichen Grenze. Darauf durften überkommene Stereotype nicht weiter angewendet werden, um das sozialistische Lager nicht durch Konflikte zu belasten. Die DDR-Führung stand wiederum vor der Aufgabe, Polens neue Grenze zu garantieren, obwohl deutsche Kommunisten keineswegs mit der in Jalta und Potsdam beschlossenen Westverschiebung Polens einverstanden waren. Ein besonders prägnantes Beispiel dafür bot die deutsche kommunistische Stadtverwaltung von Stettin im Jahre 1945, die sich monatelang gegen die Übergabe der Stadt an Polen wehrte. Als dies dann am 5. Juli 1945

geschah, herrschte unter den KPD-Funktionären *tiefste Niedergeschlagenheit und Mutlosigkeit, besonders über den allen unverständlichen Beschluss.* So schilderte es der letzte deutsche kommunistische Bürgermeister Stettins, Erich Wiesner. (Pommern im Wandel)

Innerhalb des sowjetischen Lagers aber war für solche Gefühle kein Platz. Die DDR musste sich den Zielen sowjetischer Politik unterordnen und die Oder-Neiße-Grenze als Westgrenze Polens anerkennen. In dem im Juli 1950 geschlossenen Abkommen, dem Görlitzer Vertrag, wird diese Grenze sogar ausdrücklich *als Staatsgrenze zwischen Polen und Deutschland* anerkannt – die DDR postulierte damit einen Alleinvertretungsanspruch, der von der Bundesrepublik, ebenso wie die Anerkennung selbst, zurückgewiesen wurde. Nach Ansicht von Bundeskanzler Konrad Adenauer sollte eine angestrebte Wiedervereinigung in den Grenzen von 1937 stattfinden – ein Ansinnen, das die Westalliierten im Zuge der Verhandlungen über den Deutschlandvertrag jedoch zurückwiesen. Die *endgültige Festlegung der Grenzen Deutschlands* wurde bis zum Abschluss eines

1950 T 37

11

Blick nach POLEN

Die Ministerpräsidenten der Deutschen Demokratischen Republik und der Volksrepublik Polen beglückwünschen sich zum Zustandekommen dieses bedeutsamen Vertrages

Ministerpräsident Cyrankiewicz und stellvertr. Ministerpräsident Walter Ulbricht bei der Festlegung der Markierung der Friedensgrenze an Oder und Neiße

Minister Georg Handke und Handelsminister Tadeusz Gede unterzeichnen das Handelsabkommen, welches eine Steigerung des bisherigen Warenverkehrs um 60% vorsieht

Botschafter Prof. Dr. Fr. Wolf und Minister für Volksbildung Skrzeszewski unterzeichnen ein Protokoll über enge Zusammenarbeit auf allen Gebieten des kulturellen Lebens

Staatssekretär Bruno Leuschner und stellvertretender Leiter der staatlichen Wirtschaftskommission Eug. Szyr bei der Unterzeichnung des Abkommens für technisch-wirtschaftliche Zusammenarbeit

EIN ABKOMMEN FÜR GANZ DEUTSCHLAND

wurde am 5. und 6. Juni in Warschau zwischen der Deutschen Demokratischen Republik und der Volksrepublik Polen abgeschlossen!

Die deutsche Delegation wird bei ihrer Ankunft in Warschau auf das allerherzlichste begrüßt

Am Grabmal des unbekannten Soldaten, an welchem die deutsche Delegation einen Kranz niederlegte, steht sie erschüttert an der Urne mit 6 Kassetten Erde von Ländern, in denen polnische Freiheitskämpfer fielen

Staatspräsident Boleslaw Bierut

Ministerpräsident Cyrankiewicz

Ministerpräsident Otto Grotewohl

Präsident Wilhelm Pieck

In vielen Versammlungen und Kundgebungen nahm die Bevölkerung in der Deutschen Demokratischen Republik Stellung zu dem Deutsch-Polnischen Abkommen und stimmte überall begeistert diesem für uns so bedeutsamen Vertrage zu

Die deutsche Delegation wird nach ihrer Rückkehr vom Präsidenten Wilhelm Pieck zur Berichterstattung empfangen

Herausgeber: Verlag „Blick nach Polen". Verantw. Redakteur Karl Wloch. Entwurf: Fred Kellhaus

Druck: Leipzig M 402/Z 472

Unterzeichnung des Görlitzer Abkommens am 6. Juli 1950 durch Otto Grotewohl aus der DDR (links) und Józef Cyrankiewicz aus Polen. Damit erkannte die DDR die Oder-Neiße-Grenze als Staatsgrenze an

Linke Seite: DDR-Plakat zum Görlitzer Abkommen

Friedensvertrages hinausgeschoben. Adenauer beharrte wohl hauptsächlich aus innenpolitischen Gründen auf der Revision der Grenzen, denn er wollte auf die Stimmen der Vertriebenen nicht verzichten. Als er zum Ehrenritter des Deutschen Ordens ernannt wurde und im Ordensmantel auftrat, war das in den Augen vieler Polen ein deutlicher Beweis für die Gefahr, die aus dem Westen Deutschlands drohte.

Bestärkt wurden solche Befürchtungen durch das unzureichende Vorgehen der bundesdeutschen Justiz gegen NS-Kriegsverbrecher. Beispielsweise konnte ein Mann wie der ehemalige General der Waffen-SS, Heinz Reinefahrt, der maßgeblich an der Niederschlagung des Warschauer Aufstandes beteiligt war, Landtagsabgeordneter des »Blocks der Heimatvertriebenen und Entrechteten« (BHE) in Schleswig-Holstein und Bürgermeister in Westerland auf Sylt werden. Der BHE, von 1953 bis 1957 Koalitionspartner in der Adenauerregierung, blieb zwar eine vorübergehende Erscheinung in der Parteienlandschaft der Bundesrepublik, doch gerade im BHE hatten viele Alt-Nazis eine führende Rolle inne – und in dieser Partei wurde über die Möglichkeit eines siegreichen Krieges gegen die Sowjetunion spekuliert, als Voraussetzung für die Wiedergewinnung der *uns widerrechtlich genommenen Ostgebiete.*

Die Vertriebenen in der Bundesrepublik hatten in der »Charta der Heimatvertriebenen« auf Rache und Vergeltung verzichtet, gleichzeitig aber das *Recht auf Heimat* als Menschenrecht festgestellt. Wie die Wiedergewinnung der ehemaligen deutschen Siedlungsgebiete realisiert werden sollte, blieb allerdings ein Geheimnis der Verfasser des Dokuments.

Dennoch – die Vertriebenen integrierten sich in einem langwierigen Prozess politisch und gesellschaftlich in der Bundesrepublik. Radikale Parteien fanden bei ihnen nicht mehr Wähler als unter den alteingesessenen Bürgern.

Aus offizieller polnischer Sicht allerdings lebten nun in der DDR die »guten« Deutschen, in der Bundesrepublik hingegen die »Revisionisten« und »Revanchisten«, gegen die die Nord- und Westgebiete nur durch das starke Bündnis mit der Sowjetunion gesichert werden konnte. Die propagandistisch genutzte Furcht vor einer Rückkehr der Deutschen war über Jahrzehnte das wesentliche Bindemittel zwischen der kommunistischen Herrschaftsschicht und der dem Kommunismus größtenteils ablehnend gegenüberstehenden katholischen Bevölkerung.

Die Zwangsfreundschaft zwischen der Volksrepublik Polen und der DDR blieb eng begrenzt. Die DDR-Führung leugnete das Problem von Flucht und Vertreibung, so war zum Beispiel offiziell nicht von Flüchtlingen oder Vertriebenen, sondern nur von Umsiedlern die Rede. Das Schicksal von Millionen Deutschen und Polen, die von der Vertreibung betroffen waren, wurde praktisch totgeschwiegen. Für den Nationalsozialismus und seine Folgen, also auch den Überfall auf Polen und die Besatzungspolitik, musste aus der Sicht der DDR nur die Bundesrepublik die Verantwortung übernehmen, während die »antifaschistische« DDR schon immer auf der richtigen Seite gestanden hatte.

1950 wurde in der DDR eine »Deutsch-Polnische Gesellschaft für Frieden und gute Nachbarschaft« gegründet, doch schon nach zwei Jahren wieder aufgelöst. Die Kontakte mit dem Nachbarland sollten auf Staat und Partei beschränkt bleiben.

Der Juni-Aufstand 1953 in der DDR, drei Monate nach Stalins Tod, beunruhigte die polnischen Kommunisten, denn sie befürchteten, dass die Oppositionskräfte im eigenen Land dadurch gestärkt würden. Der antiklerikale Kurs wurde verschärft. Gegen den Bischof von Kielce, Czesław Kaczmarek, inszenierte man im September 1953 ein Schauprozess, der Primas der katholischen Kirche, Stefan Wyszyński, wurde verhaftet.

Bundeskanzler Konrad Adenauer (links) wird am 10. März 1958 in der Basilika St. Andreas zu Köln als 12. Ehrenritter in den Deutschen Orden aufgenommen

Mitgliedsausweis der »Deutsch-Polnischen Gesellschaft für Frieden und gute Nachbarschaft«. Die am 3. März 1950 gegründete Gesellschaft existierte allerdings nur zwei Jahre

Der Polnische Oktober Auslöser für politische Veränderungen in Polen und damit auch für das Verhältnis zu der DDR und der Bundesrepublik war die Rede Nikita S. Chruschtschows, des Ersten Sekretärs der KPdSU auf deren XX. Parteitag im Februar 1956. Mit dieser Rede, in der erstmals die Verbrechen der Stalinzeit offiziell zugegeben wurden, leitete Chruschtschow in der Sowjetunion den Prozess der Entstalinisierung ein.

Am 12. März starb in Moskau der polnische Parteiführer Bierut. Der Nachfolger Edward Ochab versprach eine Änderung der stalinistischen Politik seines Vorgängers. Mit einer umfassenden Amnestie versuchte er der Unzufriedenheit unter der Bevölkerung entgegenzuwirken, doch schon im Juni 1956 demonstrierten und streikten – während der Internationalen Messe – in Posen Tausende von Arbeitern. Die Unruhen wurden blutig niedergeschlagen, zugleich suchte man jedoch nach einem Weg aus der Misere.

In der Hoffnung, damit der weiterhin angespannten Lage in Polen Herr zu werden, wurde im Oktober 1956 Władysław Gomułka wieder an die Spitze der Partei berufen – ohne auf die Zustimmung der sowjetischen Führung zu warten; Gomułka genoss die Sympathie eines großen Teils der Bevölkerung. Gegenüber der Sowjetunion gelang es ihm, der polnischen Politik einen größeren Bewegungsspielraum zu verschaffen. Er machte die Kollektivierung der Landwirtschaft rückgängig, beschränkte die Macht der Geheimdienste, verfolgte eine liberalere Kulturpolitik und räumte der katholischen Kirche wieder mehr

8
Blick nach
POLEN
Marszalkowska
Mariensztat
1945
1949
1955
SO PLANT
1955
1949
1945
Blick von der Vorstadt Praga
über die Weichsel nach Warschau
Plata „Unij Lubelskij"
1945
1949
1955
WARSCHAU
1955
1949
1945
Früher Ghetto, jetzt Muranow
Nowa Marszałkowska
Herausgeber: Verlag Blick nach Polen. Verantwortlicher Redakteur: Karl Wloch
Entwurf: Fred Keilhaus. Druck: Sachsenverlag Leipzig III/18/211/Z 491

Arbeiteraufstand in Posen, 1956. Der Aufstand wurde zwar blutig niedergeschlagen, doch setzte danach eine gewisse Liberalisierung in der polnischen Politik ein

Linke Seite: DDR-Plakat zum Wiederaufbau Polens. In der DDR sprach man vom »Warschauer Tempo« als Synonym für den raschen Wiederaufbau der im Krieg zerstörten Städte

Rechte ein. Am 28. Oktober wurde Kardinal Wyszyński freigelassen. Nach den Sejm-Wahlen im Januar 1957 konnten auch fünf katholische Abgeordnete der dem Episkopat nahestehenden »Znak« (deutsch: Zeichen)-Gruppe in das polnische Parlament einziehen, wo sie eine wenn auch eingeschränkte Oppositionsrolle übernehmen konnte.

Zwar wurden viele Zugeständnisse des Jahres 1956 in der Folgezeit durch die Staats- und Parteiführung wieder zurückgenommen, doch unterschied sich Polen unter Gomułka ganz wesentlich von der DDR, wo an der stalinistischen Politik kaum etwas geändert wurde. Die SED-Führung betrachtete die Veränderungen in Polen mit größtem Argwohn und versuchte innerhalb des sowjetischen Lagers immer wieder, Polen auf den »richtigen« Kurs zu bringen. Insbesondere in wirtschaftlichen Fragen verfolgten Polen und die DDR verschiedene Interessen, sodass es im Rat für gegenseitige Wirtschaftshilfe (Comecon) mehrfach zu heftigen Auseinandersetzungen kam.

Eine Zusammenarbeit funktionierte höchstens auf der Ebene der Geheimdienste oder bei einer Aktion wie der gemeinsamen Intervention der Warschauer-Pakt-Staaten 1968 gegen die ČSSR und deren Reformkommunisten unter Alexander Dubček.

In der Bundesrepublik stießen die Veränderungen in Polen 1956 auf großes Interesse. Trotz polnischer Vorstöße kam es aber nicht zur Aufnahme von diplomatischen Beziehungen, denn die so genannte Hallsteindoktrin gestattete es der Regierung in Bonn nicht – außer im Fall der Sowjetunion –, mit einem Staat diplomatische Beziehungen zu unterhalten, der seinerseits diplomatische Beziehungen zur DDR pflegte.

Es kam aber zu wesentlich umfangreicheren Kontakten zwischen der Bundesrepublik und Polen, so wurden die bis 1956 nur auf niedrigem Niveau existierenden Handelsbeziehungen ausgebaut. Die Rotkreuzgesellschaften beider Länder verhandelten über die Freilassung von deutschen Kriegsgefangenen und Aussiedlungen von Deutschstämmigen aus Polen. Trotz der Vertreibungspolitik während der Nachkriegszeit waren zahlreiche Deutsche aus unterschiedlichen Gründen in Polen verblieben. 1955 durften lediglich 860 von ihnen Polen verlassen, in den folgenden drei Jahren waren es insgesamt 130 000.

Als erster offiziöser deutscher Besucher kam 1958 der Bundestagsvizepräsident Carlo Schmid aus der SPD nach Polen, doch seine Berichte über die politischen Gespräche, die er in Warschau geführt hatte – unter anderem über das Angebot der Aufnahme diplomatischer Beziehungen ohne ausdrückliche Anerkennung der Oder-Neiße-Grenze – verhallten im politischen Bonn und in der westdeutschen Öffentlichkeit ohne großes Echo.

Kurze Zeit später konnte der Sejmabgeordnete der katholischen Znak-Gruppe, Stanisław Stomma, als erster polnischer Parlamentarier in die Bundesrepublik reisen. Über ein zweieinhalbstündiges Gespräch mit Bundesaußenminister Heinrich von Brentano berichtete Stomma, dieser habe erklärt: *Die Grenzfrage ist zwischen uns strittig, aber man soll sie nicht überbewerten. Allmählich sterbe die Generation aus, die mit diesen Gebieten verbunden ist... Sicher wird dieses Problem kein Konfliktgegenstand zwischen Polen und Deutschen sein. Das Leben wird es von selbst lösen ... Polen besitzt diese Gebiete.* (Pailer)

Zu einer Änderung der Politik kam es infolge dieser Besuche in beiden Staaten jedoch noch nicht. So nutzte Parteichef Gomułka den 550. Jahrestag der Schlacht von Tannenberg erneut für einen polemischen Angriff auf die Bundesrepublik: *Die herrschenden Kräfte im westlichen Teil Deutschlands ... manifestieren ihre aggressiven Rachegelüste, ihre Verbundenheit mit den übelsten Traditionen des preußischen »Drang nach Osten« (deutsch im Original) ... Damit es keine Missverständnisse gebe, als wessen Erben diese Herren sich fühlen, hielt Kanzler Adenauer seine letzte rachelüsterne und kaltkriegerische Rede auf dem Revisionistentreffen der Preußen, wo die Kreuzritterstandarten wehten. Die Wolfsnatur des deutschen Imperialismus hat sich von den Zeiten Ulrichs von Jungingen bis zu den Zeiten Konrad Adenauers nicht geändert.* (Gomułka)

Trotz solcher offiziellen politischen Äußerungen gab es vor allem in kirchlichen Kreisen Versuche, die Beziehungen zu verbessern; in den Publikationen von Znak war das deutlich zu spüren. Die ökumenisch ausgerichtete, von dem evangelischen Pfarrer Lothar Kreyssing ins Leben gerufene (zunächst gesamtdeutsche) »Aktion Sühnezeichen« nahm mit Znak Kontakt auf und leistete in Auschwitz und anderen ehemaligen Konzentrationslagern Hilfsarbeiten bei der Instandhaltung der Gedenkstätten.

Polnische Kunst, die Filme eines Andrzej Wajda, polnische Gegenwartliteratur in Übersetzungen von Karl Dedecius und anderen oder polnische Plakatkunst fanden nach 1956 in der Bundesrepublik vermehrt Beachtung, Begegnungen von Wissenschaftlern und Studenten wurden möglich. Von besonderer – auch politischer – Bedeutung sollten sich 1965 zwei kirchliche Initiativen erweisen: die Ostdenkschrift der Evangelischen Kirche Deutschlands (EKD), an der der

Carlo Schmid besuchte als erster bundesdeutscher Parlamentarier Polen. Nach der Kranzniederlegung am Denkmal des Ghetto-Aufstandes in Warschau am 14. März 1958

Rechte Seite: Bereits in den fünfziger Jahren wurde die völlig zerstörte Warschauer Altstadt wieder originalgetreu aufgebaut. Aufnahme aus den neunziger Jahren

spätere Bundespräsident Richard von Weizsäcker mitwirkte, sowie der Briefwechsel zwischen den katholischen Bischöfen beider Länder. In der Ostdenkschrift wurde nicht explizit die Anerkennung der Oder-Neiße-Grenze gefordert, aber das Lebensrecht der in den ehemaligen deutschen Ostgebieten lebenden Polen hervorgehoben und zur Friedens- und Versöhnungsbereitschaft in Deutschland aufgerufen. Damit wurde in der westdeutschen Öffentlichkeit eine heftige Diskussion über die Möglichkeit der Grenzanerkennung ausgelöst.
In dem Brief der katholischen Bischöfe Polens an ihre deutschen Amtsbrüder lautete der Kernsatz: *Wir vergeben und bitten um Vergebung*. Dieser Satz war außergewöhnlich mutig, denn für die meisten Polen gab es nach den Leiden der Naziherrschaft keinen Grund, Deutsche um Vergebung zu bitten, selbst wenn sie Zeugen von polnischem Unrecht gegenüber Deutschen in der Nachkriegszeit geworden waren. Und dieser Satz entsprach auch nicht der politischen Linie der polnischen Regierung. Partei und Regierung starteten deshalb eine Propagandakampagne gegen den Episkopat – zum Teil durchaus erfolgreich, weil die Bitte um Vergebung bei vielen Gläubigen auf Unverständnis stieß.

Wasser auf die Mühlen der Parteistrategen war jedoch die Antwort der deutschen katholischen Bischöfe, die ein Übermaß an diplomatischer Vorsicht demonstrierte: kein Wort zur Oder-Neiße-Grenze, kein Wort, das auch nur ansatzweise mit der EKD-Denkschrift vergleichbar war. Es sah so aus, als glaubten die deutschen Bischöfe, sie würden sich in Gefahr begeben, wenn sie einen deutlichen Standpunkt einnähmen – und nicht die polnischen Bischöfe, die das Risiko in einer Diktatur bereits auf sich genommen hatten.

Es hat lange gedauert, bis sich Polens Katholiken von dem Schock darüber erholten, dass sie unter Protestanten sowie unter Sozialdemokraten und Liberalen in der Bundesrepublik auf mehr Verständnis stießen als bei Katholiken und Unionspolitikern.

Erst viel später, im Jahr 1968, wurde ein »Memorandum deutscher Katholiken zu den deutsch-polnischen Fragen« veröffentlicht, verfasst vom »Bensberger Kreis«, einer Gruppe zum Teil prominenter katholischer Geistlicher und Laien, das klare Aussagen wie die folgende enthielt: *Daher wird es für uns Deutsche unausweichlich, uns mit dem Gedanken vertraut zu machen, dass wir die Rückkehr*

Gomułka und Cyrankiewicz besuchen nach dem amerikanischen und sowjetischen auch den westdeutschen Pavillon auf der Posener Messe von 1963. Sie werden begrüßt von Berthold Beitz aus der Firma Krupp (rechts)

dieser Gebiete in den deutschen Staatenverbund nicht mehr fordern können. (Pailer)
Dieses Memorandum wurde vom polnischen Episkopat als angemessene Antwort auf den Bischofsbrief angesehen – wenn auch nicht vom ursprünglich angesprochenen Adressaten.

Auf dem Weg zum Vertrag von Warschau Insgesamt hatten die Ostdenkschrift der Evangelischen Kirche in Deutschland, der Briefwechsel der Bischöfe und das Memorandum des Bensberger Kreises die Öffentlichkeit in der Bundesrepublik soweit auf nötige Veränderungen in der Polenpolitik vorbereitet, dass die 1969 gewählte sozialliberale Regierung unter Willy Brandt die Anerkennung der Oder-Neiße-Grenze durch die Bundesrepublik Deutschland in die Wege leiten konnte.
Ein erster vorsichtiger Schritt war noch unter Adenauer getan worden, als im März 1963 vereinbart wurde, in Warschau eine Handelsmission zu eröffnen. Unter der seit 1966 in Bonn herrschenden große Koalition gab es dann aber keine neuen Impulse in Fragen der Ostpolitik.

Linke Seite: Die polnischen Schriftsteller Tadeusz Różewicz, Zbigniew Herbert und Karl Dedecius mit Walter Höllerer im Literarischen Colloquium der Akademie der Künste in West-Berlin, 1966

Polen – neben der DDR und der Tschechoslowakei das ökonomisch am stärksten entwickelte Land im Ostblock – suchte zur Überwindung seiner wirtschaftlicher Krise neue Partner im Westen. Doch schienen die Chancen für eine Normalisierung der Beziehungen wieder zu schwinden, als im Jahr 1968 eine antijüdische und antiintellektuelle Kampagne das politische Leben in Polen bestimmte. Studentendemonstrationen gegen das Verbot des Dramas »Totenfeier« des Nationaldichters Adam Mickiewicz hatten den Vorwand für die Hetze gegen Juden in Partei- und Staatsämtern gegeben. Gomułka bezeichnete sie als *Fünfte Kolonne*, und die »Partisanen«, d.h. die während des Krieges im Land gebliebenen kommunistischen Funktionäre, nutzten die Gunst der Stunde, die einst aus dem Moskauer Exil zurückgekehrten Kommunisten von ihren Posten zu entfernen. Das gleiche geschah mit den »Revisionisten«, die für einen weltoffeneren Kommunismus eintraten.

Zugleich hatte sich durch den Einmarsch der Warschauer-Pakt-Truppen in die ČSSR im August 1968 auch die internationale Lage verschärft.

Dennoch begann die sozialliberale Koalition unter Willy Brandt mit ihrem Konzept »Wandel durch Annäherung« die Beziehungen zu den Staaten des Warschauer Paktes neu zu gestalten, in der Hoffnung, dadurch auch die Kluft zwischen den beiden deutschen Staaten und ihren Bürgern zu verringern.

Gespräche über ein Abkommen zur Zusammenarbeit auf wirtschaftlichem und wissenschaftlich-technischem Gebiet führten bereits im Juni 1970 zum Erfolg und im Oktober zur Unterzeichnung. Die im Februar 1970 begonnenen Verhandlungen zwischen Bonn und Warschau über einen Normalisierungsvertrag zogen sich dagegen bis in den November 1970 hin. In dem »Vertrag über die Grundlagen der Normalisierung der gegenseitigen Beziehungen zwischen der Bundesrepublik Deutschland und der Volksrepublik Polen« erkannte die Bundesrepublik für sich – nicht für ein später wieder vereinigtes Deutschland – die Oder-Neiße-Grenze als *westliche Staatsgrenze der Volksrepublik Polen* an.

Willy Brandt unterschrieb diesen Vertrag am 7. Dezember 1970 in Warschau. Im Verlauf dieses Besuches kniete Brandt am Denkmal für die Helden des Warschauer Ghetto-Aufstandes nieder – das Bild ging damals um die ganze Welt. In Deutschland rief es scharfe Kontroversen hervor, in Polen wurde es mit einer Ausnahme, der in jiddischer Sprache erscheinenden Zeitung »Fołks-Sztyme«, nicht veröffentlicht. Für die antizionistisch eingestellten polnischen Kommunisten war es nicht das »richtige« Denkmal, vor dem Brandt gekniet hatte.

Einweihung des polnischen Grunwald-Denkmals 1960. Düsenjäger der polnischen Luftwaffe überfliegen das Gelände der Schlacht von Tannenberg von 1410

Rechte Seite: Władysław Gomułka, DDR-Parteichef Walter Ulbricht und Leonid Breschnew (v. l.) auf dem 5. Kongress der polnischen kommunistischen Partei im November 1968 in Warschau, drei Monate nach dem Einmarsch der Warschauer-Pakt-Staaten in Prag

Brandt selbst hatte vor dem Kniefall sowohl an den Ghetto-Aufstand von 1943 als auch an den Warschauer Aufstand von 1944 gedacht, wie er in seinen Erinnerungen deutlich machte: *Es war eine ungewöhnliche Last, die ich auf meinen Weg nach Warschau mitnahm. Nirgends hatte das Volk, hatten die Menschen so gelitten wie in Polen. Die maschinelle Vernichtung der polnischen Judenheit stellte eine Steigerung der Mordlust dar, die niemand für möglich gehalten hatte … Auf dem Weg nach Warschau lag die Erinnerung an sechs Millionen Todesopfer. Lag die Erinnerung an den Todeskampf des Warschauer Ghettos, den ich von meiner Stockholmer Warte verfolgt hatte und von dem die gegen Hitler kriegführenden Regierungen kaum mehr Notiz nahmen als vom heroischen Aufstand der polnischen Hauptstadt einige Monate danach.*

Er habe nichts geplant, als er sich auf den Weg zum Ghetto-Monument machte, erinnerte sich Brandt: *Am Abgrund der deutschen Geschichte und unter der Last der Millionen Ermordeten tat ich, was Menschen tun, wenn die Sprache versagt. Ich weiß es auch nach zwanzig Jahren nicht besser als jener Berichterstatter, der festhielt: »Dann kniet er, der das nicht nötig hat, für alle, die es nötig haben, aber*

Willy Brandt und Józef Cyrankiewicz nach der Unterzeichnung des Warschauer Vertrags am 7. Dezember 1970

nicht knien – weil sie es nicht wagen oder nicht können oder nicht wagen können«. (Pflüger/Lipscher)

Mit dem Abschluss des Normalisierungsvertrages hatte der polnische Parteichef Gomułka sein außenpolitisches Hauptziel erreicht: die Absicherung des polnischen Staatsgebietes auch von Seiten der Bundesrepublik. Die Garantie, die die DDR im Görlitzer Vertrag für die Oder-Neiße-Grenze gegeben hatte, war ihm nie ausreichend erschienen.

Vor dem Hintergrund seines außenpolitischen Erfolges wagte Gomułka wenige Tage vor dem Weihnachtsfest, einer drastischen Erhöhung der Lebensmittelpreise in Polen zuzustimmen. Die Empörung darüber war jedoch überall im Lande groß, in den Städten an der Ostseeküste gingen die Arbeiter auf die Straße und protestierten unüberhörbar. Der Armee wurde der Schießbefehl erteilt: Mindestens 45 Menschen wurden getötet, über 1000 verletzt.

Gomułka und seine engsten Vertrauten wurden aus dem Politbüro und weiteren Ämtern entfernt, die Führung der Partei übernahm Edward Gierek, der in Ober-

Rechte Seite: Willy Brandt ehrt die Opfer des polnischen Widerstands gegen das NS-Regime vor dem Ehrenmal des Warschauer Ghettos, 7. Dezember 1970

schlesien zum führenden Parteifunktionär geworden war. Er veränderte den politischen Kurs, setzte auf eine Verbesserung der Konsummöglichkeiten, machte die Preiserhöhungen rückgängig und erhöhte die Löhne. Um das Wachstum anzukurbeln, war er auf westliche Auslandskredite angewiesen – das Verhältnis zur Bundesrepublik sollte unter ihm stärker als unter den Vorgängern von wirtschaftlichen Nützlichkeitserwägungen bestimmt sein.

In der Bundesrepublik wurde der von Brandt in Warschau unterzeichnete Vertrag als Durchbruch in den Beziehungen zu Polen betrachtet – doch die Debatte über die Ratifizierung zog sich bis zum Mai 1972 hin. Im Bundestag stimmten 248 Abgeordnete dafür, 17 dagegen und 231 – fast alle Abgeordneten der CDU/CSU – enthielten sich der Stimme. In einer gemeinsamen Entschließung des Bundestages zu den Ostverträgen wurde festgehalten – zur Enttäuschung der polnischen Seite –, dass der Warschauer Vertrag *keine Rechtsgrundlage für die heute bestehenden Grenzen schaffe*.

Dennoch wurden nach der Ratifizierung zwischen der Bundesrepublik und Polen diplomatische Beziehungen aufgenommen.

Die Bundesrepublik hatte versucht, auch die Ausreise von Deutschen aus Polen vertraglich zu regeln. Das war jedoch nicht gelungen, stattdessen gab es nur eine einseitige Information der polnischen Regierung, dass *Personen mit unbestreitbar deutscher Volkszugehörigkeit* und *Personen aus gemischten Familien* die Ausreise gestattet werden sollte. Wiederum wurde die »Volksliste« zu einer Grundlage für die Bestimmung der Volkszugehörigkeit.

Polen erwartete über die Regelung der Grenzfrage hinaus Entgegenkommen bei der Entschädigung von Opfern der NS-Besatzungspolitik sowie großzügige Kreditgewährung.

Erst unter Willy Brandts Nachfolger Helmut Schmidt wurden 1975 anlässlich der Gipfelkonferenz in Helsinki neue Vereinbarungen getroffen: Polnische Rentenansprüche wurden pauschal mit 1,3 Milliarden DM abgegolten, Polen erhielt einen Finanzkredit in Höhe von einer Milliarde Mark, 125 000 Deutsche sollten in den folgenden vier Jahren ausreisen können.

Trotz der westlichen Kredite geriet die Wirtschaft Polens immer stärker ins Ungleichgewicht. Die Ausfuhrchancen für polnische Güter sanken nach der Energiekrise von 1973, und im Juni 1976 sah sich die Parteiführung ein zweites Mal zu erheblichen Preiserhöhungen für Lebensmittel gezwungen. Daraufhin kam es zu Arbeiterprotesten in Radom und in Ursus bei Warschau, die brutal

Westdeutsches Plakat gegen die Anerkennung der Oder-Neiße-Grenze

Linke Seite: Deutschlandtreffen der schlesischen Landsmannschaft in München 1971. Protest gegen die Ostpolitik der Bundesregierung

niedergeschlagen und mit hohen Gefängnisstrafen und Entlassungen geahndet wurden. Oppositionelle Intellektuelle, die zum Teil bereits an den Demonstrationen für die Freiheit des Wortes im Jahr 1968 teilgenommen hatten, bildeten im September 1976 das »Komitee zur Verteidigung der Arbeiter« (KOR), das sich ein Jahr später zum »Komitee für gesellschaftliche Selbstverteidigung« (KSS KOR) umwandelte. Es wurde zur Keimzelle für vielfältige oppositionelle Aktivitäten. Daneben entstanden Untergrundverlage und -zeitschriften sowie die »Fliegenden Universitäten«, die in Privatwohnungen Seminare und Vorträge zu ansonsten von offizieller Seite tabuisierten Themen veranstalteten. Im Zuge dieser Entwicklung schufen Katholiken aus den Klubs der katholischen Intelligenz und linke Kritiker des kommunistischen Systems wie Adam Michnik und Jacek Kuroń eine gemeinsame systemkritische Basis.

Für die deutsch-polnischen Beziehungen waren die siebziger Jahre in mehrfacher Hinsicht von Bedeutung: Obwohl sich die offiziellen Kontakte nur mühsam entwickelten, kam es zu vielfältigen Annäherungen zwischen Deutschen und Polen auf verschiedenen Ebenen. Der gegenseitige Reiseverkehr belebte sich, der wirtschaftliche und wissenschaftliche Austausch nahm zu. Zunehmend reisten Deutsche aus der Bundesrepublik in ihre alte Heimat und nahmen dort Kontakt mit den jetzt dort lebenden Polen auf. Die Parallelitäten von Vertreibung und Neuanfang wurden in privaten Gesprächen deutlich. Polnische Katholiken aus dem Umkreis der Klubs der Katholischen Intelligenz (KIK) und der Znak-Bewegung trafen mit den Mitgliedern des Bensberger Kreises sowie mit prominenten katholischen CDU-Mitgliedern zusammen, polnische Delegationen nahmen an deutschen Katholikentagen teil.

Von besonderer Bedeutung waren die unter der Schirmherrschaft der UNESCO ins Leben gerufenen deutsch-polnischen Schulbuchkonferenzen. Wissenschaftler aus der Bundesrepublik und Polen gaben Anregungen, wie aus den Schulbüchern beider Länder Vorurteile getilgt werden könnten. Sie verfassten zu diesem Zweck Gemeinsame Empfehlungen, die in der Bundesrepublik sehr kontrovers diskutiert wurden, aber zu einer Versachlichung des deutschen Polenbildes beitrugen.

Auch die Beziehungen zwischen der DDR und Polen veränderten sich in den siebziger Jahren, denn ab 1. Januar 1972 wurde zwischen den beiden Ländern ein visumfreier Reiseverkehr zugelassen. Das führte allerdings auch bald zu Problemen, da viele Polen das bessere Warenangebot in der DDR für Groß-

einkäufe nutzten – negative Reaktionen bei der ebenfalls unter Versorgungsmängeln leidenden DDR-Bevölkerung ließen nicht lange auf sich warten. Andererseits wurde die Möglichkeit, in Polen Urlaub zu machen, von vielen DDR-Bürgern gern genutzt. Die Begegnung mit dem zwar ärmeren, aber weltoffeneren Nachbarland führte bei manchem Besucher zu kritischen Betrachtungen des in der DDR praktizierten Sozialismus. So diskutierte man in den »Polenseminaren«, die von Günther Särchen, einem Angestellten des katholischen Magdeburger Bistums veranstaltet wurden, über unkonventionelle polnische Überlegungen zu diesem Thema. Zu den Gästen zählte unter anderen der spätere erste nichtkommunistische Nachkriegspremier Polens, Tadeusz Mazowiecki. In Polen gehörte der Krakauer Erzbischof Kardinal Karol Wojtyła zu den Gesprächspartnern Särchens.

Die Wahl von Kardinal Karol Wojtyła zum Papst Johannes Paul II. am 18. Oktober 1978 und seine Polenreise im Jahr darauf hatten auf die oppositionelle Stimmung in Polen einen außerordentlich großen Einfluss. Die Ratlosigkeit der

Rechts: Papst Johannes Paul II. während eines Besuchs in Polen. Auf der Fahrt in Tschenstochau, 1979

Linke Seite, links: Bundeskanzler Helmut Schmidt und sein Gast, der polnische Parteichef Edward Gierek (links) besichtigen eine Schachtanlage in Moers, 10. Juni 1976

Linke Seite, oben: Ab Januar 1972 gibt es zwischen der DDR und Polen visumfreien Reiseverkehr. Autoschlange auf der Oderbrücke von Frankfurt/ Oder nach Słubice

Linke Seite, unten: Polnischsprachige Sonderausgabe der »Jungen Welt« zum Jugendaustausch zwischen der DDR und Polen

Parteiführung angesichts der sich zusehends verschlechternden wirtschaftlichen Lage und der damit einhergehenden mangelnden Lebensmittelversorgung führte im Juli 1980 zu Streiks in Polen.
Im August 1980 brach dann auf der Danziger Leninwerft der folgenschwere Streik aus, der von dem Elektriker Lech Wałęsa angeführt wurde. Die Streikenden, die von oppositionellen Intellektuellen aus dem KSS KOR und aus der Znak-Gruppierung Unterstützung erhielten, stellten Forderungen auf, die weit über den ökonomisch-sozialen Bereich hinausgingen. Ein überbetriebliches Streikkomitee formulierte 21 Punkte, in denen im wesentlichen die Zulassung unabhängiger, sich selbst verwaltender Gewerkschaften gefordert wurde, weiterhin die Garantie des Streikrechts, die Freiheit des Wortes sowie die Freilassung aller politischen Gefangenen und die Wiedereinstellung entlassener Kollegen.
Am 31. August 1980 unterzeichneten der polnische Vizepremier Mieczysław Jagielski und Lech Wałęsa in Danzig eine entsprechende Vereinbarung.
Das überbetriebliche Streikkomitee wurde zur Keimzelle der neuen Gewerkschaft »Solidarność« (Solidarität), die in kurzer Zeit elf Millionen Mitglieder und damit mehr als ein Drittel aller erwachsenen Polen gewinnen konnte. Diese Entwicklung rief unter den sozialistischen Nachbarn Argwohn hervor; bald darauf stattfindende sowjetische Manöver nahe der Grenze wurden in Polen als reale Bedrohung empfunden. Unter diesen Umständen entwickelte die Solidarność das Konzept der sich selbst beschränkenden Revolution. Adam Michnik begründete es im September 1980:
In Wahrheit ist es so, dass sich dieses Land ohne eine Übereinkunft der Machthaber mit der Gesellschaft nicht regieren lässt ... Und schließlich gilt ebenso, dass der einzige Herrscher Polens, der von den Führern der UdSSR akzeptiert wird, die Kommunisten sind ... Was ergibt sich aus all dem? Es ergibt sich, dass jeder Versuch, gegen die Gesellschaft zu regieren, zur Katastrophe führen muss; es ergibt sich auch daraus, dass jeder Versuch, die kommunistische Herrschaft in Polen zu stürzen, ein Angriff auf die Interessen der UdSSR ist. So ist die Wirklichkeit ... Ich glaube nicht, dass in der gegenwärtigen geographischen Situation ein Absprung in die Unabhängigkeit und in den Parlamentarismus real wäre. (Holzer)
Trotz dieser Selbstbeschränkung blieb die kommunistische Führung gegenüber der Solidarność-Bewegung misstrauisch. Außerdem geriet Polens Regierung innerhalb des sozialistischen Lagers, besonders auch von Seiten der DDR, immer stärker unter Druck. Gegen die angeblich konterrevolutionären und antisowjeti-

Am 31. August unterzeichnet Lech Wałęsa mit Vertretern der Regierung das Danziger Abkommen, das unter anderem das Streikrecht in Polen garantiert und die Bildung einer unabhängigen Gewerkschaft, der Solidarność, zulässt

Rechte Seite: Streikende Arbeiter der Danziger Leninwerft bejubeln Lech Wałęsa, den Vorsitzenden des überbetrieblichen Streikkomitees, nach der Unterzeichnung des Abkommens

schen Kräfte im Lande sollten sie wirksame Maßnahmen ergreifen. Mit der Wahl von General Wojciech Jaruzelski zum Parteichef im Oktober 1981 (seit Februar 1981 hatte er das Ministerpräsidenten- und Verteidigungsministeramt inne) wurden die Weichen für die Vorbereitung des Ausnahmezustandes endgültig gestellt. Am 13. Dezember wurde das Kriegsrecht ausgerufen. Rund 5000 Oppositionelle wurden verhaftet oder interniert, einigen gelang es, in den Untergrund zu gehen und die Strukturen der Solidarność zu erhalten. Es kam zu Zusammenstößen von Miliz und streikenden Arbeitern, dabei fanden mehrere Menschen den Tod.

Die Solidarność-Bewegung stieß bei der DDR-Führung von Anfang an auf scharfe Ablehnung, in den DDR-Medien wurde eine Hetzkampagne entfesselt, antipolnische Stereotype wurden gepflegt und selbst das Zentralorgan der SED »Neues Deutschland« benutzte auf einmal den deutschen Namen Danzigs – bis dahin ein Tabu in dem sozialistischen Staat. Die DDR-Führung versuchte die polnische Parteiführung zu einem härteren Kurs gegen die Opposition zu bewegen und befürwortete in Moskau schließlich eine militärische Intervention. Im Oktober 1980 schloss die DDR die Grenze für den visumfreien Verkehr, Privatreisen wurden so gut wie unmöglich.

Unter der Bevölkerung der DDR war die Haltung gegenüber den polnischen Ereignissen zwiespältig. Sie reichte von krasser Ablehnung *(Die Polen sollen erst mal richtig arbeiten)* bis zu stiller Bewunderung. Nur in kleinen oppositionellen Kreisen gab es deutliche Solidarität mit der Solidarność.

Auch die westdeutschen Reaktionen waren nicht einheitlich. Der damalige Bundeskanzler Helmut Schmidt und seine Regierung befürchteten, dass die Errungenschaften der Politik der kleinen Schritte im innerdeutschen Verhältnis durch Unruhen im Nachbarland Polen gefährdet werden könnte. Daher reagierte Schmidt, der am 13. Dezember bei Erich Honecker in der DDR zu Gast war, äußerst zurückhaltend, wenn er meinte, die Polen müssten ihre Probleme selbst lösen. Schmidt nahm – wie der größte Teil der SPD – nicht wahr, dass die Solidarność-Bewegung auch ein Erfolg der eigenen Ostpolitik war. Statt die für Bürgerrechte und Demokratie kämpfende Bewegung zu unterstützen, wie es sozialdemokratischer Tradition entsprochen hätte, blieb der größere Teil der SPD auf die »Ruhe« garantierende polnische Regierung fixiert – auch in der Zeit des Kriegsrechts. Und nicht nur der Vorsitzende der SPD-Bundestagsfraktion, Herbert Wehner, äußerte Verständnis für die Kriegsrechtsherren, die er im Februar 1982 besuchte, der bayerische CSU-Ministerpräsident Bayerns, Franz-Josef Strauß, der 1983 Jaruzelski seine Aufwartung machte, zeigte sich den Argumenten der Regierenden in Warschau ebenso aufgeschlossen.

In der westdeutschen Bevölkerung löste die Ausrufung des Kriegsrechts dagegen eine Welle von Hilfsbereitschaft aus: Millionen von Paketen mit Lebensmitteln und anderen Mangelartikeln wurden – von der Post gebührenfrei – nach Polen gebracht; Kirchengemeinden, Hilfsorganisationen und Privatpersonen organisierten Transporte nach Polen. Das Bild, das die Polen allgemein von den Deutschen hatten, veränderte sich dadurch zum Positiven. Und da die Führung um Jaruzelski bemüht war, die wegen des Kriegsrechts unterbrochenen Kontakte in Richtung Westen wieder zu öffnen, gab es auch Möglichkeiten für neue Initiativen. So wurde 1984 die »Gemeinschaft zur Förderung von Studienaufenthalten polnischer Studenten in Deutschland e.V.« (GFPS) gegründet, die polnischen Studenten durch die Vergabe von Stipendien ein Studium in der Bundesrepublik ermöglichte.

Günter Grass signiert in einem Studentenklub in Warschau Exemplare seines Romans »Die Blechtrommel«, 1988

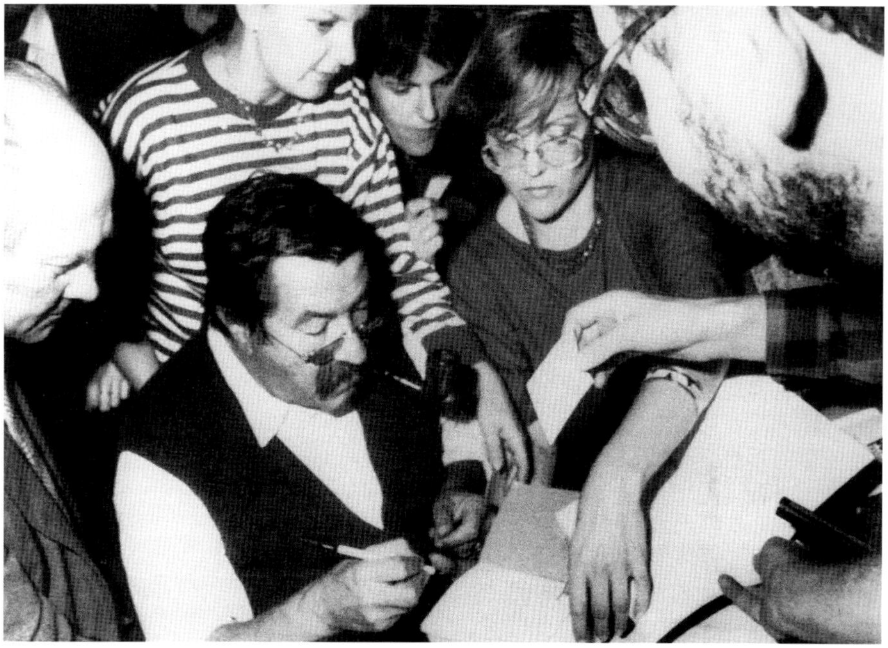

Das Polen der achtziger Jahre war von einem innenpolitischen Patt gekennzeichnet: Sowohl die Regierung als auch die Solidarność konnten ihre Ziele nicht durchsetzen. Weder Repressionen noch Amnestien machten die Regierung handlungsfähig, und Streiks und Proteste der Solidarność brachten keinen Durchbruch. Das führte beide Seiten – nicht zuletzt infolge des sowjetischen Reformkurses unter dem KPdSU-Generalsekretär Michail Gorbatschow – Anfang 1989 an den »Runden Tisch«. In diesen Verhandlungen wurde ein Übereinkommen getroffen, das der Solidarność die Möglichkeit zur Mitwirkung bei politischen Entscheidungen bot: Durch halbfreie Wahlen – der PZPR und ihren verbündeten Blockparteien wurde die Mehrheit der Sejmsitze garantiert – sollten auch Solidarność-Kandidaten eine Chance erhalten.

Am 4. Juni und am 18. Juni (Stichwahlen) 1989 fanden diese Wahlen statt. Im nicht nach diesem Schema gewählten (wiedereingerichteten) Senat erhielten die Solidarność-Vertreter 99 Prozent aller Sitze, im Sejm 161, also 35 Prozent der Sitze. Diese Höchstgrenze war am Runden Tisch vereinbart worden.

Linke Seite, oben: Am 13. Dezember 1981 verkündet General Jaruzelski in einer Fernsehansprache das Kriegsrecht über Polen

Linke Seite, unten: Paketaktion in der Bundesrepublik für die notleidende Bevölkerung in Polen, 1982

Politische Krisen in Polen 1956–1980

	1956	1968	1970	1976	1980	
Akteure	(Intellektuelle) Arbeiter	Studenten Intellektuelle	Arbeiter	Arbeiter	Arbeiter Intellektuelle (Bauern)	
Krisensymptome in der Wirtschaft	ja	nein	ja	ja	ja	
Anlass	Normerhöhung und Lohnsenkung	Provozierte Proteste	Preiserhöhung	Preiserhöhung	Preiserhöhung	
Verlauf	Streik Gewalttätigkeiten Repression Lohnerhöhung	Repression	Streik Gewalttätigkeiten Repression Teilrücknahme der Preiserhöhung plus Lohnerhöhung	Streik Gewalttätigkeiten Repression Rücknahme der Preiserhöhung	a) Juli/August Streik Lohnerhöhung	b) August Streik Verhandlungen
Auswirkungen in der Parteiführung	Personalwechsel in der politischen Führung	Machtkämpfe in der Parteispitze	Personalwechsel in der politischen Führung			Personalwechsel in der politischen Führung
Politische Konzessionen	Liberalisierung (Stellung der Kirche; Landwirt- schaft; kultureller Pluralismus)		Liberalisierung (Kultur, Landwirt- schaft; Westreisen)			»Gesellschafts- vertrag«; partei- unabhängige Gewerkschaft
Folgewirkung	Auch nach härterem innenpolitischen Kurs »liberaleres« politisches System als vor 1956	Endgültiger Bruch zwischen Intellektuellen und Partei	Auch nach härterem innenpolitischen Kurs »liberaleres« politisches System als vor 1970	Ansätze zu Koope- rationen zwischen Intellektuellen und Arbeitern Entstehen einer »Gegenöffentlichkeit«		Auch nach Kriegs- zustand »libe- raleres« politisches System als vor 1980 Stärkere Verrecht- lichung des öff. Lebens

1981 gestaltete der westdeutsche Künstler Klaus Staeck dieses Plakat, eine Aufforderung zur Solidarität

Gespräche am Runden Tisch zwischen Regierungsvertretern und Mitgliedern der polnischen Opposition. Warschau im Februar 1989

Doch es kam anders als von den Kommunisten vorhergesehen: Die mit der PZPR verbündeten Parteien schlugen sich auf die Seite der Solidarność, sodass zum ersten Mal in Nachkriegspolen ein nichtkommunistischer Regierungschef gewählt wurde. Tadeusz Mazowiecki erhielt auch Stimmen von PZPR-Abgeordneten – und in seiner Regierung saßen Vertreter von Solidarność, PZPR und den Blockparteien. Der Solidarność-Vorsitzende Lech Wałęsa blieb dagegen ohne Staatsamt, bis er im Dezember 1990 zum Präsidenten des Landes gewählt wurde und General Jaruzelski ablöste.

Für die deutsch-polnischen Beziehungen hatten sich infolge der demokratischen Entwicklungen in Osteuropa und in der DDR nach dem Mauerfall neue Voraussetzungen entwickelt. In Kreisen der bisherigen polnischen Opposition war man zu der Überzeugung gelangt, dass die Vereinigung der beiden deutschen Staaten nicht eine Gefahr für Polen sei, sondern Basis dafür, dass Polen sich mit den Demokratien Westeuropas verbinden könne. Jan Józef Lipski, einer der wichtigsten Vordenker der Opposition und Befürworter einer polnisch-deutschen

Aussöhnung, hatte noch vor dem Fall der Mauer erklärt: *Die Teilung Deutschlands ist zugleich eine Teilung Europas, und die Berliner Mauer ist ein Symbol dieser Teilung. Für ein Volk, das nach Europa zurückkehren will, wie z. B. Polen, ist das ein unheilverkündendes Symbol.*
Als Bundeskanzler Helmut Kohl am 9. November 1989 Polen besuchte, ahnte er nicht, dass am gleichen Tag die Berliner Mauer geöffnet werden sollte – doch damit zeichnete sich die Perspektive für eine Annäherung Polens an die westlichen Bündnisse konkreter ab. In einer Gemeinsamen Erklärung wurden die Grundsätze für eine künftige Zusammenarbeit festgelegt. Die Teilnahme Mazowieckis und Kohls an einer Versöhnungsmesse am 12. November 1989 in Kreisau, auf dem ehemaligen Gut des Widerstandskämpfers James Graf Moltke, war symbolhaft für den Beginn einer neuen Ära in den deutsch-polnischen Beziehungen.
In Kreisau meldete sich auch die deutsche Minderheit öffentlich zu Wort – für viele Polen, denen die Existenz dieser Deutschen in ihrem Land bis dahin verschwiegen worden war, sicher ein Schock – doch auch für diese Deutschen bot sich nun eine neue Perspektive in einem demokratischen Polen.
Trotz mancher Irritationen, die dem Kohl-Besuch im Zuge des Wiedervereinigungsprozesses folgen sollten – Kohl verzögerte aus innenpolitischen Gründen die gar nicht mehr zu umgehende Anerkennung der Grenze an Oder und Neiße als Grenze eines vereinten Deutschlands – wurde am 14. November 1990 der Grenzvertrag zwischen Polen und Deutschland unterzeichnet. Zuvor hatten am 21. Juni 1990 – nicht zuletzt unter dem Druck der US-Regierung – die zum ersten Mal wirklich frei gewählte DDR-Volkskammer und der Bundestag in einer gemeinsamen Erklärung die Westgrenze Polens anerkannt.
Der polnische Außenminister Krzysztof Skubiszewski sah damit die Zeit für eine deutsch-polnische Interessengemeinschaft gekommen: In dem zwischen Polen und Deutschland am 17. Juni 1991 geschlossenen »Vertrag über gute Nachbarschaft und freundschaftliche Zusammenarbeit« ist von gemeinsamen Interessen die Rede: Ziel sollte der Beitritt Polens in die westlichen Bündnisse, in die NATO und die Europäische Union sein – und Deutschland sah sich als Anwalt auf dem Weg zur Verwirklichung dieser Ziele.
Von besonderer psychologischer Bedeutung für Polen war die Tatsache, dass die Kohl-Regierung bereits vor der Unterzeichnung des Nachbarschaftsvertrags die Visumspflicht für Polen aufgehoben hatte. Damit war für jeden polnischen

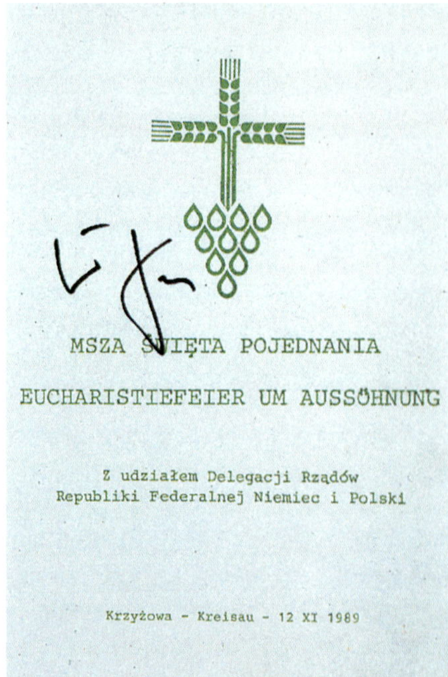

Oben: Bundesaußenminister Hans-Dietrich Genscher und sein polnischer Amtskollege Krzystof Skubiszewski unterzeichnen am 14. November 1990 in Warschau den deutsch-polnischen Grenzvertrag

Unten: Bundespräsident Roman Herzog vor dem Denkmal des Warschauer Aufstands am 1. August 1994

Linke Seite, oben: Bundeskanzler Helmut Kohl und der polnische Ministerpräsident Tadeusz Mazowiecki am 12. November 1989 in Kreisau

Linke Seite, unten: Signiert von Helmut Kohl: Heft mit Lieder- und Gebetstexten des Versöhnungstreffens in Kreisau im November 1989

Aus den Sejmwahlen am 23. September 2001 ging die Demokratische Linksallianz (SLD) als Sieger hervor. Sie erhielt 41,04 Prozent der Stimmen und damit 216 Sitze im Sejm. Zweitstärkste Gruppierung wurde die Bürgerplattform (PO) mit 12,68 Prozent (65 Sitze). Es folgten die Selbstverteidigung (Samoobrona) mit 10,20 Prozent (53 Sitze), Recht und Gerechtigkeit (PiS) mit 9,5 Prozent (44 Sitze), Polnische Bauernpartei mit 8,98 Prozent (42 Sitze) und Liga der Polnischen Familien (LPR) mit 7,87 Prozent (38 Sitze). Die Deutsche Minderheit (MN) erhielt 0,36 Prozent der Stimmen und – da nicht an die 5-Prozent-Klausel gebunden – 2 Sitze. Die Wahlaktion Solidarność (AWS), die zuvor mit Jerzy Buzek den Ministerpräsidenten gestellt hatte, sowie die Freiheitsunion (UW), die dessen Regierung zeitweise angehört hatte, gelangten nicht wieder ins Parlament.

Seit 2001 bilden die proeuropäische Demokratische Linksallianz, in der die postkommunistischen Sozialdemokraten die Hauptrolle spielen, und die Bauernpartei unter Ministerpräsident Leszek Miller (SLD) gemeinsam die Regierung. Mit der radikalen populistischen »Selbstverteidigung« unter dem unberechenbaren, vor kriminellen Aktionen nicht zurückschreckenden Bauernführer Andrzej Lepper, und der nationalistisch-katholischen Liga der Polnischen Familien sind nun in größerem Ausmaß dezidiert antieuropäische Bewegungen im Sejm vertreten.

Die herben Verluste der aus der Solidarność-Bewegung stammenden Parteien wie AWS und UW hatten sich bereits bei den Präsidentschaftswahlen am 8. Oktober 2000 abgezeichnet: Präsident Aleksander Kwaśniewski (SLD) wurde mit 53,6 Prozent der Stimmen wiedergewählt, der AWS-Kandidat rutschte auf Platz 3. Der einstige Solidarność-Vorsitzende und ehemalige Präsident Lech Wałęsa scheiterte mit einem Prozent der Stimmen.

Rechte Seite:
Oben: Klischees trotz neuer Perspektiven: eine polnische Karikatur von 1993

Unten: LKW-Stau auf der Autobahn A12 vor der deutsch-polnischen Grenze bei Frankfurt/Oder

Bürger der Weg nach Westen frei – nicht nur symbolisch, sondern ganz konkret. Ein weiteres bedeutungsvolles Ereignis für die Verringerung gegenseitiger Vorbehalte war die Teilnahme von Bundespräsident Roman Herzog an den Feierlichkeiten aus Anlass des 50. Jahrestages des Warschauer Aufstands. Herzogs Schlussworte: *Ich bitte um Vergebung für das, was ihnen von Deutschen angetan worden ist,* wurden in beiden Ländern als eine angemessene Geste gewertet.

In der polnischen Bevölkerung – das zeigten Umfragen – gab es für die Möglichkeit, dass Polen die Deutschen wegen der Vertreibungen um Entschuldigung bitten könnte, kaum Verständnis. Zwei Drittel der Befragten hielten die 1965 von den polnischen Bischöfen geäußerte Vergebungsbitte für überflüssig – fast 50 Prozent der befragten Polen erklärten, sie wüssten nichts von einer Vertreibung der Deutschen durch Polen.

Der polnische Außenminister Władysław Bartoszewski fand aber in einer Rede vor dem Deutschen Bundestag und dem Bundesrat eine Formel, die in beiden Ländern akzeptiert wurde: *Als Volk, das vom Krieg besonders heimgesucht wurde, haben wir die Tragödie der Zwangsumsiedlungen kennen gelernt sowie die damit verbundenen Gewalttaten und Verbrechen. Wir erinnern uns daran, dass davon auch unzählige Menschen der deutschen Bevölkerung betroffen waren und dass zu den Tätern auch Polen gehörten. Ich möchte es offen aussprechen: Wir beklagen das individuelle Schicksal und die Leiden von unschuldigen Deutschen, die von den Kriegsfolgen betroffen wurden und ihre Heimat verlassen haben.*

Trotz der einst kaum für möglich gehaltenen Verbesserung der deutsch-polnischen Beziehungen seit der Wende gab es auch immer wieder Anlässe für gegenseitiges Misstrauen: Im Mai 1998 verabschiedete der Bundestag eine Resolution zur Lage der Vertriebenen. Missverständliche Formulierungen riefen in Polen scharfe Reaktionen im Sejm hervor, Deutschland wurden in dem so genannten Papierkrieg erneut Gebietsansprüche unterstellt.

Obwohl diese Bundestagsresolution von CDU/CSU und FDP getragen worden war, zeigten sich die politischen Organisationen in Polen enttäuscht, als durch die Bundestagswahl 1998 eine rot-grüne Koalition an die Regierung kam. Man misstraute den Sozialdemokraten in der konservativen polnischen Regierung unter Jerzy Buzek (AWS: Wahlaktion Solidarność) immer noch wegen ihres Verhaltens in der Zeit nach der Ausrufung des Kriegsrechts. Für Kontinuität in der Zusammenarbeit sorgte auf polnischer Seite zunächst vor allem der aus dem postkommunistischen Reformlager stammende polnische Staatspräsident

Aleksander Kwaśniewski, der Lech Wałęsa in diesem Amt 1995 abgelöst hatte. Kwaśniewski erwies sich als zuverlässiger Wegbereiter Polens in die westlichen Bündnisse. Am 11. März 1999 wurde Polen neben Ungarn und Tschechien in die NATO aufgenommen – die Beziehungen der polnischen Armee zur Bundeswehr hatten sich seit Polens Mitgliedschaft in der »Partnerschaft für den Frieden« (1994) außerordentlich positiv entwickelt.

Das gleiche galt für die Wirtschaftsbeziehungen. Deutschland wurde zum wichtigsten Handelspartner Polens und Polen rangiert in der Region Ostmitteleuropas ebenfalls auf Platz eins für Deutschland.

Auch das ihr anfänglich entgegengebrachte Misstrauen konnte die Regierung von Gerhard Schröder und Joschka Fischer durch Entscheidungen wie Entschädigungen für polnische Zwangsarbeiter zerstreuen. Damit schloss die rot-grüne Koalition ein Kapitel, das anzugehen sich Helmut Kohl während seiner Amtszeit stets geweigert hatte. Dadurch und durch intensive Kontakte auf Regierungsebene verbesserte sich das Klima – seit den Sejmwahlen im September 2001 regiert in Warschau wieder eine Regierung unter Führung der aus der PZPR hervorgegangenen Demokratischen Linksallianz (SLD), die die Verbindungen auf Parteiebene zur SPD stets gepflegt hat.

Dennoch ist das keine Garantie für eine problemlose Zusammenarbeit. Im Vorfeld der EU-Osterweiterung gibt es Interessengegensätze, insbesondere im Bereich der Agrarpolitik, und auch über den Beitrittstermin hinaus zeichnen sich unterschiedliche Standpunkte ab. Zielvorstellungen einer abgestuften Integration innerhalb der Europäischen Union, wie sie der deutsche Außenminister ins Spiel gebracht hat, stoßen in Polen auf Kritik. Verstärkt wird diese Kritik durch das Bewusstsein der Polen für die Asymmetrie, die das Verhältnis zwischen Deutschland und Polen zwangsläufig charakterisiert.

Der viel beschworenen deutsch-polnischen Versöhnung stehen noch harte Proben im politischen Alltag bevor. Es ist deshalb nötig, dass bei kommenden Konflikten rationale, auf gegenseitiger Kenntnis beruhende Argumente die Beschwörung überholter Vorurteile und Stereotypen ersetzen.

Aleksander Kwaśniewski, der polnische Staatspräsident, und Bundeskanzler Gerhard Schröder während einer gemeinsamen Pressekonferenz in Berlin am 6. März 2002

Anhang

Zeittafel

Piastenzeit

~960–992	Mieszko I., Herzog von Polen
963	Kämpfe Mieszkos mit Gero, dem Markgrafen der (deutschen) Sorbenmark
965	Mieszko heiratet Dobrawa, die Tochter des Böhmenherzogs
965	Übertritt Mieszkos zum Christentum
992–1025	Bolesław I. Chrobry (der Tapfere), Herzog von Polen
997	Bischof Adalbert wird auf einer Missionsfahrt von Pruzzen getötet (999 heilig gesprochen)
1000	Kaiser Otto III. in Gnesen, Gründung des Erzbistums Gnesen
1004–1018	Kriege zwischen Kaiser Heinrich II. und Bolesław Chrobry
1009	Brun von Querfurt wird auf einer Missionsfahrt von Pruzzen getötet
1018	Friede von Bautzen: Lausitz bleibt im Besitz von Bolesław
1025	Bolesławs Krönung zum König in Gnesen
1025–1031	Mieszko II., König von Polen, Kampf mit seinem Bruder Bezprym um die Herrschaft
1031–1032	Bezprym, Herrscher in Polen, 1032 ermordet
1032–1034	Mieszko II. Alleinherrscher
1034–1058	Kazimierz I. Odnowiciel (der Erneuerer), König von Polen
1037	Vertreibung Kazimierzs durch einen Aufstand
1039	Herzog Bretislav von Böhmen dringt bis Gnesen vor und raubt die Gebeine des hl. Adalbert; Rückkehr Kazimierzs mit Unterstützung durch König Heinrich III.
1058–1081	Bolesław II. Śmiały (der Kühne), Herzog von Polen
1076	Bolesław II. vom Gnesener Erzbischof zu König gekrönt
1079	Bischof Stanisław von Krakau auf Befehl von Bolesław getötet (heilig gesprochen 1254)
1081–1102	Władysław I. Herman, König von Polen
1102–1107	Zbigniew und Bolesław III. Krzywousty (Schiefmund) herrschen gemeinsam in Polen
1107–1138	Bolesław III. Krzywousty Alleinherrscher
1109	Ergebnisloser Feldzug Kaiser Heinrich V. gegen Polen (dringt bis Glogau vor)
1124	Bischof Otto von Bamberg unternimmt vom polnischen Gnesen aus die erste Missionsfahrt zu den Pomoranen
1127	Herzog Wratislaw von Stettin unterstellt sich der Oberhoheit des Deutschen Reichs
1135	Bolesław III. nimmt Pommern-Stettin von Kaiser Lothar III. zu Lehen

1138	Einführung des Senioratsprinzips, demzufolge der jeweils älteste Sohn die Oberherrschaft über die in den Teilfüstentümern mitherrschenden jüngeren Brüder ausüben soll

Teilfürstenzeit (Seniorat in Krakau)

1147	Wendenkreuzzug im Rahmen des zweiten Kreuzzuges gegen heidnische Elb- und Ostseeslawen mit deutscher und polnischer Beteiligung
1157	Feldzug Kaiser Friedrich I. Barbarossa gegen Polen
1180	Aufhebung des Senioratsprinzips
1218–1223	Polnisch-deutsche Kreuzfahrerheere kämpfen gegen Pruzzen
1226	Konrad von Masowien ruft Deutschen Orden gegen Pruzzen zu Hilfe
1226	Kaiser Friedrich II. erteilt dem Deutschen Orden (unter dem Hochmeister Hermann von Salza) mit der Goldene Bulle von Rimini ein Herrschaftsprivileg
1230	Erste Ritter des Deutschen Ordens an der Weichsel (Thorn)
1241	Ein polnisch-deutsches Ritterheer unter Heinrich II. von Schlesien unterliegt dem Mongolenheer bei Liegnitz
1295	Przemyśl von Großpolen wird durch Erzbischof Jakub Świnka zum König von Polen gekrönt
1291–1306	Böhmische Herrschaft in Polen

Königreich Polen

1305–1333	Fürst Władysław I. Łokietek (Ellenlang) eint die polnischen Teilfürstentümer
1308	Der Deutsche Orden besetzt Danzig – Beginn andauernder Konflikte des Ordens mit Polen
1311	Deutsche Bürger Krakaus rebellieren gegen Władysław
1320	Władysław Lokietek wird vom Gnesener Erzbischof in Krakau zum König von Polen gekrönt
1333–1370	Kazimierz I. Wielki (der Große), König von Polen
1335	Verzicht Polens auf den größten Teil Schlesiens, Böhmen verzichtet auf polnischen Königstitel
1343	Friede von Kalisch mit dem Deutschen Orden
1364	Gründung der Krakauer Universität Fürstentag in Krakau
1370–1382	König Ludwig von Ungarn, König von Polen
1374	Privileg von Kaschau für den polnischen Adel, Begrenzung seiner Steuerpflicht, Mitspracherecht bei allen wichtigen Entscheidungen

Polnisch-Litauische Union

1384–1399	Jadwiga, König von Polen
1385	Union von Krewo mit Litauen
1386	Eheschließung Jadwigas mit Władysław II. Jagiełło
1386–1434	Władysław II. Jagiełło, König von Polen
1399	Erneuerung der Krakauer Universität durch Jadwiga
1410	Schlacht von Tannenberg
1411	Erster Thorner Friede: Der Deutsche Orden muss Schamaiten an Litauen abtreten und 100 000 Schock böhmischer Groschen Entschädigung zahlen
1434–1444	Władysław III. Warneńczyk, König von Polen
1447–1492	Kazimierz IV. Jagiełłończyk, König von Polen
1454	Die Stände Preußens mit Danzig und Thorn erheben sich gegen den Deutschen Orden Beginn des Dreizehnjährigen Kriegs zwischen dem Orden und Polen
1466	Zweiter Thorner Frieden

Das Goldene Zeitalter

1471–1476	Veit Stosz arbeitet in Polen
1473–1543	Nikolaus Kopernikus
1492–1501	König Jan Olbracht / Johann Albrecht, König von Polen
1500–1503	Zweiter Litauisch-Moskowitischer Krieg
1501–1506	Aleksander, Großfürst von Litauen König von Polen
1508	Der »ewige Friede« zu Moskau beendet den dritten Litauisch-Moskowitischen Krieg
1507–1548	Zygmunt I., König von Polen
1511	Albrecht von Hohenzollern wird Hochmeister des Deutschen Ordens
1520	König Zygmunt verbietet die Einfuhr der Schriften von Martin Luther
1520/21	»Reiterkrieg« zwischen dem Orden und Polen
1523	Hochmeister Albrecht besucht Martin Luther in Wittenberg
1525	Preußen wird weltliches Herzogtum unter polnischer Lehnshoheit
1526	In Danzig wird die Einführung einer lutherischen Stadtregierung durch den König rückgängig gemacht, die Reformation aber nicht aufgehalten
1543–1549	Jan Łaski organisiert in Friesland das reformierte Kirchenwesen
1548–1572	Zygmunt II August, König von Polen
1548	Der Sejm beschließt ein »Interim«, das dem Adel und den Lehnsherren (in Preußen) die Glaubensfreiheit zusichert

1551–1579	Der Krakauer Bürgersohn Hosius wird Bischof von Ermland (1561 Kardinal)
1561	Der Deutsche Orden verliert nach Niederlagen gegen Russland große Teile des Ordenslandes. Kurland und Semgallen werden zu einem unter polnischer Lehnshoheit stehenden weltlichen Herzogtum des letzten Landmeisters des Orden, Johann von Ketteler. Auch Dänemark und Schweden beteiligen sich an der Aufteilung
1563	Zar Iwan IV. nimmt Polock ein
1568	Herzog Albrecht von Preußen stirbt. Für seinen geistesschwachen Sohn führt Markgraf Georg Friedrich die Regierung; 1602 erhält Kurfürst Joachim Friedrich von Brandenburg als Regent die Belehnung
1569	Der Sejm zu Lublin schafft mit der »Lubliner Union« die Grundlagen des vereinten polnisch-litauischen Staates, des Wahlkönigtums und der künftigen Rolle des Sejms
1570	Lutheraner, Calvinisten und Böhmische Brüder beschließen in Schandomir einen Consens (hier: gegenseitige Anerkennung)
1572	Zygmunt August, der letzte König aus dem Jagiellonenhaus, stirbt ohne Erben

Die Zeit der Wahlkönige

1573	Der Sejm in Warschau wählt Heinrich von Valois zum König
1574/75	Heinrich von Valois wird zum König gekrönt, verlässt aber bald darauf Polen, um in Frankreich die Nachfolge seines Bruders als König Heinrich III. anzutreten
1576–1586	Stefan Báthory, König von Polen
1576/77	Krieg zwischen Polen und Danzig
1582	Der zwanzigjährige Krieg mit Russland um Livland wird beendet
1583	Beginn der Neubesiedlung und der Gegenreformation in Livland
1584	Zar Iwan IV. der Schreckliche stirbt
1587–1632	Zygmunt III. Wasa, König von Polen
1595	Auf der Synode von Brest wird von der Mehrheit der orthodoxen Bischöfe Polen-Litauens die Union mit Rom angenommen
1621	Nach dem Tod des Herzogs Albrecht Friedrich wird Kurfürst Georg Wilhelm von Brandenburg mit dem Herzogtum Preußen belehnt
1526	Die Schweden besiegen in Kurland ein polnisches Heer und landen in Ostpreußen (Pillau)
1632	Die Russen belagern Smolensk
1632–1648	Władysław IV., König von Polen
	Die Türken greifen Podolien an
1648	Aufstand der Zaporoger Kosaken unter ihrem Hetman Chmelnizki, der in den von ihm besetzten Gebieten blutige Massaker an Polen und besonders Juden verübt

1648–1668	Jan II. Kazimierz, König von Polen
1654	Beginn des polnisch-moskowitischen Krieges
1655	Russische Truppen erobern Wilna, Kowno und Grodno; der schwedische König Karl X. Gustav in Warschau. Tschenstochau (Częstochowa) kann gehalten werden
1656	Kurfürst Friedrich Wilhelm von Brandenburg wird gezwungen, das Herzogtum Preußen als schwedisches Lehen zu empfangen
1657	Nachdem Brandenburg zuvor bereits von den Schweden Souveränitätsrechte über das herzogliche Preußen erhalten hatte, erkennt Polen im Vertrag von Wehlau diese Rechte an
1660	Im Frieden von Oliva muss Polen auf die baltischen Gebiete bis auf das östliche Lettland zugunsten Schwedens sowie auf Rechte über das herzogliche Preußen verzichten
1668	Jan II. Kazimierz verlässt Polen und geht ins Exil nach Frankreich
1669–1673	Michał Korybut Wiśniowiecki, König von Polen
1674–1696	Jan III. Sobieski, König von Polen
1683	Jan III. Sobieski führt die alliierte Armee zum Entsatz des belagerten Wien und gewinnt die Schlacht am Kahlenberg

Die Sachsenzeit

1697(–1706)	Kurfürst Friedrich August (der Starke) von Sachsen
(1709)–1733	König August II. von Polen
1697	Frieden von Karlowitz, Polen erhält die von den Türken eroberten Gebiete zurück
1701	Der schwedische König Karl XII. schlägt ein sächsisches Heer bei Riga, rückt in Litauen ein und besetzt 1702 Warschau
1704–1709	Stanisław Leszczyński, König von Polen
1704	Karl XII. wird bei Poltawa von den Russen vernichtend geschlagen
1709	August II. wieder als König eingesetzt
1724	»Thorner Blutgericht« Nach der Verwüstung des Thorner Jesuitenkollegs durch Protestanten werden der Bürgermeister und neun Ratsleute hingerichtet
1733	Doppelwahl von Stanisław Leszczyński (1733–1736) und August III. von Sachsen
1734–1763	August III., König von Polen
1756–1763	Siebenjähriger Krieg. Polen wird russisches Aufmarschgebiet; Sachsen von Preußen besetzt
1763	König August III. stirbt

Die Teilungen und das napoleonische Zeitalter

1764–1795	Stanisław August Poniatowski, König von Polen
1767/68	Konföderierter Sejm in Warschau gegen Konföderation von Bar, Bürgerkrieg
1772	Russland und Österreich schließen Teilungsvertrag. Erste Teilung Polens
1773	Teilungssejm, Reorganisation des Erziehungswesens
1774	Ständiger Rat als zentrale Regierungsinstanz eingerichtet
1788–1792	Großer oder Vierjähriger Sejm, der nicht mehr nur zu den bei der Einberufung feststehenden Aufgaben Beschlüsse fasst, sondern ständig tagt
1791	3. Mai, Polen erhält eine Verfassung
1793	Zweite Teilung Polens, Danzig wird preußisch
1794	Aufstand unter Tadeusz Kościuszko gegen die Teilungsmächte
1795	Dritte Teilung, Warschau wird preußisch; König Stanisław August legt die Krone nieder
1806	Niederlage Preußens gegen napoleonische Truppen, Napoleon in Warschau
1807	Napoleon gründet das Herzogtum Warschau unter dem sächsischen Herzog mit eigener Verfassung
1812	Feldzug Napoleons gegen Russland
1813	Niederlage Napoleons. Das Herzogtum Warschau wird von Teilungsmächten besetzt

Erneut unter den Teilungsmächten

1814/15	Wiener Kongress, Polen wird erneut unter Russland, Österreich und Preußen aufgeteilt
1814	König Friedrich Wilhelm III. erlässt einen »Zuruf« an seine polnischen Untertanen
1824	Landtag in Posen
1830	Novemberaufstand im russischen Teilungsgebiet
	Abberufung des preußischen Statthalters Fürst Anton Radziwiłł
1831	Niederschlagung des Aufstandes, Übertritt der Aufständischen in preußisches Gebiet
1832	Hambacher Fest
1834	Adam Mickiewicz (1798–1855) veröffentlicht das Nationalepos »Pan Tadeusz«
1837	Mischehenstreit zwischen dem preußischen Staat und der katholischen Kirche
1840	Regierungsantritt König Friedrich Wilhelm IV. von Preußen
1848	Revolution in Berlin, Befreiung inhaftierter Polen, »Polendebatte« im preußischen Landtag
1863/64	Zweiter polnische Aufstand gegen die russische Teilungsmacht
1873	Beginn des Kulturkampfes in Preußen, der gegen die katholische Kirche gerichtet ist
1874	Verhaftung des Erzbischofs Ledóchowski
1885/1886	Rugi Pruskie – Vertreibung nicht im preußischen Gebiet ansässiger Polen durch die deutsche Verwaltung

1892	Polnische Sozialistische Partei gegründet
1894	Deutscher Ostmarkenverein gegründet
1901	Schulstreik in Wreschen
1904	»Feuerstättengesetz« in der Provinz Posen erschwert die Ansiedlung von Polen in der Provinz
1905	Der polnische Autor Sienkiewicz erhält den Nobelpreis für Literatur
1908	Preußisches Vereinsgesetz, das Buch »Die Deutschen, Russen und die polnische Frage« von Roman Dmowski erscheint
1910	500-Jahrfeier der Schlacht von Tannenberg (Grunwald), Grunwald-Denkmal in Krakau wird eingeweiht
1914–1918	Erster Weltkrieg, alle Teilungsmächte stellen die polnische Souveränität in Aussicht
1916	Der deutsche und österreichische Generalgouverneur stellen ein »Königreich Polen« in Aussicht
1917	Der polnische Staatsrat nimmt seine Arbeit auf. Februarrevolution in Russland Die Vereinigten Staaten treten in den Krieg ein Oktoberrevolution in Russland
1918	Januar: Der amerikanische Präsident Wilson verkündet die »14 Punkte«, darunter die nationale Unabhängigkeit Polens Frieden von Brest-Litowsk zwischen Deutschland, Österreich und Russland Oktober: Der Regentschaftsrat proklamiert die Unabhängigkeit. Militärischer Zusammenbruch und Revolution in Deutschland. Der aus deutscher Haft entlassene Józef Piłsudski übernimmt die politische und militärische Führung in Polen

Polen ist wiedererstanden

1919	Friedenskonferenz in Paris beginnt Wahlen zum konstituierendem Sejm Erster schlesischer Aufstand Kämpfe in Weißrussland, Ukraine, Litauen
1920	Der Versailler Vertrag tritt in Kraft »Wunder an der Weichsel« – polnische Truppen schlagen die vor Warschau stehende Rote Armee Zweiter schlesischer Aufstand In den Volksabstimmungen in Ostpreußen, die aufgrund des Versailler Vertrages durchgeführt wird, votieren auch Polen und Masuren für Deutschland Proklamation der Freien Stadt Danzig

1921	Bündnisvertrag mit Frankreich
	Volksabstimmungen in Oberschlesien
	Dritter polnischer Aufstand, Teilung Oberschlesiens
1922	Vertrag von Rapallo zwischen der Sowjetunion und dem Deutschen Reich
1923/24	Konsolidierung der Währung
1925	Beginn des Wirtschaftskrieges mit dem Deutschen Reich
1926	Staatsstreich Piłsudskis schränkt die verfassungsmäßigen parlamentarischen Rechte ein
1933	Piłsudski bemüht sich vergeblich um ein Bündnis mit den Siegermächten des Ersten Weltkriegs zur Intervention gegen Hitler
1934	Unterzeichnung eines Vertrages über Gewaltverzicht und Verständigung mit dem Deutschen Reich, Beendigung des Handelskriegs
1935	Piłsudski stirbt
1938	Münchener Abkommen; Polen erhält das Gebiet an der Olsa
1939	Pakt mit England

Der Zweite Weltkrieg

1939	23. August: Hitler-Stalin-Pakt, im geheimen Zusatzprotokoll werden die Interessensphären der beiden Mächte in Polen bei einer zukünftigen Teilung Polens festgelegt
	1. September: deutscher Überfall auf Polen
	17. September: Besetzung Ostpolens durch die Sowjetunion
	Die polnische Regierung flieht nach Rumänien
1939	Die polnische Exilregierung siedelt von Frankreich nach England über
1941	Angriff des Deutschen Reiches auf die Sowjetunion
1942	Janusz Korczak wird mit zweihundert jüdischen Kindern in das Vernichtungslager Treblinka geschickt
1943	Aufstand im Warschauer Ghetto, nach blutigen Kämpfen im Ghetto werden die Überlebenden in die Vernichtungslager überführt
1944	Warschauer Aufstand, Bildung des Lubliner Komitees
1945	Konferenz der »großen Drei« von Jalta: Curzon-Linie soll Ostgrenze Polens werden, Oder und Neiße die Westgrenze
	Deutsche Niederlage, Ende des II. Weltkriegs
	Polen ersteht wieder

Volksrepublik und demokratisches Polen

1945	Flucht und Vertreibung der Deutschen aus den Gebieten östlich von Oder und Neiße
	Potsdamer Konferenz: Oder-Neiße-Gebiete werden polnischer Verwaltung unterstellt
	Władysław Gomułka, Erster Sekretär der Polnischen Arbeiterpartei (PPR), wird Minister für »die wiedergewonnenen Gebiete«
1946	(Gefälschter) Volksentscheid über die Billigung der Oder-Neiße-Grenze sowie Abschaffung des Senats und Nationalisierung der Industrie in Polen
	Judenpogrom in Kielce
1947	Gefälschte Wahlen zum verfassunggebenden Sejm
1948	Ersetzung Gomułkas durch Bolesław Bierut an der Spitze der PPR
	Vereinigung von PPR und Sozialisten (PPS) zur Polnischen Vereinigten Arbeiterpartei (PZPR) unter Bierut
1950	Abkommen zwischen polnischer Regierung und polnischem Episkopat: Die »wiedergewonnenen Gebiete« gehören danach für immer zu Polen
	Görlitzer Vertrag zwischen Polen und DDR über Endgültigkeit der Oder-Neiße-Grenze
	Verabschiedung der Charta der Heimatvertriebenen in der Bundesrepublik
1953	Beginn Kampfes der polnischen Regierung gegen die Kirche, Verhaftung des Primas Kardinal Stefan Wyszyński
1954	Polnischer Verzicht auf deutsche Reparationszahlungen
1955	Polnische Regierung erklärt den Kriegszustands mit Deutschland für beendet
1956	Posener Aufstand, Rückkehr Gomułkas an die Parteispitze, Freilassung Wyszyńskis
1958	Besuch von Bundestagsvizepräsident Carlo Schmid (SPD) in Polen
	Erste Kontakte der (DDR-)Aktion Sühnezeichen mit Znak
	Besuch von Stanisław Stomma (Znak) in der Bundesrepublik
1960	550. Jahrestag der Schlacht von Grunwald (Tannenberg) in Polen gefeiert
1963	Einrichtung einer bundesdeutschen Handelsmission in Polen
1965	Ostdenkschrift der Evangelischen Kirche Deutschlands
	Briefwechsel der deutschen und polnischen katholischen Bischöfe
1968	Studentendemonstrationen in Polen, antisemitische Kampagne der PZPR
	Teilnahme Polens und der DDR an Besetzung der Tschechoslowakei durch die Warschauer-Pakt-Staaten
	Memorandum des Bensberger Kreises katholischer Intellektueller für die Anerkennung der Oder-Neiße-Grenze
	»Polenseminare« von Günter Särchen im Rahmen der katholischen Kirche der DDR für ein realistisches Polenbild

1970	Unterzeichnung des Normalisierungsvertrages zwischen Polen und der Bundesrepublik Deutschland in Warschau, Kniefall Willy Brandts am Ghettodenkmal
	Blutige Niederschlagung der Arbeiterunruhen in den Ostseestädten
	Ablösung Gomułkas durch Edward Gierek
1972	Visafreier Verkehr zwischen Polen und der DDR
	Ratifizierung des Normalisierungsvertrages zwischen Polen und der Bundesrepublik
1975	Vereinbarungen von Helsinki zwischen Helmut Schmidt und Edward Gierek (Renten- und Unfallversicherungsabkommen, Pauschalabgeltung von polnischen Rentenansprüchen (1,3 Mrd. DM), Finanzkredit (1 Mrd. DM), Ausreise von 125 000 Personen deutscher Volkszugehörigkeit aus Polen)
1976	Arbeiterunruhen in Radom und Ursus, Gründung des Komitees zur Verteidigung der Arbeiter (KOR)
1980	Arbeiterunruhen in Polen, Gründung der freien Gewerkschaft Solidarność unter Lech Wałęsa
	Aufhebung des visafreien Verkehrs zwischen der DDR und Polen
1981	Kriegsrecht in Polen unter General Wojciech Jaruzelski ausgerufen (Dezember 1982 ausgesetzt, Juli 1983 aufgehoben)
	Umfangreiche Hilfsmaßnahmen aus der Bundesrepublik für die polnische Bevölkerung
1982	Herbert Wehner (SPD) in Polen
1983	Franz-Josef Strauß (CSU) in Polen
1989	»Runder Tisch« in Polen, erste »halb« freien Wahlen: Sieg der Solidarność-Kandidaten
	Bildung einer Regierung unter dem aus der Solidarność-Bewegung stammenden Ministerpräsidenten Tadeusz Mazowiecki
	Besuch von Bundeskanzler Helmut Kohl in Polen (zur gleichen Zeit fällt die Berliner Mauer)
	Versöhnungsmesse in Kreisau/Krzyżowa mit Helmut Kohl und Tadeusz Mazowiecki
1990	»Zwei-plus-Vier«-Verhandlungen in Paris (Vertrag zwischen den vier Siegermächten des Zweiten Weltkriegs – USA, Großbritannien, Frankreich, Sowjetunion – und beiden deutschen Staaten, u.a. Festlegung des Staatsgebiets eines vereinten Deutschlands)
	3. Oktober Wiedervereinigung Deutschlands
	Unterzeichnung des deutsch-polnischen Grenzvertrages in Warschau
1991	Visafreier Verkehr zwischen Polen und Deutschland
	Unterzeichnung des Vertrags über gute Nachbarschaft und freundschaftliche Zusammenarbeit in Bonn
1994	Bundespräsident Roman Herzog zum 50. Jahrestag des Warschauer Aufstandes in der polnischen Hauptstadt
1995	Rede des polnischen Außenministers Władysław Bartoszewski vor dem Deutschen Bundestag 50 Jahre nach Kriegsende
1999	Aufnahme Polens in die NATO

Deutsch-Polnisches Ortsverzeichnis

Auschwitz-Birkenau / Oświęcim-Brzezinka
Annaberg / Góra Świętej Anny
Beuthen / Bytom
Braunsberg / Braniewo
Breslau / Wrocław
Bromberg / Bydgoszcz
Cholm / Chełm
Danzig / Gdańsk
Dorpat / Tartu
Dresden / Drezno
Elbing / Elbląg
Ermland / Warmia
Frauenburg / Frombork
Fraustadt / Wschowa
Gdingen / Gdynia
Generalgouvernement / Generalna Gubernia
Gleiwitz / Gliwice
Glogau / Głogów
Gnesen / Gniezno
Graudenz / Grudziądz
Gotenhafen (NS-Name für Gdingen)
Groß Strehlitz / Strzelce Opolskie
Großherzogtum Posen / Wielkie Księstwo Poznańskie
Grünberg / Zielona Góra
Grunwald / Grünfelde (Schlacht bei Grunwald / Schlacht bei Tannenberg, 1410)
Hohensalza / Inowrocław
Hohenstein / Olsztynek
Inowrocław / Inowrazlaw, später: Hohensalza
Jarotschin / Jarocin
Kalisch / Kalisz
Kiew / Kijów
Kolberg / Kołobrzeg
Kongresspolen / Królestwo Polskie (Kongresówka)
Königreich Polen (russisch) / Królestwo Polskie
Königsberg / Królewiec (russ.: Kaliningrad)
Kowno / Kaunas (litauisch) Kauen (deutsch, kaum noch gebräuchlich)
Krakau / Kraków
Kreisau / Krzyżowa
Kujawien / Kujawy
Kulm / Chełm
Kulmer Land / Ziemia chełmska
Kulmhof / Chełmno
Kurland / Kurlandia
Lamsdorf / Lambinowice
Leubus / Lubiąż
Liegnitz / Legnica
Lissa / Leszno
Litauen / Litwa
Litzmannstadt (NS-Name für Lodz, Lodsch) / Łódź
Livland / Inflanty
Lodomerien / Księstwo Włodzimierskie
Lodz / Łódź
Marienburg / Malbork
Marienwerder / Kwidzyń
Masowien / Mazowsze
Neumarkt / Nowy Targ
Neu-Ostpreußen / Nowe Prusy Wschodnie
Oberschlesien / Górny Śląsk
Oppeln / Opole
Ostpreußen / Prusy Wschodnie
Pempowo / Pępowo
Petrikau / Piotrków
Pillau / Pilawa (russ.: Baltijsk)
Podlachien / Podlasie
Podolien / Podole
Polock / Połock
Poltawa / Połtawa
Pomerellen / Pomorze gdańskie
Pommern / Pomorze
Posen / Poznań
Posen, Provinz / Poznańskie
Preußen, Herzogtum / Księstwo Pruskie
Preußen, Königreich / Królestwo Pruskie
Riga / Ryga
Rom / Rzym
Rotreußen / Ruś Czerwona
Sandomir / Sandomierz
Schlesien / Śląsk
Schneidemühl / Piła
Schwientochlowitz / Świętochłowice
Semgallen / Semigalia
Siebenbürgen / Siedmiogród
Smolensk / Smoleńsk
Stettin / Szczecin
Südpreußen / Prusy Południowe
Tannenberg / Stębark (Schlacht bei Tannenberg: Bitwa pod Grunwaldem, 1410)
Teschen / Cieszyn
Thorn / Toruń
Tilsit / Tylża
Venedig / Wenecja
Warschau / Warszawa
Warschau, Herzogtum / Księstwo Warszawskie
Weißruthenien / Ruś Biała
Westpreußen / Prusy Zachodnie
Wien / Wiedeń
Wilna / Wilno (lit.: Vilnius)
Wolhynien / Wołyń
Wreschen / Września
Zoppot / Sopot

Literaturhinweise

Quellen

Bauer, Albert/Rau, Reinhold, Quellen zur Geschichte der sächsischen Kaiserzeit. Darmstadt 1971

Bismarck, Otto von, Erinnerung und Gedanken (Werke in Auswahl, 8a). Darmstadt 1975

Dietrich, Richard, Die politischen Testamente der Hohenzollern. Taschenbuchausgabe München 1981

Domarus, Max, Hitlers Reden und Proklamationen 1932–1945. 8 in 4 Bänden. 4 Aufl. München 1988

Gallus Anonymus, Chronik und Taten der Herzöge und Fürsten von Polen. Übersetzt, eingeleitet und erklärt von Josef Bujnoch. Graz, Wien, Köln 1978

Gemeinsame deutsch-polnische Schulbuchkommission (Hrsg.), Empfehlungen für Schulbücher der Geschichte und Geographie in der Bundesrepublik Deutschland und in der Volksrepublik Polen. Braunschweig 1977

Helbig, Herbert/Weinrich, Lorenz (Hrsg.), Urkunden und erzählende Quellen zur deutschen Ostsiedlung im Mittelalter. Teil II, Darmstadt 1970

Höxter, Julius, Quellenbuch zur jüdischen Geschichte und Literatur. 2 Bde., Reprint Zürich 1983

Jelicz, Antonina (Hrsg.), Polnisches Mittelalter. Frankfurt am Main 1987

Meyer, Enno, Deutschland und Polen 1772–1914, Stuttgart 1972

Pommerin, Reiner/Uhlmann, Manuela, Quellen zu den Deutsch-Polnischen Beziehungen 1815–1991. Darmstadt 2001

Smith, Bradley F./Petersohn, Agnes, Heinrich Himmler. Geheimreden 1933 bis 1945. Frankfurt am Main, Berlin 1974

Thietmar von Merseburg, Chronik (übertragen von Werner Trillmich). Darmstadt 1966

Verwendete deutschsprachige Literatur

Ascherson, Neal, Der Traum vom Freien Vaterland. Köln 1987

Bartoszewski, Władysław, Das Warschauer Ghetto – wie es wirklich war. Frankfurt am Main 1983

Becher, Ursula A. J./ Borodziej, Włodzimierz und Maier, Robert (Hrsg.), Deutschland und Polen im zwanzigsten Jahrhundert. Analysen-Quellen-didaktische Hinweise. Hannover 2001

Bender, Peter, Neue Ostpolitik. München 1986

Benz, Wolfgang (Hrsg.), Die Vertreibung der Deutschen aus dem Osten. Frankfurt am Main 1995

Beumann, Helmut, Heidenmission und Kreuzzugsgedanke in der deutschen Ostpolitik des Mittelalters. Darmstadt 1973

Bingen, Dieter, Die Polenpolitik der Bonner Republik von Adenauer bis Kohl 1949–1991. Baden-Baden 1998

Biskup, Marian/Zernack Klaus, Schichtung und Entwicklung der Gesellschaft in Polen und Deutschland im 16. und 17. Jahrhundert. Wiesbaden 1983

Bogucka, Maria, Das alte Polen. Leipzig 1983

Boockmann, Der Deutsche Orden. Zwölf Kapitel aus seiner Geschichte. München 1981

Borodziej, Włodzimierz/Ziemer, Klaus, Deutsch-polnische Beziehungen 1939–1945–1949. Osnabrück 2000

Borodziej, Włodzimierz, Der Warschauer Aufstand 1944. Frankfurt am Main 2001

Broszat, Martin, 200 Jahre deutsche Polenpolitik. 3. Aufl. Frankfurt am Main1983

Bundeszentrale für politische Bildung (Hrsg.) (1), Polen (Informationen zur politischen Bildung Nr.273). Bonn 2001

Bundeszentrale für politische Bildung (Hrsg.) (2), Aussiedler (Informationen zur politischen Bildung Nr.267). Bonn 2000

Chodowiecki, Daniel, Die Reise von Berlin nach Danzig. Berlin 1994

Davies, Norman, Im Herzen Europas. München 2000

Dollinger, Philippe, Die Hanse. Stuttgart 1976

Eberwein, Wolf-Dieter/Kerski. Basil (Hrsg.), Die deutsch-polnischen Beziehungen 1949–2000, Opladen 2001

Ekdahl, Sven, Die Schlacht bei Tannenberg 1410. Berlin 1982

Franzen, K. Erik, Die Vertriebenen. Hitlers letzte Opfer (mit einer Einführung von Hans Lemberg). Berlin, München 2001

Fritze, Wolfgang (Hrsg.), Germania Slavica II. Berlin 1981

Fuks, Marian/Hoffman, Zymunt/Horn, Mauricy/Tomaszewski, Jerzy, Polnische Juden. Geschichte und Kultur, dt. Ausgabe. Warszawa1983

Gesellschaft für interregionalen Kulturaustausch e.V. Berlin und Verein Schlesisches

Institut Oppeln (Hrsg.) »Wach auf, mein Herz, und denke«. Zur Geschichte der Beziehungen zwischen Schlesien und Berlin-Brandenburg von 1740 bis heute. Berlin, Oppeln 1995

Heller, Edith, Macht Kirche Politik: Der Briefwechsel zwischen den polnischen und den deutschen Bischöfen im Jahre 1965. Köln 1992

Hellmann, Manfred (1), Daten der polnischen Geschichte. München 1985

Hellmann, Manfred (2), Grundzüge der Geschichte Litauens und des litauischen Volkes. Darmstadt 1966

Hirsch, Helga, Bewegungen für Demokratie und Unabhängigkeit in Polen 1976–1980. Mainz, München 1985

Hoensch, Jörg K., Geschichte Polens. Stuttgart 1983

Holzer, Jerzy, »Solidarität«. Die Geschichte einer freien Gewerkschaft in Polen. Hrsg. von Hans Henning Hahn, München 1985

Horst, Eberhard, Friedrich der Staufer. Düsseldorf 1975

Jackiewicz, Danuta, Eugeniusz Cezary Król (Hrsg.). Warszawa 1940–12941. Fotos von Dr. Hans-Joachim Gehrke, Warschau 1996

Jaworski, Rudolf/Lübke, Christian/Michael G. Müller, Eine kleine Geschichte Polens. Frankfurt am Main 2000

Jeismann, Karl-Ernst/Trzeciakowski, Lech, Polen im europäischen Mächtesystem des 19. Jahrhunderts. Frankfurt am Main 1994

Kalmár, János/Lipscher Winfried, Polen: der ferne Nachbar. Frankfurt am Main 1993

Konbylińska, Ewa/Lawaty, Andreas/Stephan, Rüdiger, Deutsche und Polen, 100 Schlüsselbegriffe. München 1992

Kozakiewicz, Helena und Stefan, Die Renaissance in Polen. Warszawa, Leipzig 1976

Krannhals, Hanns von, Der Warschauer Aufstand 1944. Frankfurt am Main, 1962

Krzemiński, Adam, Polen im 20. Jahrhundert. München 1993

Lesser, Gabriele, Leben als ob. Die Untergrunduniversität Krakau im Zweiten Weltkrieg. Freiburg i. Br. 1988

Lipscher, Winfried, Kulturelle Zusammenarbeit. Darmstadt 1982

Ludendorff, Meine Kriegserinnerungen 1914–1918. Berlin 1919

Madajczyk, Czesław, Die Okkupationspolitik Nazideutschlands in Polen 1939–1945

Meyer, Enno, Grundzüge der Geschichte Polens. 2. Aufl. Darmstadt 1977

Müller, Michael G., Die Teilungen Polens 1772, 1793, 1795. München 1984

Nasarski, Geri, Noch ist Polen nicht verloren. Wien, München, Zürich, New York 1982

Pagina-Verlagskollektiv (Hrsg.), Polen – Deutschland. Tausend Jahre Nachbarschaft. Warszawa 2000

Pailer, Wolfgang/Stanisław Stomma. Nestor der polnisch-deutschen Aussöhnung. Bonn 1995

Pflüger, Friedbert/Lipscher, Winfried (Hrsg.), Feinde werden Freunde. Bonn 1993

Piskorski, Jan M. (Hrsg.), Pommern im Wandel der Zeiten. Szczecin 1999

Reich-Ranicki, Marcel, Mein Leben. Stuttgart 1999

Rhode, Gotthold, Kleine Geschichte Polens. Darmstadt 1965

Rommerskirchen, Eva (Hrsg.), Deutsche und Polen 1945–1995: Annäherungen. Düsseldorf 1996

Salamander, Rachel, Die jüdische Welt von gestern 1860–1938. Wien 1991

Schmidt, Werner (Hrsg.) Unter einer Krone: Kunst und Kultur der sächsisch-polnischen Union. Leipzig 1997

Seidler, Barbara, Der Waweldrache und die Königstochter Wanda. Warszawa 1987

Staszewski, Jacek, August II. Kurfürst von Sachsen und König von Polen. Berlin 1996

Stehle, Hansjakob, Nachbar Polen. Frankfurt am Main 1968

Suchodolski, Bogdan, Geschichte der polnischen Kultur. Warszawa 1976

Szarota, Tomasz, Warschau unter dem Hakenkreuz. Paderborn 1985

Tumler, Marjan, Der deutsche Orden. Wien 1955

Urban, Thomas, Von Krakau bis Danzig: eine Reise durch die deutsch-polnische Geschichte. München 2000

Wassermann, Charles, Unter polnischer Verwaltung. Hamburg 1958

Wieser, Klemens (Hrsg.), Acht Jahrhunderte Deutscher Orden. Bad Godesberg 1967

Wippermann Wolfgang, Der »deutsche Drang nach Osten«. Darmstadt 1981

Wippermann, Wolfgang, Der Ordensstaat als Ideologie. Berlin 1979

Ziemer, Klaus, Polens Weg in die Krise. Frankfurt am Main 1987

Verwendete polnischsprachige Literatur
Atlas historyczny Polski. Warszawa-Wrocław 1967

Borodziej, Włodzimierz/Hajnicz, Artur, Kompleks Wypędzenia. Kraków 1998

Chrzanowski, Tadeusz (Hrsg.), Dziedzictwo. Ziemianie polscy i udział ich w życiu narodu, Kraków 1995

Cieślak, Edmund (Hrsg.), Historia Gdańska. Tom I do roku 1454. Gdańsk 1978

Drozdowski, Marian/Marek, Zahorski/Andrzej, Historia Warszawy. Warszawa 1997

Dworzaczek, Włodzimierz, Genealogia. Warszawa 1959

Encyklopedia popularna PWN. Warszawa 1986

Gomułka, Władysław, O problemie niemieckim. Warszawa 1984

Jasienica, Paweł, Polska Piastów, Polska Jagiełłonów.Warszawa 1986

Kowalski, Jacek/Sielatycki, Mirosław/Kozłowska, Wiesława E., Polacy i Niemcy w nowej Europie. Warszawa 1998

Kuroń, Jacek/Żakowski, Jacek, PRL dla początkujących. Wrocław 1995

Lehr, Helena und Osmańczyk, Polacy spod znaku rodła. Warszawa 1972

Rostworowski, Marek (Hrsg.), Polaków portret własny. Warszawa 1983

Szenic, Stanisław, Za zachodnią miedzą. Polacy w życiu Niemiec XVIII i XIX wieku. Warszawa 1973

Szenic, Stanisław, Ongiś. Warszawa 1986

Szarota, Tomasz, Niemcy i Polacy. Wzajemne postrzeganie i stereotypy. Warszawa 1996

Tazbir, Janusz (Hrsg.), Zarys historii Polski. Warszawa 1979

Torańska, Teresa, Oni. London 1985

Urbańczyk, Andrzej, Na chwałę narodu. Pomnik Grunwaldzki w Krakowie 1910–1976. Kraków 1976

Wałłek, Janusz, Dzieje Polski w malarstwie i poezji. Warszawa 1987

Zamek Królewski w Warszawie/Staatliche Kunstsammlungen Dresden (Hrsg.), Pod jedną koroną. Warszawa 1997

Żbikowski, Andrzej, Żydzi. Wrocław 1997

Weiterführende Literatur
Bachmann, Klaus, Polens Uhren gehen anders. Warschau vor der Osterweiterung der Europäischen Union. Stuttgart, Leipzig 2001

Borodziej, Włodzimierz/Lemberg, Hans (Hrsg), Die Deutschen östlich von Oder und Neiße 1945–1950: Dokumente aus polnischen Archiven; »Unsere Heimat ist uns ein fremdes Land geworden...«. Marburg 2000

Brocke Michael, Beter und Rebellen. Aus 1000 Jahren Judentum in Polen. Frankfurt am Main 1983

Dedecius, Karl, Deutsche und Polen. München 1971

Henning, Ruth (Hrsg.), Die »Jedwabne-Debatte« in polnischen Zeitungen und Zeitschriften (=Transodra Nr.23, Dezember 2001). o.O.

Lawaty, Andreas, Das Ende Preußens in polnischer Sicht. Berlin, New York 1986

Lawaty, Andreas/Mincer, Wiesław unter Mitwirkung von Anna Domańska (Hrsg.), Deutsch-polnische Beziehungen in Geschichte und Gegenwart. Bibliographie 1900–1998. Wiesbaden 2000

Rybiński, Maciej/Wohlan, Hubert, Die Deutschen, meine Nachbarn. Osnabrück 2002

Urban, Thomas, Deutsche in Polen. Geschichte und Gegenwart einer Minderheit. München 1994

Zernack, Klaus, Polen und Russland. Zwei Wege in der europäischen Geschichte. Berlin 1994

Zernack, Klaus, Preußen, Deutschland, Polen. Aufsätze zur Geschichte der deutsch-polnischen Beziehungen. 2. Aufl. Berlin 2000

Autoren und Mitarbeiter der Fernsehreihe

Buch und Regie
Lew Hohmann (Teil 1 und 2)
Jens Stubenrauch (Teil 3 und 4)

Kamera
Michael Lösche

Schnitt
Karin Junge (Teil 1 und 2)
Jana Ketel (Teil 3 und 4)

Ton
Jens Markert

Mischton
Achim Heilmann
Michael Liss

Sprecher
Hubertus Bengsch
Detlef Bruns
Helga Sasse

Fachberatung
Prof. Michael G. Müller (Teil 1 und 2)
Prof. Włodzimierz Borodziej (Teil 3 und 4)

Recherche
Peter Kolano
Maria Jarmoszuk

Musik
Michael Hartmann

Grafik
Svend Angermann

Producerin
Aleksandra Syta

Produktionskoordination
Günter Thimm

Produktionsleitung
Rainer Baumert

Redaktion und Leitung
Johannes Unger

Die Autoren des Buches

Felix Escher, geboren 1945, studierte Geschichte und Geographie an der Freien Universität Berlin und promovierte 1979. Den Schwerpunkt seiner wissenschaftlichen Arbeit bildet vor allem ostdeutsche Geschichte. Er ist Mitglied der Historischen Kommission zu Berlin und Vorsitzender der Landesgeschichtlichen Vereinigung für die Mark Brandenburg.

Jürgen Vietig, geboren 1941, studierte Osteuropäische Geschichte und Slawistik in München, Krakau und Berlin. Er war langjähriger Korrespondent für die Süddeutsche Zeitung sowie für die ARD in Warschau. Bis zum Frühjahr 2002 leitete er die Parlamentsredaktion beim Fernsehen der Deutschen Welle.

Bildnachweis

Agencia Fotograficzna Orlęta (Foto: Maciej Bronarski) 61 links, 62 rechts, 73, 87 oben, Mitte
akg images, Archiv für Kunst und Geschichte, Berlin 14, 21, 30, 48, 49, 51 rechts, 52 oben, 53 unten, 67 links und Mitte, 69, 79 oben, 81, 83, 86, 89, 91 rechts, 93 unten, 110 rechts, 127 unten, 128 rechts, 147 Mitte, 150 rechts, 162 links, 172, 174, 184, 198, 199
bpk, Bildarchiv Preußischer Kulturbesitz, Berlin 25, 35, 37 oben, 38, 41, 42, 44 rechts, 52 unten, 57 rechts, 66, 67, 68, 75, 78, 95, 97, 100, 102, 106, 110 links, 118 unten, 119, 121 links, 129 rechts, 133, 135, 143, 144 unten, 145, 148, 152 unten, 154, 159 links, 160, 161, 162 rechts, 163, 164 links, 167, 178, 182 unten, 197
Bundesarchiv Koblenz, Bild 151, 152 oben, 157, 187, 202 rechts (2x)
dpa 192, 195, 202 links, 204, 210 oben, 211
Haus der Geschichte der Bundesrepublik Deutschland, Bonn 149, 151, 180, 182 oben, 186, 189, 190, 201, 209 links, 210 unten, 213 oben, 213 unten
Deutsches Historisches Museum, Berlin 88, 147 links,
DIZ, SZ-Bilderdienst, München 121 rechts, 126, 127 oben, 132, 136 unten, 139, 144 oben, 156, 159 rechts, 165 rechts, 183, 185, 191
Jagiellonische Bibliothek, Krakau 50
Landesarchiv Berlin, Fotosammlung 94
Muzeum Narodowe w Krakowie 44 links, 91 links
Muzeum Wojska Polskiego, Warszawa 87 unten, 116
Privatsammlung 17, 90, 93 oben, 105, 108 unten, 111, 118 oben, 140, 147 rechts
ullstein bild, Berlin 43, 53 oben, 108 oben, 134, 137, 188, 193, 194, 200, 203, 205, 206, 207, 209 rechts, 214
Zentral- und Landesbibliothek Berlin, Slg. 1848 96

Ascherson, Neal, Der Traum vom freien Vaterland. Polens Geschichte bis heute. Köln 1987 138, 170, 177
Chodowiecki, Daniel, Die Reise von Berlin nach Danzig, Berlin 1994 79 unten
Davies, Norman, Im Herzen Europas. Geschichte Polens. München 2000 74
Die Deutsche Ostmark. Eulitz Verlag, Lissa 1913
Dobrzeniecki, Tadeusz, Die Bronzetür von Gniezno. Kraków 1954 16
Dziedzictwo. Ziemianie polsca i udział ich w zyciu narodu. Wydawnictwo Znak, Kraków 1995 63 oben
Ekdahl, Sven, die Schlacht bei Tannenberg 1410. Berlin 1982 47, 136 oben, 196
Gesellschaft für interregionalen Kulturaustausch e.V. und Verein Schlesisches Institut, Oppeln (Hrsg.), Wach auf, mein Herz, und denke. Zur Geschichte der Beziehungen zwischen Schlesien und Berlin-Brandenburg. Berlin, Oppeln, 1995 128 links, 150 links, 175, 181 rechts
Historia Gdańska. Tom I do roku 1454. Gdańsk 1985 40, 56 unten
Historischer Atlas Polnischer Städte. Elbląg. Wydawnictwo Uniwersytetu Mikołaja Kopernika, Torun 1993 39
Horst, Eberhard, Friedrich der Staufer. Claassen Verlag Düsseldorf, 1975 37 unten
Kozakiewicz, Helena und Stefan, Die Renaissance in Polen. Warschau 1976 51 links, 103
Lehr, Helena/Osmańczyk, Polacy spod Znaku Rodla, Warszawa 1970 129 links
Polaków portret własny. Suchodoloski, Bogdan, Geschichte der polnischen Kultur. Interpress, Warschau 1986 29, 57 links, 58, 59, 60, 62 links, 63 unten, 64
Szarota, Tomasz, Niemcy i Polacy. Wzajemne postrzeganie i stereotypy, Warszawa 1996 124
Wałek, Janusz, Dzieje Polski w malarstwie i poezji, Warszawa 1987 28, 56 oben, 61, 76, 112, 113
Wieser, Klemens P., Acht Jahrhunderte Deutscher Orden. Bad Godesberg 1967 36, 45
Zamek Królewski w Warszawie/Staatliche Kunstsammlungen Dresden (Hrsg.), Pod jedną koroną. Warszawa 1997 70
Zbikowski, Andrzej, Żydzi. Wrocław 1997 155, 181 links

Die kartographischen Darstellungen auf den Seiten 31 und 32 sind dem »Westermann. Großen Atlas zu Weltgeschichte« entnommen, erschienen 1956 im Georg Westermann Verlag Braunschweig, 8. Auflage 1972

Kartengrafik Rainer Fischer, Berlin

In einigen Fällen konnten die Rechteinhaber nicht ermittelt werden. Diese bitten wir, sich im Verlag zu melden.

MORZE PÓŁNOCNE
Sylt
DANIA
SZWEC
Kieler Bucht
Helgoland
Fehmarn
Kilonia
Mecklenburger Bucht
Rüge
Rostock
Lübeka
Emden
Hamburg
Kleines Haff
Brema
Łaba
NIDERLANDY
Hanower
Berlin
Poczdam
Brunszwik
Ren
Frankfur nad Odr
Dortmund
Łaba
Getynga
Kolonia
BELGIA
Akwizgran
NIEMCY
Lipsk
Miśnia
Erfurt
Zgorz
Koblencja
Dresden
Frankfurt nad Menem
Ren
LUKSEMBURG
Trewir
Moguncja
Łaba
Norymberga
Strasburg
Stuttgart
FRANCJA
Donaj
Ratyzbona
Ren
Donaj
Jezioro Bodeńskie
Monachium
SZWAJCARIA
AU